Josef Schönberger

Die Wiederentdeckung
DES RESPEKTS

Wie interkulturelle
Begegnungen gelingen
Ein Lesebuch

Mit einem Nachwort des Dalai Lama

Kösel

Auf Anfrage bietet der Autor
zu den Themen dieses Buches an:

*Vorträge   *Übungsseminare
*Fachliche Begleitung von interkulturellen Treffen
Dr. Josef Schönberger
Telefon: (49) 8571-4884   Fax: (49) 8571-923436

Mix
Produktgruppe aus vorbildlich bewirtschafteten
Wäldern und anderen kontrollierten Herkünften
www.fsc.org Zert.-Nr. SGS-COC-001940
© 1996 Forest Stewardship Council
FSC

Verlagsgruppe Random House FSC-DEU-0100
Das FSC-zertifizierte Papier *Pamo Sky* für dieses Buch
liefert Arctic Paper Mochenwangen GmbH.

Ich widme dieses Buch
meiner Mutter,
die mich die Achtung
vor allen Menschen lehrte,
und Birsen Nesrin Cangöz,
die meine Sinne für ihre Kultur
liebevoll geöffnet hat.

Inhaltsverzeichnis

Hinweis:
In Klammern gesetzte Nummern verweisen auf die Quellen auf Seite 275. Gegebenenfalls ist hinter dem Punkt die Seitenzahl der Quelle angegeben. Beispiel: (3.17) bedeutet: Quelle 3, Seite 17.

Eine Klarstellung

Wenn Menschen unterschiedlicher Kulturen zusammenleben, erfordert das zunächst das Einhalten der äußeren Spielregeln und Gesetze des Landes, in dem sie leben, unabhängig davon, ob sie diese Regeln akzeptieren oder nicht.

Fußball hat klare Regeln. Wer mitspielen will, muss sie einhalten, ob er sie akzeptiert oder nicht. Andernfalls erhält er die Gelbe oder Rote Karte und fliegt raus. Für den Straßenverkehr gelten klare Regeln. Wer am Verkehr teilnehmen will, muss sie einhalten, ob sie ihm gefallen oder nicht. Andernfalls wird er aus dem Verkehr gezogen.

Wer zu Gast bei einer Familie ist, hat sich an deren häusliche Ordnung zu halten, ob sie ihm gefällt oder nicht. Andernfalls wird er nicht mehr eingeladen.

So hat auch jede Gesellschaft Regeln und Gesetze des Zusammenlebens. Wer in ihr leben will, muss sie nicht respektieren, auch nicht akzeptieren, er muss sie einhalten. Tut er das nicht, wird er nach den Regeln dieser Gesellschaft gewarnt, bestraft oder ausgegrenzt. Damit schützt das Gemeinwesen seine Ordnung. Natürlich kann man versuchen, die Regeln eines Gemeinwesens zu verändern. Das ist der politische Weg der Integration von Kulturen. Er folgt wiederum bestimmten Regeln, die von Land zu Land verschieden und einzuhalten sind.

Alle diese äußeren Bedingungen sowie – das fordere ich als Kind meiner eigenen Kultur – die Achtung der Menschenwürde und Menschenrechte werden in diesem Buch vorausgesetzt und stehen nicht zur Diskussion. Hier geht es um etwas ganz anderes. Hinter den interkulturellen Auseinandersetzungen der Politiker und Experten, den Kämpfen und Besserwissereien gibt es eine Rücksichtnahme zwischen den einzelnen Menschen. Sie ist in allen Kulturen das innerste Bedürfnis und die Grundnahrung jeder gelingenden Beziehung.

Diesen Respekt in der Öffentlichkeit zu beleben ist der Zweck dieses Buches. Respekt hat mit dem Verhalten nichts zu tun. Er richtet sich an die Seele des Menschen. Diese ist nicht politisch, sie ist heilig und verdient unsere besondere Rücksicht.

1 Offen für das Fremde

Wir trafen uns beim Zahnarzt im Wartezimmer und wechselten ein paar Worte. Er nannte seinen Namen, Ahmed.* Ob er denn solche Zahnschmerzen habe, fragte ich, denn er schaute düster, abweisend. Nein, nein, das sei es nicht. Unvermittelt sprach er von seiner Wut. Der Grund? Seine jüngere Schwester, zwanzig Jahre alt. Sie lebt in München. Gegen das Verbot des Vaters hat sie sich mit einem Deutschen eingelassen, den sie angeblich liebt. Der Vater tobt. Der Onkel hat sie geschlagen und ihr den Tod angedroht, wenn sie den Mann noch mal trifft. Ich erschrecke.

»Warum wird sie getötet, wenn sie liebt?«

»Ach, Sie verstehen unsere Welt nicht. Die Ehre der Familie verbietet die Liebe zu einem Ungläubigen.«

»Wer ist ungläubig?«

»Wer nicht den Islam lebt.«

»Aha! Und was zählt mehr, die Liebe oder die Ehre?«

»Die Ehre.«

»Ich lese und höre, dass der Islam die Liebe und Einheit der Menschen über alles stellt.«

---

* Name geändert (auch auf Seite 16)

»Ja, aber nur soweit die Ehre der Familie gewahrt bleibt.«

»Ich wäre stolz auf eine Tochter, die einen Mann liebt, der sie auch liebt. Es wäre mir eine Ehre.«

»Wie sollen wir stolz sein auf eine Tochter, die unseren Glauben verrät?«

»Welcher Glaube ist höher als die Liebe?«

Eine Arzthelferin schaut zur Tür herein:»Herr Ösül bitte!«

Ahmed ist dran. Wir sahen uns nicht wieder.

Unser Gespräch hat mich lange beschäftigt. Als ich drei Jahre alt war, wurde mein Vater im Krieg erschossen, weil Hitler die Ehre des deutschen Volkes wichtiger war als das Leben Einzelner. Ohne Respekt vor dem Leben wurden Millionen deutsche Männer getötet für die Ehre der Deutschen. Millionen Juden – Frauen, Männer, Kinder – wurden umgebracht für die deutsche Ehre. (Lesen Sie hierzu die Geschichte »Töten für die Ehre«, S. 196.)

Mit acht Jahren bekam ich in den Armen meiner Mutter über diesen Verlust meines Vaters einen stundenlangen Weinkrampf und ich fing an, über Krieg, fremde Völker und ihren Umgang miteinander nachzudenken. Wahrscheinlich war das der Beginn meines späteren politischen Engagements gegen Faschismus und für Verständigung.

Im Namen des christlichen Gottes und ohne Respekt vor den Menschen ließ der amerikanische Präsident George W. Bush Tausende Iraker töten sowie Hunderte islamische Männer demütigen und foltern für die Ehre der westlichen Demokratie. In den Kreuzzügen töteten und schändeten wir ganze Kulturen für die christliche »Ehre« und den christlichen Gott. Heute verdammen wir die Menschen, die für die Familienehre töten! Ja, man muss das verurteilen. Aber sind wir die Richtigen dafür, zumal ja auch unsere Landsleute das tun? Vielleicht könnten wir, statt über sie zu richten, ihnen aus unseren eigenen Erfahrungen helfen, dieses Morden aus Ehre zu überwinden.

Mein ganzes Leben bestand bisher aus Begegnungen mit anderen Kulturen. Es war ein ständiges Erfahren und Staunen. Ich wuchs in einer Großfamilie auf. Meine Mutter und meine Großmutter waren warmherzig, aufgeschlossen für alles Fremde. Als nach dem Zweiten Weltkrieg Amerikaner, darunter viele Dunkelhäutige, unser Dorf und Haus besetzten (Lesen Sie hierzu die Geschichte »Die Amerikaner im bayerischen Dorf«, S. 160), hatten wir zwar Angst, aber die Freundlichkeit meiner Familie wurde von den fremden Soldaten mit Schokolade, Werkzeugen und guter Behandlung belohnt. Ich lernte, dass alle wie wir Menschen sind, so verschieden sie auch daherkommen.

Nach dem Abzug der Besatzer kamen massenhaft Flüchtlinge aus anderen Ländern in unsere Gegend. Viele nahmen wir in unser großes Haus auf, Jugoslawen, Russen, Rumänen, Ungarn. Als Kind war ich ständig von fremden Menschen, Sprachen und Gebräuchen umgeben. Ich fand das total interessant, weil ich mich gleichzeitig in der gläubigen Bodenständigkeit meiner Familie gut aufgehoben fühlte. Viele Bettler und Hamsterer kamen aus der Stadt auf unseren Hof. Sie hatten Hunger und bekamen Brot, Eier und was wir gerade hatten. Ich lernte die Selbstverständlichkeit des Teilens mit Fremden.

Später studierte ich Biologie, Verhaltensforschung und Psychologie. Zu Beginn meines Studiums an der Universität zog ich in ein Studentenheim. Dort freundete ich mich mit Negern an. Sie erzählten mir viel von

Afrika. Wir hatten eine Menge Spaß mit ihrer rasanten Musik und nächtelangem Tanzen. (Lesen Sie hierzu die Geschichte »Im Studentenheim«, S. 158.) Bald darauf war ich mit einer jungen Griechin liiert und musste mich an deren Mentalität und Temperament gewöhnen.

Eine Ferienreise führte mich mit Freunden weit nach Norden ins finnische Lappland, wo ich einige Zeit arbeitete. Diese Kultur hat wegen ihrer Erdverbundenheit, in der ich mich als Landkind wiederfand, tiefe Spuren in mir hinterlassen.

Nach dem Studium startete ich eine längere Weltreise in den Orient, nach Indien, Ceylon, Indonesien und in arabische Länder. Ich mied Touristenzentren. Meine Fahrzeuge waren vor allem Züge, Schiffe, Fahrräder und Ochsenkarren. Dadurch kam ich intensiv und unvorbereitet mit den Einheimischen zusammen, lebte, arbeitete und feierte mit ihnen.

Jahre später hielt ich mich bei den Indios von Venezuela und bei Goldgräbern in Brasilien auf. Ich habe heute noch Freunde in vielen Ländern. Auf diesen und anderen Reisen erkannte ich immer mehr, wie eng meine eigene Kultur ist und dass man alles, wirklich alles auf der Welt auch anders sehen kann.

Am meisten wurde mir dies bewusst, als ich in meinem Beruf als Psychotherapeut die Gelegenheit bekam, in einer psychosomatischen Klinik eine Behandlungsstation für Patientinnen und Patienten aus anderen Kulturen einzurichten. Wir waren ein Team von Therapeuten aus verschiedenen Kulturen und haben über die Jahre viele Hunderte ausländische Frauen und Männer zum Teil monatelang behandelt. Bei dieser Arbeit begriff ich leibhaftig, wie Kultur die Seele und Seele die Kultur prägt; wie alle Menschen die gleiche Sehnsucht spüren und sie auf so verschiedene Weise stillen; wie alle dieselben Fragen, aber verschiedene Antworten haben; wie alle von ihren Eltern erzogen werden und dabei so Verschiedenes lernen; wie viele einen Glauben an etwas Höheres in sich tragen und wie grundverschieden ihre Götter und Religionen sind. Die Einblicke, die ich dabei in die Seelen dieser Menschen gewann, gehören zu den größten Geschenken meines Berufes.

Ich benütze diesen Ausdruck nicht gern, weil er irgendwie kitschig klingt, aber hier stimmt er: Ich erlebe uns auf einer tieferen Ebene wirklich wie Brüder und Schwestern, die in demselben Boot sitzen und bei aller kulturellen Verschiedenheit das gleiche Ziel haben: als die, die sie nun mal sind, geachtet zu werden und ein bisschen Glück zu erleben.

Oft frage ich mich: Wie kommt es, dass ich mit dieser anatolischen Frau, dem jungen Tunesier, der vergewaltigten Bosnierin, dem Arzt aus Ghana, dem indischen Studenten, der vom Ehemann verprügelten Kroatin und all diesen hilfesuchenden Menschen aus anderen Kulturen in so enge Verbindung treten darf? Ich habe nur gelernt, was man in einem deutschen Elternhaus, an deutschen Schulen und Universitäten lernt und was mit den Verhältnissen in jenen fremden Ländern wenig zu tun hat. Ich bin so anders als diese Menschen, und dennoch kommen sie zu mir. Viele von ihnen misstrauen dem »Westen« zutiefst. Wieso öffnen sie sich mir?

Die Antwort geben mir diese Menschen selber. Sie umfasst nur ein Wort: RESPEKT. Respekt, sagen sie, öffnet ihr Herz und ihr Vertrauen. Mit Respekt meinen sie echtes Interesse, keine Besserwisserei; Verstehenwollen, Freundlichsein, Humor, Natürlichkeit. Eugen Roth beschreibt es kurz und bündig: »Menschen sind wie umgewandelt, wenn man als Menschen sie behandelt.«

19

»Aha«, sagen meine Kollegen, wenn ich darüber berichte,»das kann man ja lernen: Psychotechnik, gezielten Augenkontakt, warme Stimme, Sozialverhaltenstraining, Höflichkeit, interkulturelles Coaching ...« »Nein«, sage ich,»das kann man nicht lernen. Das hat man oder nicht. Es kommt von innen. Wenn du es nicht hast und technisch antrainierst, wirst du ein Narr deiner selbst. Alle durchschauen dich, keiner nimmt dich ernst, niemand vertraut dir. Du bist dann eine Art psychosozialer Affe, der in sich selbst verliebt ist und dessen Herz nicht bei dem Menschen weilt, der dir gegenübersitzt. Und am Abend bist du ausgelaugt, weil du dich den ganzen Tag verstellt hast. Sei einfach ganz normal du selbst und schau, was passiert!«

Ich erzähle hier von Psychologie und Therapie, weil ich dort so tiefe Einsichten in das Seelenleben der Menschen aus verschiedenen Kulturen erhalte. Aber das führt nicht automatisch zum Respekt. Der hat seine Wurzeln woanders, meist in der Familie.

Die Psychologie neigt oft dazu, Werte, Normen, den Sinn von Beschwerden, Diagnosen, Behandlungsziele und Behandlungen, wie sie in unserer Kultur üblich sind, auf andere Kulturen zu übertragen. Wir tun so, als ob unsere Psychologie für den Rest der Welt gelte. Wenn das nicht funktioniert, meinen wir,»diese Leute« wären halt noch nicht weit genug entwickelt. Kaum einer kommt auf die Idee, dass jede Kultur ihre eigene Seelen- und Heilkunde hat, die wir nicht verstehen. Darum entwickelt sich oft so wenig Vertrauen und Heilung.

Ich verstehe längst nicht alles. Aber respektieren kann ich meistens. Verstehen ist gut, respektieren ist wichtiger. Auch wenn einer sich nicht verstanden fühlt, wünscht er sich, wenigstens respektiert zu werden. Das ist offenbar in allen Kulturen so. Vielleicht ist Respekt der kleinste gemeinsame Nenner für das Wohlbefinden der Menschen.

Ich akzeptiere nicht alles. Ich unterscheide zwischen dem Menschen und seinem Verhalten. Den Menschen selbst respektiere ich als Geschöpf und Mitmensch, egal, aus welcher Kultur er kommt. Sein Verhalten kann ich gleichzeitig verurteilen, zum Beispiel Ehrenmorde, Zwangsheirat, Steuerhinterziehung, Folterung, überhaupt Gewalt. Das kommt in jedem Land vor, auch bei uns. Das akzeptiere ich nicht. Über Menschenwürde und Menschenrechte verhandle ich nicht. Trotzdem rede ich mit dem Menschen, der das tut oder gutheißt. Er hat es ja – entweder in langer Tradition seiner Herkunft oder durch schicksalhafte Ereignisse in seinem Leben – so gelernt, wie auch wir unsere Verrücktheiten gelernt haben. Also kann er auch umlernen, wenn ihm die Absurdität seines Verhaltens bewusst wird.

Diese menschliche Fähigkeit zum Umlernen, die Neugier auf Neues, die Bereitschaft, etwas Vertrautes infrage zu stellen, das respektiere ich. Es ist auch mein Weg. Alle Menschen leben auf vielen Ebenen zugleich, und auf irgendeiner finden wir immer wieder zusammen. Ist auch gut so, wir leben ja nur ein paar Jahrzehnte lang.

Der Chefarzt einer großen psychosomatischen Klinik lud mich zu einem Vortrag über Psychotherapie mit Patienten aus anderen Kulturen ein. Ein junger reicher Araber war in diese Klinik gekommen, um sich von einer Depression heilen zu lassen. Er kam als Privatpatient mit großem Anhang und viel Geld, mietete mehrere Zimmer und alles ließ sich gut an – einige Tage lang. Dann hatte er keine Lust mehr, sich an die Regeln des

Hauses zu halten, fühlte sich falsch behandelt und nicht verstanden. Nach einer Woche reiste er ab.

Daraus zog die Klinikleitung zwei Schlüsse: Wir richten im Haus eine Therapiestation für Araber ein; das bringt Geld. Und wir wollen eine Schulung, wie man mit ausländischen Patienten umgeht. Darüber sollte ich den Ärzten, Psychologen und Therapeuten berichten. Sie interessierten sich für meine Erfahrungen beim Aufbau der schon erwähnten Behandlungsstation für türkische und arabische Patienten an einer anderen Klinik. Ich erzählte ihnen auch davon, wie wenig unsere westliche Seelenlehre oft auf die Seelen der Menschen passt, die in anderen Kulturen aufgewachsen sind. Und dass man dann ganz neu mit Menschen umgehen lernen muss. Darauf meinte jenes Kollegium, dann müssten sich die ausländischen Patienten eben unserer Psychologie anpassen. Wow! Das ist es! Wir sind wieder einmal die, die es besser wissen. Wir sind die Größten, die Entwickelten, Fortgeschrittenen, Aufgeklärten. Wir wissen, wie Seele funktioniert und zwar weltweit. Die anderen müssen sich uns anpassen, wenn sie geheilt werden wollen. Das ist unser selbstverständlicher imperialistischer Hochmut, diesmal auf der Ebene der Psychologie.

Ich habe meinen Kollegen und dem Chefarzt gesagt: Wenn ihr so an die Sache herangeht, vergesst es! Ihr könnt eure arabische Station nach einem halben Jahr zusperren. Denn so geht man nicht mit anderen Kulturen um. Das gelingt nur auf Herz- und Augenhöhe und mit Respekt. Sie haben ihren Plan aufgegeben.

An dem Ort der Begegnung
mit anderen Menschen,
einer anderen Kultur,
einer anderen Religion
sollten wir als Erstes
unsere Schuhe ausziehen.
Denn der Ort, den wir betreten,
ist heilig.
Sonst könnten wir uns dabei ertappen,
wie wir die Träume von anderen zertreten.
Noch schlimmer:
Wir könnten vergessen,
dass Gott hier war
vor unserer Ankunft.
Dom Helder Camara

Dass ich Menschen aus anderen Kulturen unbefangen begegnen kann, hat mein Leben sehr bereichert. Ich habe mir das nicht selbst erarbeitet, sondern wohl von meiner Mutter übernommen. Dafür bin ich ihr immer dankbar.

Aus tiefem Herzen danke ich meiner türkisch-islamischen Freundin, die mit mir in der Klinik die »Türkische Körperpsychotherapie« aufgebaut und geleitet hat. Sie hat mir den Zugang zu den Seelen der Menschen aus ihrer Kultur gezeigt. Sie hat mich die Licht- und Schattenseiten ihrer und meiner Kultur erkennen lassen. Ohne Birsen hätte ich dieses Buch nicht schreiben können.

2 Politik und Menschlichkeit

Meine Lebensgeschichte allein hätte mich nicht zu diesem Buch bewogen. Den Ausschlag geben meine Erfahrungen als politischer Mensch. Neben meinem psychologischen Beruf arbeite ich seit über 30 Jahren als Dozent für politische Bildung, verfolge die gesellschaftlichen Vorgänge, veranstalte dazu Vorträge und Seminare. Die Art, wie Amerika und Europa sich für den Mittelpunkt der Welt halten, sich in die Angelegenheiten anderer Völker einmischen und deren eigenständige Entwicklung behindern, empfinde ich als eine der größten Respektlosigkeiten unserer Zeit. Ich beobachte, wie Journalisten ganze Völker demütigen und Hass schüren, und wie Kulturen auf der politischen Ebene respektlos miteinander umgehen. Auch dies sind Früchte kultureller Prägungen.

Dennoch lebe ich gern in dieser Zeit. Es wird spürbar friedlicher auf der Welt. Bisher Getrenntes wächst zusammen, und überall bemüht man sich, die Globalisierung des Lebens zu bewältigen. Diese wirbelt immer mehr Menschen unterschiedlicher Kulturen durcheinander und macht das Verständigen untereinander sowie das Zusammenleben schwierig. Viele Politiker engagieren sich mit großem Aufwand für gute Lösungen.

Alle Welt beschäftigt sich mit der »Integration« der Kulturen: die Wirtschaft, das Verkehrswesen, die Informationstechnik, die Bildungssysteme, um nur einige zu nennen. Das ist wichtig, aber es betrifft nur die notwendigen äußeren Erfordernisse. Diese können organisiert werden. Das reicht jedoch nicht aus für Frieden und soziales Wohlbefinden in einer globalisierten Welt. Selbst wenn die Menschen gesetzlich einander gleichgestellt sind, Wohnung, Arbeit und Geld haben, fühlen sich viele von ihnen einsam und unglücklich, weil ihr Weltbild und ihre seelischen Bedürfnisse so weit von denen ihrer neuen Mitmenschen entfernt sind.

Menschen hungern nach Beachtung, Verständnis, Wertschätzung, Rücksichtnahme, Liebe. Das kann man nicht kaufen und nicht per Gesetz verordnen. Eine solche Mitmenschlichkeit entsteht nur, wenn wir uns auch innerlich füreinander öffnen, innere Grenzen und Vorurteile abbauen, auf Rechthaben und Einmischen verzichten und aufhören, uns für etwas Besseres zu halten; wenn wir unbefangen und gleichwertig aufeinander zugehen. Ich fasse das zusammen mit dem Wort *respektieren*.

Das äußere Zusammenführen der Menschen geht schnell, es ist ein politisch-bürokratischer Akt. Das innere Zusammenfinden ist oft ein langer, schwieriger Prozess in der Seele. Dazu muss die Erziehung entscheidend beitragen.

In diesem Buch geht es daher nicht um die »Integration« von Menschen unterschiedlicher Kulturen, sondern um das, was lange davor geschieht: den ersten Schritt aufeinander zu, das Annähern, das erste Wort, das Zuhören, den Kontakt. Es geht um Begegnen. Alles andere kann daraus folgen oder nicht. Bei dieser ersten Begegnung verhält es sich wie bei jedem Kennenlernen: Wenn ein Mann und eine Frau sich treffen, werden sie nicht gleich eine gemeinsame Wohnung mieten, um sich zu »integrieren«. Da geschehen erst einmal viele kleine Schritte des Annäherns und Prüfens, bis sie entscheiden können, wie es weitergeht. Die Integrationsdebatten in den Gesellschaften halte ich für viel zu akademisch. Ihnen fehlt das innermenschliche Fundament. Von diesem wird meist nur gesprochen, wenn es mit dem Integrieren nicht klappt. Das sollte aber am Anfang stehen.

Ich bin Wissenschaftler, dies ist jedoch kein wissenschaftliches Buch. Die Wissenschaft will Probleme lösen und macht daher aus allem ein Problem. Folgerichtig tut sie so, als wäre auch die Begegnung der Kulturen ein Problem, das man (wissenschaftlich!) lösen muss. Geht man tiefer in die Erfahrung hinein, erweist sich jedoch diese Begegnung als etwas ganz anderes: als menschliche Herausforderung und Chance, auf die wir uns menschlich einlassen oder nicht.

Genau darum geht es. Dieses Einlassen ist nicht abstrakt wissenschaftlich. Es ist spielerisch, hautnah, emotional, unberechenbar, manchmal geheimnisvoll wie das Leben selbst. Es lässt sich besser in Geschichten von Alltagssituationen beschreiben, in denen das Begegnen mit dem Fremden gelingen oder scheitern kann.

Die Integration der Kulturen findet entweder in den Herzen der Menschen statt oder sie findet gar nicht statt.

26

3 Wie können wir ohne (Vor-)Urteile über andere Kulturen sprechen?

Es ist schwer, neutral oder gar objektiv über andere Kulturen zu sprechen; vielleicht ist es gar nicht möglich. Solche Texte sind meist getränkt von den persönlichen Denk- und Sichtweisen der Verfasser. Unsere eigene kulturelle Programmierung bildet die Brille, durch die wir andere Kulturen sehen, und formt die Wörter, mit denen wir über sie sprechen. So kann sich leicht eine Bewertung der anderen Kultur einschleichen. Daraus werden schnell Urteile oder Vorurteile, und schon sind wir nicht mehr neutral. Dann werden wir der Kultur, über die wir gerade sprechen, nicht gerecht. Oft ist uns das gar nicht bewusst, weil uns die eigene kulturelle Prägung in Fleisch und Blut übergegangen ist.

Eine arabische Zeitung schrieb: »Die satanische Art, wie sie (Amerikanerinnen) in sogenannten Miniröcken ihre Körper schamlos zur Schau stellen und wie Tausende junge Leute bei ›Popmusik‹ in unkontrollierte Zuckungen verfallen, wirft ein Licht auf den religiösen Abgrund jener ›Kultur‹.« In manchen orientalischen Kulturen sind bestimmte Körperteile schambesetzt, und ihre öffentliche Entblößung gilt als Gotteslästerung. Das hat in deren Tradition einen bestimmten Sinn, und durch diese Brille beurteilen sie das »westliche« Treiben.

In einer deutschen Zeitung war zu lesen: »Viele islamische Frauen lassen sich demütigen, indem sie in der Mittagshitze von Kopf bis Fuß in Schwarz verhüllt mit Einkaufstüten in beiden Händen in gebührendem Abstand hinter ihrem Herrn und Meister hertrotten.« Auch dieser Text lässt an Abwertung nichts zu wünschen übrig. Für europäische Frauen ist die Gleichberechtigung mit den Männern selbstverständlich geworden und jede Verletzung dieses Prinzips entwürdigend. Durch diese Brille beobachten und verurteilen sie das Verhalten der Orientalinnen. Keiner der beiden Autoren versetzt sich in die andere Kultur hinein und versucht sie zu verstehen.

Versteckter und akademisch kommt das Urteil in einer französischen Zeitung daher: »Die stark von Konfuzius geprägte chinesische Gesellschaft stellt das Gemeinwohl leider immer noch über die persönliche Entwicklung des Einzelnen.« In dem Wörtchen »leider« schwingt mit: Eigentlich ist das überholt, eigentlich müsste der Einzelne sich endlich aus den Fängen der Familie lösen ... Das ist die überwiegende Haltung »westlicher« Gesellschaften (siehe auch S. 57). Mit dem »leider« vermittelt die Verfasserin das Bild, in diesem Punkt sei die chinesische Kultur rückständig und die europäische fortschrittlich. Mit diesem einen Wort zeigt sie, dass sie die chinesische Tradition im Kern nicht versteht und nicht respektiert.

Der ehemalige deutsche Bundeskanzler Helmut Schmidt hat darauf hingewiesen, dass wir mit solchen Urteilen die interkulturellen Beziehungen belasten. (15) In der Tat: Wenn wir so reden, verfälschen wir die anderen Kulturen und verbauen uns den Weg zueinander.

Was können wir tun?

Es ist schon viel gewonnen, wenn wir uns unsere Haltung bewusst machen. Wir könnten die Art, wie wir selbst und andere Leute über Kulturen reden, aufmerksam unter die Lupe nehmen, unsere Wörter prüfen. Wir könnten uns vornehmen, dass wir statt Mauern Brücken bauen: Ich werde deiner und du wirst meiner Tradition nicht ganz gerecht werden, aber lass uns anerkennen, wie wir sind, und über all das freundlich reden, damit wir ein wenig besser verstehen, warum ihr es so macht und wir es so machen! (Siehe auch »Kleine interkulturelle Begegnung«, S. 261)

Seit Jahrzehnten habe ich beruflich damit zu tun, der Sprache aufs Wort zu schauen und genau hinzuhören. Denn so, wie wir reden, denken wir. Und dieses Denken bestimmt unsere Meinungen und unser Handeln. Wie wollen wir Vorurteile abbauen, wenn unsere Sprache davon voll ist? Wie können wir Respekt entwickeln, wenn wir, ohne es zu merken, eine respektlose Sprache sprechen?

Ich habe mich bemüht, dieses Buch so neutral wie möglich zu schreiben. Es wird mir nicht immer gelungen sein, denn auch ich bin ein Kind meiner Kultur. Um mein und Ihr Bewusstsein für eine (vor-)urteilsfreie Ausdrucksweise zu schärfen, bediene ich mich in diesem Buch verschiedener Ausdrucksmittel, die Sie vielleicht irritieren werden. Ich bitte Sie, sich übungshalber darauf einzulassen. Wenn wir mit Sprache sensibel umgehen, kann das unsere Einstellungen verändern.

1. »Menschen aus ... Kulturen«

In diesem Buch geht es nicht um Kulturen, sondern um Menschen. Unter einer Kultur (siehe S. 35) versteht man gewöhnlich die Einheit aus Geschichte und Tradition, Sprache, Bauwerken, Kleidern, Essgewohnheiten, Musik, wirtschaftlichen und handwerklichen Techniken, überlieferten Geschichten und vielem mehr. Man nennt das auch Kulturgüter. Dazu kommen natürlich die Menschen, die all das geschaffen haben.

Wenn man von der Begegnung oder gar vom Kampf der Kulturen spricht, können wohl die Kulturgüter nicht gemeint sein. Sie haben keine Beine und keinen Mund. Moscheen und Tempel, Beethovens Neunte Symphonie, eine indische Raga (spirituelle Musik), ein Pflug aus dem Kongo, ein Traktor aus Amerika, ein Sari (indisches Frauenkleid) und ein Smoking (festlicher Männeranzug in Europa), die kisuahelische und die französische Sprache, japanische Haikus (kurze Gedichte) und chinesische Liebesverse – sie alle können sich nicht verabreden zu einer interkulturellen Begegnung, miteinander mittagessen, diskutieren und streiten. Nicht einmal Bedürfnisse haben sie.

Immer sind es *Menschen*, die gemäß ihrer Tradition mit Pflug und Traktor arbeiten, Kleider tragen, Gotteshäuser bauen, Musik komponieren und spielen, Gedichte schreiben, eine Sprache sprechen, Kriege führen, ihre Kinder erziehen und miteinander essen.

Wenn sich »Kulturen« begegnen, begegnen sich Menschen, die aus einer Kultur kommen, von dieser Kultur geprägt sind und diese Kultur prägen. Wenn »Kulturen« sich vermischen, ändern, integrieren, dann vermischen, ändern oder integrieren sich Menschen und in der Folge davon vielleicht ihre Kulturgüter. Diese sind leblos, sie atmen, laufen und sprechen nicht. Die Menschen in den Kulturen, die Schöpfer dieser Güter, sind dagegen quicklebendig. Sie haben einen Körper, Gefühle, Gedanken, Bedürfnisse, Sehnsüchte, an denen sie ihr Leben ausrichten.

Alles »Interkulturelle« und »Transkulturelle«, alles was sich »Integration von Kulturen« nennt, besteht nicht in soziophilosophischen Entwürfen. Es hat zu tun mit dem Leben Tausender Menschen aus allerlei Kulturen, die mit Leib und Seele irgendwo dazugehören wollen.

Es ist mir äußerst wichtig, das klarzustellen. Ich meine, es ist an der Zeit, die weltumspannende »interkulturelle Debatte« vom Abstrakten weg dahin zu lenken, wo sie hingehört: ins hautnah Menschliche. Das ist die Welt von Fleisch und Blut, Freude, Leid, Begehrlichkeiten, Frustration, Liebe und Hass, Sanftmut, Aggression, Glück, Verzweiflung, Angst, Mut, Lebenwollen ... und allen Verhaltensweisen, mit denen Menschen das ausdrücken. Das ist der Stoff, aus dem die »Begegnung der Kulturen« gemacht ist. (Siehe »Im Sportcafé«, S. 214) Die Globalisierung mag Politik sein; die Begegnung oder gar Integration von Kulturen ist weitgehend ein seelischer Prozess und hat Rücksicht zu nehmen auf die innere Welt der betroffenen Menschen.

Betreibt man das Integrieren ohne diesen Respekt, dann mag ein behördlich organisiertes Sammelsurium unterschiedlichster Menschen entstehen, nicht aber ein seelisch harmonisches Miteinander. Die Leute teilen den Arbeitsplatz, die Straßenbahn, das Haus. Doch um sich innerlich gut aufgehoben zu fühlen, bleiben sie unter ihresgleichen. Da wird man verstanden und kennt sich aus. Wir beklagen diesen Rückzug dann als Ghettos oder Parallelgesellschaften und erkennen nicht, dass auf beiden Seiten das Vorgehen falsch, weil nicht menschlich genug ist.

Genau darum geht es mir. Ich möchte das Menschliche in den Mittelpunkt stellen. Daher spreche ich nicht von Kulturen, sondern, je nach inhaltlichem Zusammenhang, konsequent von »Menschen aus anderen Kulturen«, »Menschen verschiedener Kulturen« oder »Menschen aus unterschiedlichen Kulturen«. Das mag ein wenig holprig klingen, aber es trifft genau das Anliegen.

2. Klischees vermeiden

Respektieren heißt auch: sich von Klischees lösen und Menschen so sehen, wie sie sind. Ich möchte das an der verbreiteten Einteilung der Menschen in »Weiße« und »Schwarze« verdeutlichen.

Kennen Sie weiße und schwarze Menschen? Ich nicht. Schwarz ist bekanntlich die Farbe der Raben, weiß sind der Schnee und diese Buchseite. Ich bin Deutscher und gelte als Weißer, aber ich habe mich noch nie weiß gesehen, auch meine Familie nicht und niemanden auf der Welt. Auf meinen vielen Reisen in ferne Länder habe ich auch noch nie einen schwarzen Menschen gesehen. Ich kenne nur hell- und dunkelhäutige Menschen von fleischfarben-beige bis dunkelbraun mit allen Zwischenstufen. Die Hautfarbe hängt vor allem von der Rasse ab, aber auch vom Schminken, Sonnenbaden und Solarium.

Die Unterscheidung »Schwarze« und »Weiße« ist nicht nur farblich falsch, an ihr hängt auch ein Rattenschwanz von Vorurteilen, Macht und Diskriminierung. Das hat eine lange Tradition. Dahinter liegt ein Mangel an Respekt. (Siehe auch »Schwarz-Weiß«, S. 243)

Um uns das bewusst zu machen, verwende ich in diesem Buch die Wörter »Weiße« und »Schwarze« nur, wenn ich jemanden zitiere. Manchmal setze ich diese Wörter in Anführungszeichen, um zu zeigen, wie undurchdacht es ist, von »Weißen« und »Schwarzen« zu reden. In der Regel sage ich hellhäutig oder dunkelhäutig. Das entspricht den Tatsachen.

Wenn ich »Weiße« provozieren will, sage ich nicht Schwarze, sondern Neger. Allgemein gilt »Schwarzer« als korrekt und »Neger« als Diskriminierung. Das ist lustig, denn das Wort »Neger« kommt vom lateinischen »niger« und vom spanischen »negro«; beides heißt schwarz. Wir dürfen also in allen Sprachen ungestraft Schwarze sagen, nur wenn wir es auf Lateinisch oder Spanisch sagen, sind wir Rassisten. Meine dunkelhäutigen Freunde lachen herzlich, wenn ich davon erzähle und sie Neger nenne. (»Im Studentenheim«, S. 158)

3. Anführungszeichen

Neben »schwarz« und »weiß«, »Osten« und »Westen« setze ich auch andere Wörter in Anführungszeichen, zum Beispiel »primitiv«, »zivilisiert«, »arm«, »reich«.

Wenn ich solche Wörter ohne Anführungszeichen schreibe, wirkt es so, als hielte ich sie für richtig und als bedürften sie keiner Hinterfragung. Das wäre falsch. Mit den Anführungszeichen will ich unsere oberflächliche, urteilende Sprache bewusst machen und zum Nachdenken herausfordern.

4. Wiederholungen

Bestimmte Aussagen kehren an verschiedenen Stellen des Buches in unterschiedlichen Zusammenhängen wieder, zum Beispiel dass das Einmischen in andere Kulturen respektlos ist; dass man sich Respekt nicht verdienen muss; dass die Integration der Kulturen keine Kopf-, sondern eine Gefühlssache ist.

Solche Wiederholungen sind Absicht. Wenn uns zum Beispiel jahrelang eingetrichtert wurde, wir seien nichts wert, und wir nicht mehr an uns glauben, dann genügt es nicht, einmal zu sagen, wir seien wertvoll. Um das alte Programm zu löschen, muss uns das Neue immer wieder gezeigt werden. Es ist ein Lernprozess.

So werde ich nicht nur einmal darauf hinweisen, dass ich die übliche Unterscheidung in »Primitive« und »Zivilisierte« für primitiv und verhängnisvoll halte. Ich werde es an verschiedenen Stellen wiederholen, damit es sich einprägt und zum Nachdenken anregt.

Wiederholen war schon immer die wirksamste Methode des Bewusstmachens. Das muss nicht bedeuten, dass ich recht habe. Ich möchte nur erreichen, dass Sie und ich uns damit auseinandersetzen.

4 Viele Menschen – viele Kulturen

Was meine ich mit Kultur?

Das Wort »Kultur« wird für vieles verwendet, zum Beispiel

- ein mit jungen Bäumen bepflanztes Waldstück
- ein besäter Acker
- eine Züchtung von Bakterien
- die Art, wie Menschen etwas tun: Man spricht von der Kultur des Jammerns, Gesprächskultur, Streitkultur, Unternehmenskultur, oberflächliche Konsumkultur und so weiter.
- eine feine, vornehme Lebensart: Solche Leute nennt man kultiviert oder zivilisiert.

Das alles meine ich nicht. Was in diesem Buch Kultur bedeutet, umschreibe ich so: In einer Gegend, einem Land leben Menschen zusammen, die sich als Gemeinschaft fühlen, ein Stamm, ein Volk. Alles, was ihr Leben ausmacht (die Ernährung, die Kleidung, die Sprache, das Verhalten, die Religion, die Erziehung, ihre Geschichte und Geschichten, wie sie arbeiten und Häuser bauen, ihre ganze Lebensart und Lebenserfahrung) und alles, was sie geschaffen haben (Bauwerke, Musik, Geschriebenes, Techniken, Handwerk, vielleicht Kunst und Wissenschaft), nenne ich zusammengefasst ihre *Kultur.*

All das geben die Menschen an ihre Nachkommen weiter, von Generation zu Generation. Wir nennen das *Tradition.* Sie prägt die Menschen in ihren Ansichten und ihrem Verhalten. Wir sprechen von kultureller *Prägung.* Ein wichtiger Teil davon sind die kulturellen *Werte.* Damit ist alles gemeint, was den Menschen wichtig ist, um ihre Kultur zu erhalten und zu entwickeln, zum Beispiel Zusammenhalt, Frieden, gegenseitige Hilfe, Freiheit, Respekt.

Eine solche Kultur entsteht nicht zufällig. Sie hängt ab von äußeren Umständen wie Landschaft und Fruchtbarkeit, Klima und Zeitgeist sowie von inneren Gegebenheiten: den Erbanlagen der Menschen, also ihrer Rasse. Die Lebensbedingungen, die eine Kultur und ihre Menschen formen, sind unterschiedlich im Himalaja, in den Tropen, in der Wüste und auf einer Insel im Ozean.

Jede Kultur ist also etwas Großes, Gewachsenes, Einmaliges. So wie jeder Mensch wegen seiner Besonderheit eine Würde hat, die in staatlichen Verfassungen geschützt wird, so hat auch jede Kultur ihre Würde, die man schützen sollte.

Kulturelle Vielfalt

Unsere Erde ist groß. Überall auf ihr – selbst auf Gebirgen und Inseln, in Wüsten – haben sich Hunderte unterschiedliche Kulturen entwickelt. Wie ein bunter Teppich breiten sie sich über unseren Planeten: die Aborigines in Australien; die wilden Leute von Papua-Neuguinea; die reiche Götterwelt Balis; das hochtechnische Singapur; der reiche »Westen«; das Kulturgemisch in Birma; das liebliche touristenüberschwemmte Thailand; die große spirituelle Kultur Indiens; die weite Mongolei; der märchenhafte Orient; Südamerika mit seinen Schamanen; die Welten der islamischen, hinduistischen, christlichen und vieler anderer Religionen; Afrika als »Wiege der Menschheit« und großes Tierparadies; der gigantische Völkereintopf Amerika; das naturnahe und mystische Leben der Indianer; die hohe Bergwelt und tiefe Spiritualität Tibets; das schwere Leben in der Arktis und der Antarktis und so weiter.

Man könnte endlos reisen und staunen, welche Lebensweisen die Menschen erfunden haben. Kulturen überall. Jede hat etwas, das nur diese Kultur zur Menschheit beiträgt. Wenn diese Kultur stirbt, stirbt auch das. Kulturen sind wie Lebewesen: Sie entstehen, wachsen, blühen und zerfallen, neue entstehen. Welcher Reichtum! Erkennen wir die Würde, ein lebendiger Mensch und Teil einer Kultur zu sein!

Jeder Mensch hat fünf Seiten

Wenn wir genauer verstehen wollen, was geschieht, wenn Menschen unterschiedlicher Kulturen sich begegnen, dann sollten wir das Wesen des Menschen betrachten. Es besteht aus heutiger Sicht aus fünf Teilen:

▌seinem Geist oder Verstand: was er weiß – wie er denkt.
▌seiner Seele: wie er die Welt wahrnimmt – wie er erlebt, empfindet und fühlt.
▌seiner Spiritualität oder Religion: sein Verhältnis zum Übernatürlichen, zu Göttern und kosmischen Kräften.
▌seinem Körper: Bau, Funktion und Bewegungen seines Leibes
▌seinen Beziehungen: wie er mit sich und anderen Menschen umgeht

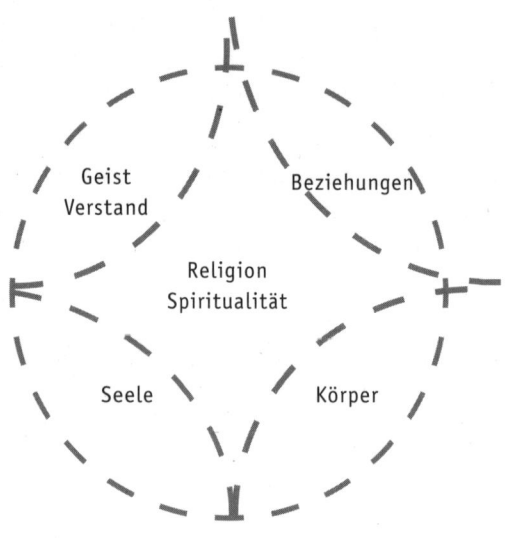

Die 5 Seiten des Menschen

Jede Kultur hat in diesen fünf Bereichen ihre Eigenarten entwickelt. In allen diesen Bereichen können Menschen verschiedener Kulturen sich stark unterscheiden. Auf jeder dieser Ebenen können wir arm oder reich sein. (Es ist absurd, das nur am Geld zu messen.) In jedem Bereich kann es Verständnis oder Konflikte geben. In jedem Bereich kann eine Kultur etwas Besonderes zum Menschsein beitragen. In jedem Bereich möchte der Mensch respektiert werden.

Wenn interkulturelle Begegnungen gelingen sollen, haben wir auf alle diese Wesensmerkmale Rücksicht zu nehmen.

Wie gehen wir mit Verschiedenheit um?

Dass Kulturen verschieden sind, das können manche akzeptieren, andere nicht. Die einen nehmen das als Anlass zum Kennenlernen und Austauschen. Sie fühlen sich bereichert. Das führt zu kultureller Verständigung. Andere vergleichen sich, halten sich für besser oder fühlen sich unterlegen, verurteilen oder bewundern die andere Kultur. Manche mischen sich in die Angelegenheiten fremder Kulturen ein, um sie zu verändern. Dies ist in der Politik verbreitet. Oder sie wollen der anderen Kultur etwas wegnehmen. Das führt zu Kulturkämpfen, Krieg oder gar Zerstörung.

Grenzen

Ein Wert in jeder Kultur ist Sicherheit. Daher schützen sich die Menschen in allen Kulturen vor Übergriffen. Sie errichten Grenzen. Das ist natürlich; alles Lebendige schützt sich durch Abgrenzung. Je mehr wir uns respektiert fühlen, umso weniger Grenzen brauchen wir.

Globalisieren

»Globus« ist der Erdball. Global ist, was sich über den Erdball erstreckt. Globalisieren heißt, sich über die ganze Erde ausdehnen. Das Licht, der Wind sind immer schon global. Heute sind es auch Informationen (Telefon, Internet), Verkehr, Arbeitsplätze, Gesetze, Waren, Techniken und die Anwesenheit von Menschen verschiedener Kulturen. Auch sie überschreiten die Grenzen ihres Gebietes und ihrer Kultur. Sie begegnen und vermischen sich. Das Leben wird interkulturell.

Ein junger Perser und seine brasilianische Freundin leben in Frankreich. Eines Abends fahren sie mit ihrem japanischen Auto erst zu einem befreundeten Paar aus dem Kongo, um dort in einem deutschen Fernsehapparat einen Bericht von Sportwettkämpfen in Peking anzuschauen. Dann gehen sie zu viert in ein internationales Restaurant, essen Fisch aus Alaska mit indischem Reis und trinken spanischen Wein. Zum Nachtisch gibt es Käse aus der Schweiz und italienisches Eis. Wie immer zum Abschluss arabischen Kaffee mit Kardamom. Die Krönung: amerikanische Zigaretten.

Diese Geschichte schrieb ich von einem Diktiergerät ab, das ich neulich gekauft habe. Das kleine Gerät passt in die Westentasche. Seine Bedienungsanleitung ist ein dickes Buch in 27 Sprachen.

Menschen bewerten die Globalisierung unterschiedlich. Im Jahr 2009 fragte man in Indien Leute aus allen Schichten nach ihren Erfahrungen damit. Ein Geschäftsmann schwärmte: Wunderbar! Mit meinem Handy kann ich jederzeit und überall die ganze Welt erreichen. Der Bürgermeister eines Dorfes sagte: Wir wollen eure Kultur nicht. Ihr entwickelt schnelle Verkehrsmittel, Maschinen ... ihr zerstört unsere Beziehung zur Natur, unsere Brüderlichkeit, unsere Spiritualität, unser soziales System.

Globalisierung löst äußere Grenzen auf. Das ist eine Chance, auf neue Art zu leben. Es ist auch eine Gefahr, sich zu verlieren. Manche Menschen fühlen sich überall und nirgends zu Hause, Renner zwischen den Welten. Sind wir dem gewachsen?

Integrieren

Was durch die Globalisierung zusammenkommt, muss irgendwie auch zusammenfinden und gut miteinander auskommen, sonst lebt man nebeneinander her, aber nicht miteinander. Wir nennen das integrieren.

Menschen aus unterschiedlichen Kulturen zu integrieren ist oft schwierig, weil jeder in seinen fünf Lebensbereichen geprägt ist und sich mit den anderen nicht verständigen kann oder will. Da helfen nur Offenheit und Respekt. Dazu müssen wir wieder Grenzen auflösen, diesmal innere: Angst, Vorurteile, besser sein wollen. Wir können üben, freundlich über die anderen zu denken und zu reden. Wir können aufeinander zugehen, uns einlassen und versuchen, einander zu verstehen. Das meine ich mit »respektieren«.

Wir brauchen für die globalisierte Welt eine neue, interkulturelle Erziehung; denn die Kinder von heute werden die globalisierte Welt von morgen gestalten und verwalten. Das erfordert viel zwischenmenschliche Achtsamkeit.

Praktische Hilfen

Wenn ich alles, was ich in den vielen Jahren an Begegnungen mit fremden Kulturen erlebt habe, zusammenfasse und nur eine nennen sollte, die mich jedes Mal am schnellsten und tiefsten mit den Herzen der anderen verbunden hat, ist es diese: Alle sitzen zusammen im Kreis um ein großes Feuer, das wir gemeinsam entfacht haben. Jeder erzählt aus seiner Kultur eine Geschichte, und alle hören schweigend zu. Oder jemand lehrt uns ein Lied aus seiner Kultur, und wir singen es gemeinsam. Unglaublich, wie das verbindet! Das kann ein Buch leider nicht.

5 Wie wir uns unterscheiden

Einleitung

»Du verstehst meine Welt nicht«, sagt die junge Arabe-
rin zu dem Amerikaner in dem Film »Hidalgo«. Wieso
denn? Im Grunde sind die Menschen aller Kulturen
gleich: Sie werden geboren und sterben, haben den
gleichen Körperbau, heiraten, kriegen Kinder, sind gesund und krank. Sie essen und trinken, arbeiten, schlafen, bauen Unterkünfte, paaren sich, lachen und weinen, streiten, feiern, erziehen ihre Kinder, begehen
Rituale, ziehen sich an, fühlen, sind neugierig, schmü-
cken sich, treiben Handwerk und Landwirtschaft, haben Bedürfnisse, sprechen miteinander, haben eine
Rangordnung, machen Gesetze, Kinder spielen. Wir alle
sitzen im gleichen Boot, das Leben heißt.

Dennoch: Die Art und Weise, *wie* die Menschen mit
alledem umgehen, kann sehr verschieden sein – schon
innerhalb einer Familie, zwischen Frauen und Männern, Jungen und Alten, Stadt und Land. Umso mehr ist
zu erwarten, dass auch Menschen aus unterschiedlichen

Kulturen sich unterschiedlich verhalten. Wie und wie sehr sie sich unterscheiden, ist allerdings erstaunlich. Es führt oft zu Überraschungen und Verständigungsschwierigkeiten.

Ich will einige dieser Unterschiede schildern. (Auf ihren schnellen Wandel in der Globalisierung gehe ich später ein, siehe S. 95.) Einen großen Teil habe ich selbst erlebt. Vieles habe ich mir berichten lassen von Menschen aus fremden Kulturen sowie aus Dokumentationen der Kulturforschung. Selbstverständlich habe ich nicht alle Kulturen studiert und auch nicht alle Lebensbereiche beschrieben, in denen Unterschiede sichtbar werden. Ich habe nur einige anschauliche Beispiele herausgegriffen. Andere werden auch Sie erfahren haben. Auf diesem spannenden Gebiet sollten wir nie vergessen, dass wir für die anderen genauso fremd wirken wie sie für uns.

Das Kennenlernen fällt leichter, wenn wir einander nicht mit Rechthaberei begegnen, sondern mit Verständnis, mit einem »Aha«. Wenn ich Menschen anderer Kulturen begegne, die so ganz anders sind als meine, sage ich mir immer: Aha, so ist das bei Euch! Wir erleben tiefer und lernen einander besser kennen, wenn wir nicht urteilen, sondern staunen.

Anders ist nicht besser.
Anders ist nicht schlechter.
Anders ist nur anders.

Autofahren

Fangen wir mit der Lieblingstätigkeit der Menschen in allen Kulturen an! Dass die Autos in einigen Ländern auf der linken, in anderen auf der rechten Straßenseite fahren, weiß jeder. Wenn nicht, kann einen das in einem fremden Land schnell ins Unfallkrankenhaus bringen.

Ein drastisches Erlebnis ist zum Beispiel der indische Stadtverkehr, wo es fast keine Ampeln gibt und jeder einfach darauf achtet, was der andere tut. Es gibt ein großes Gehupe, abenteuerliche Überholmanöver und dennoch verhältnismäßig wenige Unfälle.

Sprache und Körpersprache

Hier unterscheiden wir die Wortsprache (Wörter, Sätze, Grammatik, Betonung, Tempo, Stimmlage usw.) von der Körpersprache (Haltung, Bewegung, Gesten, Mimik).

1. Die Wortsprache

Es gibt auf der Erde Tausende von Sprachen und innerhalb dieser zahllose Dialekte. Damit drücken die Menschen ihre Gedanken, Gefühle, Wünsche, Bedürfnisse, Kritiken aus. Wenn Menschen aus sehr fremden Kulturen einander begegnen, kann schon die Wortsprache die Verständigung erschweren. Aber auch, wenn man einander versteht, gibt es interessante Eigenheiten.

Ganze Generationen von Holländern wehren sich gegen Wörter, die (tatsächlich oder vermeintlich) aus der Bibel kommen, beispielsweise Seele, Gewissen, segnen, Sünde, Gnade. (5.64)

In Japan trifft man keine klare Unterscheidung zwischen Fühlen und Denken. Japaner sagen auch kaum »ich« und »du«. (5.63)

In Amerika und Europa sagen vor allem viele junge Leute Wörter, die in anderen, vor allem östlichen Kulturen als hässlich, entwürdigend, unhöflich empfunden werden, zum Beispiel Scheiße, Arschloch, Mist, bescheuert. Gleichzeitig benutzen diese Leute Wörter, welche für andere sehr befremdlich klingen, zum Beispiel Übertreibungen wie irre, wahnsinnig, affengeil, krass usw. Manche Menschen aus anderen Kulturen können mit dieser Art zu reden nichts anfangen.

Manchmal kommt es vor, dass ein und dasselbe Wort in unterschiedlichen Kulturen verschiedene Bedeutungen hat. Zu welchen Konflikten das führen kann, lesen Sie in der Geschichte »Das falsche Wort«, S. 139.

Der Vorteil der Wortsprache ist: Wenn man sie nicht versteht, versteht man auch die eventuell beleidigenden Wörter nicht. Man versteht eben gar nichts. Dann muss man auf die Körpersprache ausweichen und »mit Händen und Füßen reden«. (Mehr dazu in den Geschichten »Die falsche Geste«, S. 133, »Wer fängt an zu essen?«, S. 205, und »Mit dem Zug durch Indien«, S. 245)

2. Die Körpersprache

Das sind die Körperhaltung und die körperlichen Bewegungen etwa der Beine und Arme (der Gang), der Hände (Gesten), des Gesichts (Mimik). Die Körpersprache begleitet auf natürliche Weise die Wortsprache. Das einzige Verständigungsmittel ist sie dann, wenn wir die Wortsprache nicht verstehen. In der Körpersprache gibt es viele Missverständnisse, weil in den Kulturen der gleiche Körperausdruck sehr verschiedene Bedeutungen haben kann. Das kennt jeder, der sich in fremden Ländern aufgehalten hat. (»Die falsche Geste«, S. 133)

Wenn die Inder Ja sagen, wiegen sie den Kopf auf eine Weise hin und her, welche die Europäer als Nein deuten. Die Folgen können gravierend sein.

Ein besonderes Thema ist der Augenkontakt.

Wenn man jemanden anschaut und mit dem Finger auf die eigene Stirn tippt, dann heißt das in Deutschland etwa: Du hast einen Vogel, das ist ein Blödsinn, du spinnst. In Nordamerika bedeutet diese Bewegung das Gegenteil: Das ist toll; du bist sehr intelligent. (4.10)

In einigen Kulturen, zum Beispiel China, ist es üblich, beim gemeinsamen Essen zu schmatzen und zu rülpsen. Das ist dort ein Lob und eine Anerkennung für Gastgeber und Koch: Ich fühle mich behaglich; es schmeckt vorzüglich. (4.60) Für Europäer ist das unerträglich, ja ordinär. Dabei haben sie im Mittelalter dasselbe getan und tun es in manchen ländlichen Gebieten noch heute!

Chinesen spucken in Gesellschaft und auf der Straße lautstark aus. (7.60, 83) Auch das finden Europäer unhöflich. Das ist aber nichts gegen den Abscheu, den Chinesen empfinden, wenn Europäer in der Gesellschaft oder in der Öffentlichkeit ihre Nase laut schnäuzen, den Schleim in ein Taschentuch prusten und dieses dann auch noch in die Tasche stecken. Eklig! (7.60, 83)

Wahrnehmen und Deuten

Alle Menschen nehmen mit den fünf Sinnen wahr. Wir hören, sehen, spüren, riechen und schmecken unsere Welt. Es gibt noch eine weitere Form der Wahrnehmung. Man nennt sie »aus dem Bauch«, »mit dem Herzen«, »das höhere Bewusstsein«, die Eingebung, den sechsten Sinn oder Intuition. Antoine de Saint-Exupéry sagt: »Man sieht nur mit dem Herzen gut.«

Die Intuition ist schon unter den Menschen innerhalb einer Familie oder einer Gemeinschaft unterschiedlich ausgebildet, zum Beispiel zwischen Männern und Frauen oder zwischen Kindern und Erwachsenen. Unterschiedliche Ausprägungen der Intuition finden wir entsprechend auch unter den Kulturen. Die Menschen westlicher Kulturen verlassen sich mehr auf ihre fünf Sinne, Daten, Nachrichten und Logik. In abgelegenen Kulturen wie Neuseeland können Eingeborene (die von den westlichen Kulturen gern »primitiv« genannt werden) über Hunderte von Kilometern intuitiv wahrnehmen und kommunizieren. (11)

So wie das Wahrnehmen unterscheidet sich auch das Deuten (Interpretieren) dessen, was wir wahrnehmen. Eine bestimmte Handbewegung, ein Gesichtsausdruck, ein Wort kann in unterschiedlichen Kulturen Verschiedenes bedeuten. (Lesen Sie hierzu beispielsweise die Geschichten »Wie winkt man?«, S. 239, und »Die falsche Geste«, S. 133.)

Es ist wichtig, das zu wissen, wenn wir uns verständigen wollen. Manager, die in fremden Kulturen Firmen führen und mit den dortigen Menschen zusammenarbeiten, lernen dies in Schulungen zur »Interkulturellen Kommunikation«. (4)

Kleidung und Nacktheit

Wir sind es gewohnt, dass man in unterschiedlichen Kulturen und Gegenden unterschiedliche Kleider trägt. Das hängt mit der Tradition und mit dem Klima zusammen.

Die meisten Menschen bekleiden sich, in manchen Kulturen gehen die Menschen nackt oder nur um die Lenden bekleidet. Manche Menschen aus bekleideten Kulturen gehen am Strand und im Wasser gerne nackt, Menschen aus anderen bekleideten Kulturen finden das abstoßend.

In manchen bekleideten Kulturen ist es undenkbar oder gar verboten, sich vor anderen Menschen, außer dem Ehepartner, nackt zu zeigen. (Siehe auch »Sauna und Ehre«, S. 137) In türkisch-arabischen Kulturen kann dies einen Menschen das Leben kosten.

Manche muslimische Frauen tragen ein Kopftuch. Darüber gibt es in deren Heimat-Ländern, besonders aber in anderen Ländern, in denen solche Frauen leben, zum Beispiel in Europa, erregte Debatten: Dürfen diese Frauen ein Kopftuch tragen oder nicht? Manche Regierungen erlauben es, andere verbieten es.

In meinem Land ist das Kopftuchtragen für Musliminnen zum Teil verboten, aber einheimische Frauen dürfen selbstverständlich ein Kopftuch tragen, wann immer sie wollen! Meine Großmütter und deren ganze Generation haben ihr Leben lang Kopftücher getragen.

Christliche Nonnen sind zum Tragen von Kopftuch oder anderen Kopfbedeckungen gezwungen; sie tun das auch, wenn sie in fremden Kulturen öffentlich auftreten oder lehren. Mir ist nicht bekannt, dass ihnen das von den dortigen Regierungen verboten würde.

In einigen Ländern wird also das Tragen eines bestimmten Kleidungsstückes den Einheimischen erlaubt, Ausländern nicht.

Umgang mit dem Körper

In manchen Kulturen wird die sichtbare Haut reich bemalt, gefärbt, tätowiert, mit Spießen durchstochen, mit Ringen behängt. Manche ziehen ihre Lippen oder Ohren lang. Bei der Gestaltung der Haare sind der Fantasie keine Grenzen gesetzt. In China wurden tausend Jahre lang den Frauen die Füße verkrüppelt. Innerhalb einer Generation wurde dann dieser Brauch aufgegeben. (1.102) In manchen Kulturen ist es üblich, die Geschlechtsteile zu beschneiden (vgl. S. 90).

Die Religion

Religion spielt in den meisten Kulturen eine bedeutende Rolle. Obwohl die Kulturen viele ethische Grundsätze gemeinsam haben, gibt es riesige Unterschiede in den Religionen, in ihrer Ausübung und in der Art, wie sie mit anderen Religionen umgehen.

Die Buddhisten und im Großen und Ganzen auch die Christen akzeptieren heute, dass es viele Religionen gibt, und lassen jedem Menschen die Freiheit, seine Religion auszuüben, solange er die der anderen respektiert. Sie nennen dann jene Menschen Andersgläubige. Das ist *heute* so. In der Vergangenheit war es bei den Christen anders. Sie hielten ihre Religion für die einzig wahre und bekämpften die anderen.

Im Islam sind viele Gläubige auch heute davon überzeugt, ihre Religion sei die einzig richtige. Sie nennen daher alle, die etwas anderes glauben, nicht Andersgläubige, sondern Ungläubige.

In vielen Religionen ist es ohne Weiteres möglich, mit Angehörigen anderer Religionen befreundet zu sein oder eine Ehe zu schließen. In manchen Religionen ist das unerwünscht und wird bestraft, oft sogar mit dem Tod.

In einigen Religionen ist es normal, zu den Grundlagen dieser Religion und den Lehren ihres Begründers, also zu den »heiligen Büchern«, kritische Fragen zu stellen. Man versucht damit, die religiöse Lehre und ihre Regeln (Gebote, Verbote) jeweils der gegenwärtigen Zeit anzupassen. In anderen Religionen ist dies verpönt, es wird als Angriff auf die Wahrheit des Religionsgründers aufgefasst. Wer die Religion kritisch hinterfragt, wird schon als Abtrünniger und Ungläubiger bezeichnet.

Unterschiedlich sind Religionen auch in ihrer Bereitschaft, andere Religionen zu bekämpfen. Die Christen berufen sich auf einen Gott der Nächstenliebe und Güte, der Vergebung, des Friedens und des Respekts vor anderen. Dennoch haben Christen jahrhundertelang Andersgläubige bekämpft, verfolgt und getötet. Heute tun sie das nur noch selten. In anderen Religionen ist das noch Brauch.

Eines haben viele Religionen gemeinsam: Zwischen den heiligen Lehren und dem Verhalten im Alltag besteht oft eine tiefe Kluft.

Sterben und Tod

Sterben und Tod spielen in jeder Kultur eine wichtige Rolle und prägen das Lebensgefühl. In manchen Kulturen wird getrauert, man trägt Schwarz, und der hinterbliebene Ehepartner soll eine gewisse Zeit lang nach keinem neuen Partner Ausschau halten, vor allem die Frauen nicht.

In anderen Kulturen wird der Tod als Befreiung vom irdischen Leid und als Eingang in den Himmel gefeiert. Man trägt weiße oder bunte Farben, singt und tanzt.

Die Toten werden auf unterschiedliche Weise entsorgt. In manchen Kulturen werden sie in der Erde vergraben, in anderen verbrannt, in wieder anderen ins Freie gelegt, damit die Geier sie fressen können. Im alten Indien gab es einen Volksstamm, bei dem es üblich war, die Leichen der Eltern zu essen. (1.37) (Siehe S. 92)

Viele Kulturen glauben, dass es nach dem Tod ein Weiterleben in einer anderen Welt gibt. Einige von diesen gehen davon aus, dass die Seele des Menschen in einem jeweils neuen Körper wieder auf der Erde leben wird (Reinkarnation = Wiedergeburt).

Kranksein

1. Ursachen von Kranksein

In manchen Kulturen sieht die Medizin die Ursachen von Kranksein in falscher Ernährung, ungesunden Wohnungen und Lebensweisen, Infektionen – alles Dinge, gegen die man etwas tun kann.

Andere Kulturen sehen die Krankheitsursachen in früheren Missetaten (»schlechtes Karma«), im Fluch oder bösen Blick übel gesonnener Mitmenschen, im Auftrag zum persönlichen Entwickeln und Reifen und anderem.

2. Umgang mit Kranksein

Entsprechend werden in einigen Kulturen die Beschwerden (Symptome) mit künstlichen Mitteln bekämpft oder die Lebensumstände verändert. In anderen Kulturen neigen die Kranken dazu, das Kranksein als wohlverdiente Strafe oder als Wachstumsgeschenk zu betrachten und es zu ertragen, weil dadurch eine Entwicklung erfolgt oder das »Karma« gereinigt wird. Eine schnelle, bequeme Erlösung von der Krankheit durch medizinische Maßnahmen wäre dann ein Widerstand des Kranken gegen den Sinn seines Krankseins, also ein neues Fehlverhalten gegen Gott oder das Leben, was wiederum entsprechende negative Folgen (Karma) hätte (siehe auch S. 253 f.).

Das Wort Patient kommt vom lateinischen »pati«, d.h. dulden, erdulden, sich gefallen lassen, hinnehmen, leiden, erleiden. Ein Patient ist also einer, der seinen Zustand und sein Leiden geduldig hinnimmt. Das käme der oben beschriebenen zweiten Auffassung entgegen. Das im Westen verbreitete Bekämpfen von Krankheit durch Medikamente und andere Techniken zeigt dagegen den ungeduldigen Kranken, der seine Beschwerden nicht hinnehmen, nicht aus ihnen lernen, nicht an ihnen reifen, sondern sie möglichst schnell loshaben will.

Einen interessanten Kulturunterschied kann man beim Umgang mit Schmerzen beobachten. Die einen wollen den Schmerz eher unterdrücken und kleinreden, um die Mitmenschen nicht zu belasten. Für die anderen ist der Schmerz ein gutes Ausdrucksmittel für ein Problem. Sie reden über den Schmerz, klagen und lassen sich bemitleiden oder helfen.

Wer in der »interkulturellen Psychotherapie« arbeitet, muss sich mit diesen unterschiedlichen Einstellungen ständig auseinandersetzen. Der Therapeut ist in dem einen, der Patient in dem anderen Kulturkreis und Denksystem aufgewachsen und programmiert. Welches ist richtig? Die Frage nach richtig und falsch führt nicht weiter. Was will der Patient, was will der Therapeut? Wie können die beiden zu einer wirksamen Lösung für das Problem kommen? Was ist überhaupt das Problem und was eine wirksame Lösung? Schon darin unterscheiden sich die Kulturen. (Lesen Sie hierzu die Geschichte »Blinder Ratschlag«, S. 183.) Ich muss dabei immer wieder erkennen, dass die westliche Psychologie, die ich gelernt habe und praktiziere, für manche andere Kulturen überhaupt nicht gilt. Jede Kultur hat ihre eigene Auffassung von Leben, Gesundheit, Krankheit und dem Sinn dahinter, also auch ihre eigene Seelenkunde. Wenn ich meine eigenen, in meiner Kultur erlernten Auffassungen von gesund und krank, Problem, Sinn und Lösung stillschweigend auf den Patienten aus einer anderen Kultur übertrage und darauf hinarbeite, dass er sein Problem auf die Art und Weise löst, die mir als die richtige erscheint, dann kann es sein, dass ich mit besten Absichten seelischen Imperialismus betreibe und diesem Kranken meine Kultur überstülpe.

Wir müssen da sehr aufpassen. Ich bin im Zweifel, ob es eine interkulturelle Psychotherapie überhaupt gibt. Bei der Behandlung von Beinbrüchen und Blinddarmentzündungen ist das einfacher.

Leben mit der Natur

Im Umgang mit Natur gibt es große kulturelle Unterschiede. Die meisten Hightech-Kulturen (Europa, USA, China, Japan, Indien usw.) verbrauchen viel Wasser und Bodenstoffe und beschädigen durch Giftabsonderungen Boden, Wasser, Luft und Nahrung. Man sagt, der Mensch sei die einzige Art von Lebewesen, die systematisch ihre eigenen Lebensgrundlagen zerstört. Gleichzeitig entfernen sich diese Menschen in ihrer persönlichen Lebensführung immer weiter von den Gesetzen, Rhythmen und Ordnungen der Natur. Daraus entsteht eine Reihe von Unordnungen, Störungen und Krankheiten. Nicht von ungefähr gibt es seit Längerem eine »Umweltmedizin«.

Demgegenüber kennen wir noch einige (vor allem indianische) Kulturen, die in großem Respekt und Einklang mit der Natur leben und, statt sie auszubeuten, sie schützen und von ihr lernen. Diese Stämme verhalten sich auch in ihrem persönlichen Leben weitgehend im Einklang mit den Regeln und Rhythmen der Natur. (Siehe auch »Am Tabakfeuer«, S. 237)

Leben mit der Zeit

Hier kann man bei Verabredungen und Terminvereinbarungen überraschende Erfahrungen machen. Während die Menschen aus einigen Kulturen größten Wert auf Pünktlichkeit nach der Uhr legen, gehen andere sehr großzügig mit der Zeit um und kommen, wann es sich für ihre Seele richtig anfühlt. Wieder andere geben einen Zeitpunkt nach der Natur an: »Wenn die Sonne

aufgeht«, »Nach Sonnenuntergang«, »Wenn der Kirsch-
baum blüht« usw.

Tabus

In jeder Kultur gibt es Dinge, die nicht getan werden
dürfen und über die man nicht spricht. Sie heißen Tabus. Davon gibt es viele. Hier nur einige:

In europäischen Ländern sprechen viele Männer
nicht über ihr Gehalt. In arabischen Ländern wird unter
Männern nicht über die Ehefrau des anderen gesprochen. Sie darf nicht einmal erwähnt werden. In manchen
orientalischen Ländern ist Sexualität im Gespräch ein
Tabu. (16.139) In Indien ist es tabu, mit Angehörigen be-
stimmter niedrigerer Kasten (8) zu sprechen.

Wenn man Menschen anderer Kulturen begegnet, ist
es hilfreich, ihre Tabus zu kennen und zu beachten, um
komplizierte Situationen zu vermeiden. (1.74–78, 82)

Im Rahmen der Globalisierung und Kulturintegra-
tion werden viele Tabus allmählich schwinden. Manchmal ist es schön und befreiend, wenn ein Tabu gebrochen wird. Es ist ein altes Tabu, die englische Königin
in der Öffentlichkeit zu berühren (außer einem Hände-
druck). Nicht einmal ihr Mann darf das. Als im April
2009 der amerikanische Präsident Obama mit seiner
Frau von der englischen Königin empfangen wurde,
legte Frau Obama beim Gespräch einen Arm liebevoll
um den Rücken der Königin. Die Journalisten der Welt
zuckten zusammen. Das Unglaubliche war geschehen.
Die Königin selbst trat erschrocken einen Schritt zurück. Dann besann sie sich anders, legte ihren Arm um
die Hüfte von Frau Obama und plauderte mit ihr in die

Kameras. Ein jahrhundertealtes königliches Tabu war gebrochen, Menschlichkeit lag in der Luft, die Anwesenden lächelten.

Ein Tabubruch kann auch tödlich sein. Wenn früher ein Chinese seinem Kaiser in die Augen schaute, musste er sterben. Manche junge Türkinnen müssen heute noch sterben, wenn sie einen Mann eines anderen Glaubens heiraten.

Wer ist wichtiger, der Einzelne oder die Gruppe?

In den westlichen Kulturen (USA, Europa usw.) hat der Einfluss der Aufklärung und der Psychologie dazu geführt, dass das Leben und Wohlergehen des Einzelnen für wichtiger gehalten wird als das seiner Familie oder einer sonstigen Gruppe, der er angehört. Man spricht von Individuation und Selbstverwirklichung. Diese ist immer verbunden mit einer Abgrenzung vom Kollektiv, zum Beispiel der Familie. Irgendwann wird dabei der Einfluss der Eltern auf das bisherige Leben kritisch bewertet, infrage gestellt und eventuell der Kontakt zur Ursprungsfamilie aufgegeben, wenn er die Selbstentfaltung behindert. Man nennt das »Abnabeln«. Solche Abnabelungen finden in bestimmten Lebensabschnitten verstärkt statt, zum Beispiel in der Pubertät und bei der Eheschließung.

In China, Taiwan und anderen östlichen Kulturen vertritt man durch den Einfluss von Konfuzius eine gegenteilige Haltung. Hier ist die Gemeinschaft wichtiger als ihr einzelnes Mitglied. Die beste Selbstverwirklichung liegt hier darin, der Gemeinschaft und ihrem

Wohle zu dienen, auch wenn man dabei eigene Interessen zurückstellen muss.

Diese unterschiedlichen Haltungen zeigen sich in einer interessanten Geste der Hand. Im Westen haben sich viele Menschen angewöhnt, für Probleme in ihrem Leben andere verantwortlich zu machen und sie dafür zu rügen. Sie strecken den Arm aus, zeigen mit dem Finger auf den anderen und klagen an: Du hast mich falsch erzogen, du behandelst mich schlecht, du lässt mir keinen Platz usw. Diesen ausgestreckten Finger zusammen mit »du, du, du«-Klagen nennt man Vorwurf.

Dazu gibt es ein Sprichwort: Wer mit einem Finger auf einen anderen zeigt, zeigt mit drei Fingern auf sich. Der eine anklagende Finger sagt: Du bist verantwortlich für mein Wohl. Die drei Finger, die auf mich zeigen, fragen: Und wofür bin ich verantwortlich? (Siehe auch S. 184)

Ehre und Würde

Die Ehre ist in manchen Kulturen ein zentrales Thema und in anderen eher belanglos. Man kann eine innere von einer äußeren Ehre unterscheiden. Die innere Ehre macht »ehrlich«. Die äußere Ehre macht »ehrenhaft«.

Die *innere* Ehre hat damit zu tun, wie Sie sich selbst erleben. Sie besteht darin, dass Sie in Übereinstimmung mit Ihren Ansichten, Ihren Werten, Ihrem Gewissen leben und sich selbst treu sind, unabhängig davon, ob andere dem zustimmen oder nicht. Die innere Ehre ist von der Außenwelt und deren Urteil unabhängig. Ein solches Verhalten nennt man auch ehrlich. Es lässt sich unter anderem mit folgenden Wörtern beschreiben:

Selbstachtung, Gewissen, Würde, Stolz, Ehrgefühl, lauter, rechtschaffen, vertrauenswürdig, unbestechlich, integer, aufrichtig, offen, unverstellt, unverhohlen, echt, redlich, wahrhaftig, geradlinig, glaubwürdig. Die innere Ehre gehört zu unserem inneren Wesen, sie ist nicht mit Persönlichkeit und Charakter zu verwechseln. Das Kennwort ist ICH: Ich mache es so. Ein solches Verhalten kann riskant sein, wenn es anderen missfällt.

Die *äußere* Ehre hat damit zu tun, welche Ehre Ihnen die anderen Menschen erweisen: Sie steht für Ihr Ansehen in der Außenwelt. Dieses wird oft mit folgenden Wörtern beschrieben: Ehrung, Auszeichnung, Orden, Titel, Huldigung, loben, bejubeln, Ehrenbezeigung, Ruf, Geltung, Persönlichkeit, Charakter, Leumund, Image, Prestige, Renommee, Wertschätzung, Beliebtheit, Popularität, Nimbus, Ruhm, Ansehen, berühmt, anerkannt, Achtung. Um dieses Ansehen zu erhalten, wird der Mensch sein eigenes Gewissen zurückstellen und sich so verhalten, wie es die anderen erwarten und für gut befinden. Das Kennwort ist MAN: Man macht es so. Die äußere Ehre ist von den Urteilen der Außenwelt abhängig. Verhält man sich ihr gemäß, nennt man das gesellschaftsfähig angepasst. Es hat mit Charakter und Persönlichkeit zu tun, nicht mit dem inneren Wesen. Der Lohn ist äußeres Ansehen. Es wird oft mit Respekt verwechselt.

Wenn Sie sich in Ihrem Herzen für geistig behinderte Menschen engagieren und an ihrem Ort ein Pflegeheim betreiben, obwohl die ganze Umgebung dagegen ist und Sie verachtet, dann haben Sie innere Ehre. Wenn Sie auf das Heim verzichten, um Ihr Umfeld nicht zu verstören und bei den Leuten gut dazustehen, dann werden Sie Ihrer inneren Ehre untreu und gewinnen äußere Ehre. Natürlich können innere und äußere Ehre zusammenfallen.

Die Idee, dass der Einzelne sich dem Gesamtwohl unterzuordnen hat, ist in einigen Kulturen zur Verpflichtung erhoben worden. In Bezug auf die Familie kann das bedeuten, dass jedes Familienmitglied alles tun muss, was der Familie und ihrer (äußeren) Ehre dient, und alles unterlassen muss, was dieser Ehre schadet.

Vor allem in orientalischen Kulturen (16) (12), auch im alten Japan und anderswo dreht sich alles um die Ehre der Familie oder des Mannes, manchmal auch des Landes. Damit ist das Ansehen gemeint, das man bei anderen hat, wie andere über einen denken und reden: die äußere Ehre. Nicht wie ein Mensch sich selbst achtet, sondern ob andere ihn achten, nicht der Selbstrespekt, sondern das Ansehen bei den anderen zählt. Damit macht sich der Mensch in seinem Wertgefühl von der Außenwelt abhängig. Er muss die Erwartungen der anderen erfüllen, um gut und ehrenhaft dazustehen. Da in diesen Kulturen die Familie die entscheidende Rolle für das Erscheinungsbild spielt, gibt es klare Regeln, wie die Familienmitglieder sich verhalten müssen, damit die Familie angesehen und geehrt bleibt. Diese Regeln betreffen die Kleidung, das Auftreten, die Kontakte mit anderen Leuten, den Gehorsam, das Einhalten »guter Sitten«, also das gesamte Verhalten. Die Regeln sind für Frauen und Männer verschieden und für Frauen erheblich strenger. Über die Einhaltung dieser Regeln wacht nicht nur die Familie, sondern die ganze Umgebung.

Viele im Ausland lebende Türken haben Angst, dass ihre Kinder und Frauen die dortigen Werte und Sitten übernehmen. Das wird vermieden durch Isolation (Ausgangsverbot), Befreiung von Gemeinschaftstätigkeiten wie Sport, Schwimmen, gemeinsamen Ausflügen und so weiter.

Dieser kulturellen Einstellung gemäß ist die äußere Ehre der Familie mit allen Mitteln aufrechtzuerhalten. Wer etwas tut, was der Familienehre schadet (zum Beispiel sich falsch kleidet, mit den falschen Leuten spricht, unerwünschte Beziehungen eingeht, als Mann zu weich oder als Frau zu sexy ist, mit Angehörigen anderer Religionen sich anfreundet), wird erst ermahnt, bei Fortsetzung dieses Verhaltens bestraft und in schweren Fällen umgebracht. In Ländern, in denen eine solche Ehre-Kultur gelebt wird, gibt es diese Ehrenmorde.

Es gibt Ehrenmorde aber auch in Kulturen, die damit eigentlich nichts zu tun haben wollen, etwa in Europa. Es sei zum Beispiel erinnert an den Ehrenmord auf Kreta in dem Film »Alexis Sorbas«. Es wäre interessant zu untersuchen, welche Morde in Europa pro Hunderttausend Einwohner häufiger vorkommen: die an einheimischen Frauen durch einheimische Männer oder die an zugewanderten Frauen durch zugewanderte Männer.

Das wichtigste Kriterium für die Ehre der Familie ist der gute Ruf ihrer Frauen. Daher werden die Frauen beständig auf ihr Verhalten hin kontrolliert und bei Verstößen bestraft. (Lesen Sie hierzu die Geschichte »Mut«, S. 153.)

Der Vorrang der Familie gegenüber dem Einzelnen kann so weit gehen, dass der Einzelne für die Ehre der Familie seine Freiheit, seine Würde und notfalls sein Leben opfern muss. (16) Indem ich hier schreibe, dass der Einzelne seine Würde für die Ehre der Gemeinschaft opfern muss, betreibe ich wiederum eine unzulässige Kulturvermischung: Das Wort »opfern« kommt natürlich aus dem Bewusstsein meiner eigenen Kultur, in der die Würde eines Menschen darin besteht, dass er sein eigenes Selbst verwirklicht. Meine Formulierung kann in den Kulturen, von denen eben die Rede war, nicht verstanden und nicht akzeptiert werden, weil dort die Würde des Einzelnen gerade darin besteht, sich dem Gemeinwohl unterzuordnen, ihm zu dienen und dies keinesfalls als Opfer, sondern als Selbstverständlichkeit und Ehre aufzufassen. Was bei uns die Würde des Einzelnen ausmacht, nämlich sich mehr um seine eigene persönliche Entwicklung zu kümmern, selbst auf Kosten des Gemeinwesens, würde eben dort als würdelos, rücksichtslos und unsozial bewertet. Das ist wieder ein Beispiel dafür, wie schwierig es ist, über andere Kulturen neutral zu schreiben, weil jede Beschreibung aus meinem eigenen Wertesystem die beschriebene Kultur verfälscht.

Neben der Ehre des Einzelnen oder der Familie gibt es auch die Ehre einer Nation, den Nationalstolz. Auch dafür kann getötet werden. Den deutschen Frauen, deren Gatten oder Söhne im Zweiten Weltkrieg ums Leben kamen, wurde vom »Führer« mitgeteilt, dass diese Männer für die Ehre des deutschen Vaterlandes gestorben seien. (Siehe auch »Töten für die Ehre«, S. 196) Auch in vielen anderen Nationen und Kulturen gilt es als äußerst ehrenhaft, sein Leben für das Volk oder die Kultur hinzugeben.

Diese unterschiedlichen Ehrbegriffe und Lebenshaltungen können hart aufeinanderprallen, wo zwei entsprechende Kulturen sich begegnen. In wirtschaftlicher Zusammenarbeit, in politischen Verhandlungen oder in interkulturellen Ehen kann dies zu ernsthaften Problemen führen. (Siehe auch »Sauna und Ehre«, S. 137, »Ein verhängnisvolles Missverständnis«, S. 162, »Die Schweizerin und der Massai«, S. 169)

Soziale Unterschiede

Kulturen, die Demokratie und Menschenrechte entwickelt haben, betrachten alle Menschen vor dem Gesetz als gleich. Das gibt den Menschen Würde und Selbstbewusstsein.

In einigen anderen Kulturen sind die Menschen in soziale Klassen eingeteilt. Wohl am stärksten ausgeprägt ist das in Indien. Dort sind die Menschen in Kasten gegliedert: von ganz »minderwertigen« Menschen, die keinerlei Rechte haben, bis zu den höchstgestellten, denen alle Würde zuteil wird. Diese Kasten sind durch Geburt festgelegt, man kann sie nicht überwinden. Sie sind Schicksal. An vielen Orten ist jeder Kontakt zwischen bestimmten Kasten verboten. (5.67) Näheres über das Kastenwesen beschreibt der Inder Kakar. (8)

Doch selbst das ändert sich in der Evolution der Kulturen! Der 3. Juni 2009 ist ein historischer Tag in der Geschichte Indiens. Eine Frau wurde zur Präsidentin des Unterhauses gewählt. Das ist der dritthöchste Posten im Staat. Das sind zwei Sensationen auf einmal: Zum ersten Mal sitzt eine Frau dem Parlament vor! Und diese Frau kommt aus der untersten Kaste, eine »Unberührbare«! Den Namen dieser Frau sollte man sich merken: Sie heißt Meira Kumar.

Fremde ansprechen

In einigen Kulturen ist es völlig normal, einen fremden Menschen anzusprechen, zum Beispiel auf der Straße. (Siehe auch »Zu Gast bei Vivian«, S. 194, und »Begegnung am Bahnhof«, S. 232)

In anderen Kulturen dagegen ist es verboten, dass eine Frau einen fremden Mann oder ein Mann eine fremde Frau anspricht. Das kann zu ernsthaften Problemen führen.

Gastfreundschaft gegenüber Fremden

Wenn in orientalischen Ländern ein Fremder durch ein Dorf geht, kommt es oft vor, dass er zu einem Drink oder einem kleinen Imbiss eingeladen wird und sich dann ein lebhaftes Gespräch entwickelt, ob man es versteht oder nicht. Das erlebte auch ich in Griechenland, Afghanistan, Sri Lanka, Türkei und anderswo. (Siehe auch »Im Bann der Unbekannten«, S. 135) In anderen Gegenden der Welt gilt das als unschicklich, oder man interessiert sich nicht für den Fremden. Manche Kulturen begegnen Fremden mit Misstrauen oder Ablehnung.

Besuchen

In manchen europäischen Ländern ist das Besuchen oft ein komplizierter Vorgang: anrufen, Terminkalender prüfen, Termine vorschlagen, abstimmen. Immer weniger Leute besuchen sich spontan ohne Voranmeldung, es gilt als unhöflich.

In vielen anderen Ländern ist es üblich, einander unangemeldet zu besuchen. (Siehe auch »Wie besucht man jemanden?«, S. 190) In manchen Gegenden ist das Besuchen ein festgelegtes Ritual. (Vgl. »Ein indianisches Besuchsritual«, S. 236)

Augenkontakt

»Die Augen sind die Fenster der Seele«, sagt man. Das stimmt. Die Augen können so viele Gefühle ausdrücken: Angst, Wut, Liebe, Neugier, Ehrfurcht, Macht, Hilflosigkeit, Trauer, ein Nein, ein Ja, eigentlich alles. Mit Wörtern kann man sich verstellen, mit den Augen kaum. Daher empfinden viele Menschen es als intim, wenn man sich in die Augen schaut. Es gilt als ehrlich, aufrichtig. Diese Intimität mag man, oder man mag sie nicht.

Sind zwei ineinander verliebt, werden sie gar nicht satt davon, einander – oft schweigend – in die Augen zu schauen, um die Seele des anderen zu ergründen. Alles möchten sie zeigen. »Ich verliere mich in deinen Augen.« Einen fremden Menschen oder einen, dem man nicht traut, möchte man nicht so ansehen. Warum soll ich dem verraten, wie ich bin? Oder doch? Vielleicht will ich herausfinden, was in ihm vorgeht. Also hinschauen!

Manche sind verunsichert, wenn man sie nicht anblickt; sie fühlen sich nicht ernst genommen. Andere empfinden es als dreist, herausfordernd oder auch respektlos, wenn man ihnen in die Augen schaut. Es kann auch ein Ausdruck von Aggression sein, wie uns die Westernhelden zeigen.

Meine Kolleginnen und Kollegen und ich selbst können Leidensgeschichten zu diesem Thema erzählen, wie in unserem Kulturkreis Augenkontakt und »Durchschautwerden« miteinander verbunden werden.

Nehmen wir an, ich bin auf einer Party, sitze im Zug oder im Restaurant. Dort treffe ich jemanden, der mich nicht kennt. Wir kommen ins Gespräch und irgendwann kommt die Rede auf Arbeit und Beruf. Der andere erfährt, dass ich Psychologe bin. Jetzt geht's los. Schau ich ihm in die Augen, höre ich: »Oh je, dieser Blick! Durchschauen Sie mich jetzt? Der Psychologe sieht doch alles, oder? Wenn Sie so ernst schauen, fürchte ich, dass Sie etwas Schlimmes in meiner Seele sehen. Jetzt, wenn Sie lächeln, machen Sie sich über mich lustig?« Wenn mir das zu albern wird und ich den Blick abwende, auf mein Glas oder meine Fingernägel sehe, höre ich: »Wenn Sie meinem Blick ausweichen, haben Sie sicher etwas in mir entdeckt, was Sie mir verschweigen wollen. Seien Sie ehrlich: Haben Sie in mir etwas Unangenehmes gesehen und wollen es mir nicht sagen? Bitte sagen Sie es mir, Sie können ganz offen reden!« Was auch immer meine Augen tun, mein Gesprächspartner fasst es »psychologisch« auf! Das ist ungefähr so, als wäre ich mit einer Stenotypistin beim Essen, und immer, wenn sie ihre Finger bewegt, frage ich: »An welchen Text denken Sie gerade?«

Die Augen und der Augenblick haben viel mit Beziehung zu tun. Wir wollen einen Blick darauf werfen, wie verschiedene Kulturen damit umgehen.

In Indonesien guckt ein junger Mann nicht in das Gesicht seiner älteren Geschwister. Ein Mann sieht dort nie seiner Schwiegermutter ins Gesicht, das wäre sehr unhöflich. Er schaut statt dessen auf ihre Brusthöhe oder auf den Boden. Auch den Großeltern blickt man nicht in die Augen. (5.65)

Ich war in einem Seminar bei einem Hopi-Indianer. Er hatte viel Wichtiges zu sagen, wir konnten auch in den Pausen mit ihm sprechen. In diesen drei Tagen schaute er niemandem in die Augen. Er erklärte das so: Der Ausdruck der Augen kann den Gesprächspartner beeinflussen und zwar umso mehr, je intensiver der Ausdruck der Augen ist. Die Hopis haben sehr ausdrucksvolle Augen. Die Hopi-Lehrer wollen, dass man ihnen zuhört und das Gehörte selbst verarbeitet. Sie wollen informieren, aber nicht Meinungen bilden. Sie wollen vermeiden, dass das Zuhören und das innere Auseinandersetzen mit dem Gehörten durch den Blick der Augen beeinflusst oder manipuliert wird. Das wäre für sie anmaßend. Darum blicken sie den Hörern nicht in die Augen. Für sie ist das ein Ausdruck des Respekts vor den Zuhörern. Für uns Teilnehmer war das zunächst das Gegenteil: Wir fanden es respektlos, mit uns zu reden, ohne uns anzusehen. Umso wichtiger war es, dass er uns das erklärte und wir ihn dann verstehen konnten.

In Neuseeland schaut man weg oder zu Boden, wenn man intensive Gefühle hat. Ein voller Augenkontakt gilt allgemein als unangenehm, unhöflich, respektlos, vor allem gegenüber älteren Menschen und solchen, die sich in tiefen Gefühlen befinden. (5.65)

In manchen orientalischen Kulturen kann ein Mann ernste Probleme bekommen, wenn er einer fremden Frau in die Augen schaut.

In China und Taiwan ist es verboten, einer Person, die einen höheren Rang einnimmt, in die Augen zu blicken. Der Blick muss tiefer auf den Körper gerichtet sein. Wer in die Augen des Kaisers schaute, musste sterben. (5.65) Hier hält man also nichts von Beziehungen »auf Augenhöhe«, wie sie in Europa gepflegt werden.

Gleichzeitig haben jedoch Chinesen ein sehr starkes seelisches Bedürfnis nach einem Menschen, zu dem sie aufblicken können, weil er eine besondere, zentrale Rolle, Position, Macht oder Autorität hat. Findet sich in einer Gruppe keine solche Person, fühlt sich der Chinese verloren. (5.66)

In europäischen Ländern ist es üblich wegzuschauen, wenn man starke Gefühle verbergen möchte, beson-

ders Scham. Nach dem oben Gesagten wäre es ein großes Missverständnis, wenn etwa ein Neuseeländer einen
Europäer nicht direkt ansieht und der Europäer daraus
schließt, dass der Neuseeländer sich schämt. Er schämt
sich nicht, er erweist Respekt.

Verbeugen

Das Verneigen oder Verbeugen gilt in den meisten Kulturen als Zeichen für Ehrerbietung, Achtung und Wertschätzung. Gewöhnlich findet es beim Begrüßen und
Verabschieden statt sowie beim Geben und Empfangen
von Geschenken oder Würdigungen. Je tiefer sich der
Körperteil befindet, den man beugt, umso tiefer wird
die erwiesene Ehrung empfunden. Entweder man verneigt nur den Kopf oder den ganzen Oberkörper oder
man beugt, etwa vor Königinnen, das Knie: der Hof-
knicks. Allerdings verbeugt sich nicht jeder vor jedem.
Es gibt eine Rangordnung. Der Rangniedrigere verbeugt sich vor dem Ranghöheren, nicht aber umgekehrt.
Kinder verbeugen sich vor den Eltern und Großeltern,
nicht umgekehrt. Schüler verneigen sich vor Lehrern,
nicht umgekehrt. Das Volk verneigt sich vor dem Herrscher, nicht umgekehrt. In den Kulturen, in denen die
Alten geachtet werden, verbeugen sich die Jungen vor
den Alten, nicht umgekehrt. Das ist die Regel. Davon
gibt es Ausnahmen. Zum Beispiel, wenn der Rangniedrigere besonders ehrenwerte Leistungen vollbracht hat.
Dann kann der Ranghöhere sich ausnahmsweise verneigen, um seine Anerkennung auszudrücken.

Wer im Rang hoch und niedrig ist, das legt jede Kultur fest. Hat man viel mit anderen Kulturen zu tun, ist

es hilfreich, sich über deren Rangordnungen zu informieren. Denn die angemessene Verbeugung ist eine Geste, die Herzen und Türen öffnet. Ein unangemessenes Verhalten mag man zwar »verzeihen«, es schafft aber doch oft eine gewisse Verwirrung und Distanz. (Vgl. »Am Tabakfeuer«, S. 237)

Einige Leute wollen unbedingt, dass man sich vor ihnen verbeugt und dass das alle zu sehen bekommen. Das steigert ihr Selbstbewusstsein. Der irakische Präsident Saddam Hussein pflegte dazu einen Trick anzuwenden: Wenn er Staatsoberhäupter begrüßte, hielt er seine Grußhand ganz tief, auf der Höhe seines Oberschenkels. Um diese Hand zu erreichen, musste der Gast sich hinunterbücken, während Hussein hoch aufgerichtet stand und über den Gast hinweg- oder auf ihn hinunterschaute. Diese Szene wurde von seinen Fotografen von allen Seiten fotografiert. Dann erschienen in den Medien die Fotos, auf denen der Staatsgast sich vor dem großen Hussein verbeugt.

In religiösen Kulturen ist das ranghöchste Wesen Gott (in Tibet: der Buddha). Darum sind religiöse Rituale voll von Verneigungen, Verbeugungen, Kniebeugen, Knieschemeln. Man erweist Gott andauernd die Ehre. In manchen Religionen legt man sich dazu ganz auf die Erde, etwa die tibetischen Buddhisten bei ihren Niederwerfungen vor dem Buddha.

Den orthodoxen Juden ist es nicht erlaubt, sich vor anderen zu verbeugen. (5.66)

Körperkontakt

Halt! Bevor Sie jemandem zu nahe kommen, informieren Sie sich darüber, ob der das will. Nicht jeder gehört Ihrer Kultur an und teilt Ihre Gewohnheiten.

Vor dem Kontakt kommt erst mal der Abstand! Ist ja klar: Damit man auf jemanden zugehen kann, muss man erst mal von ihm ein Stück weit weg sein. Dann ist das Aufeinanderzugehen buchstäblich ein Schritt, ein Weg in der Beziehung. In diesem Abstandhalten und Zeitlassen liegt die Würde des Kennenlernens, der Respekt vor dem anderen. (Lesen Sie hierzu auch »Ein indianisches Besuchsritual«, S. 236.) Vermutlich lassen Sie sich ja auch nicht von jedem die Hand schütteln und umarmen, oder?

Wie ist das in den verschiedenen Kulturen?

1. Abstand

In manchen Kulturen beträgt der respektvolle Abstand bei einem Gespräch mehrere Meter. Bei anderen Kulturen geht man aufeinander zu, ganz nah, berührt sich sogar. Genauer wurde in drei Ländern gemessen: Der höfliche Abstand bei normalen Gesprächen ist in Amerika etwas weniger als eine Armlänge, in Deutschland ungefähr eine Armlänge, in China etwa 20 cm mehr als eine Armlänge. (4.56) Der große Abstand der Chinesen gilt aber nur, wenn sie jemandem gegenüberstehen. Sobald sie sich neben einem befinden, auf einer Parkbank, am Strand usw., beachten sie keinerlei körperliche Grenzen. Beim Vorbeigehen machen sie keinen Bogen um den, der da sitzt oder liegt, sondern laufen hautnah vorüber. Und wenn sie sich neben einen Fremden stellen, setzen oder legen, halten sie keinen Abstand ein, sondern rücken ihm »auf die Pelle«. Diesen seltsamen Widerspruch erklärte eine Chinesin wie folgt: Wenn zum Beispiel ein Mann allein auf einer Bank sitzt oder am Strand liegt und eine chinesische Familie kommt vorbei, dann bemitleidet die Familie diesen Mann und setzt sich ganz dicht zu ihm, gewährt ihm also Nähe, um sein Alleinsein zu mildern. Etwa nach dem Motto: »Ach sieh mal, da ist ein Ausländer, der hat keine Frau und keine Kinder, der Arme, komm, wir setzen uns neben ihn, da spürt er seine Einsamkeit nicht so stark und muss nicht traurig sein, dass er keine Familie hat, denn er hat ja uns in seiner Nähe und fühlt sich nun nicht mehr einsam.« (4.55 f.)

2. Berühren

Wenn Südfranzosen mit jemandem sprechen, berühren sie ihn dabei. Das gilt als selbstverständlich, kommunikativ und gesund. In Nordfrankreich ist das befremdlich. (5.64)

In manchen Kulturen ist das undenkbar, könnte sogar als Angriff verstanden werden. Die Österreicher sagen für anfassen »angreifen«.

In Indonesien berühren sich nur Familienmitglieder, Fremde nicht. (5.65)

Von Eskimos wird berichtet, dass sie zur Begrüßung die Nasen aneinanderreiben.

In Europa und den USA begrüßen und verabschieden sich viele, indem sie die Wangen aneinanderlegen und in die Luft küssen.

3. Die Hand geben

In manchen Kulturen ist das selbstverständlich, in anderen verpönt.

In großen Teilen Indiens gibt man sich beim Begrüßen und Verabschieden nicht die Hand, sondern grüßt mit »Namaste«: Jeder legt seine Handflächen zusammen, die Fingerspitzen zeigen nach oben, die Daumen berühren die Brust. In dieser Haltung verneigt man sich voreinander. Dies ist auch die Dankesgeste und die Geste der Ehrerbietung.

4. Umarmen

In Europa und Amerika umarmen sich alle, die sich mögen.

In Japan umarmt man sich nicht in Gegenwart anderer Menschen oder in der Öffentlichkeit, auch Mann und Frau nicht; sie tun das nur im Bett. Liebe drückt man mit dem Blick aus. Auch Eltern und Kinder umarmen sich nicht, vor allem nicht Vater und Tochter oder Mutter und Sohn. Die ganz junge Generation lockert diese Regeln. (5.64)

Gefühle zeigen

In Europa und anderen Kulturen ist es normal, Gefühle zu zeigen. Man ermuntert sich gegenseitig dazu. Das gilt als ehrlich. Für Menschen, die sich damit schwertun, gibt es psychologische Beratung, Selbsterfahrungsgruppen und Therapie. Frauen beklagen oft, dass ihre Männer ihre Gefühle zu wenig zeigen.

In manchen Kulturen zeigt man Gefühle gar nicht oder nur gegenüber bestimmten Menschen. Gelegentlich werden nicht alle Gefühle unterdrückt, sondern nur solche, die man für belastend und damit »negativ« hält, wie Wut, Ekel, Neid, Eifersucht. Man will das zerbrechliche Gleichgewicht der Familie nicht stören. Oder man schämt sich seiner Gefühle und hält sie für kindisch.

In Japan gibt es keine klare Unterscheidung zwischen den Gefühlen und dem Denken. Wenn jemand fragt: »Was denkst du?«, antwortet der andere möglicherweise mit dem, was er fühlt. Und wenn jemand fragt: »Wie fühlst du dich?«, antwortet der andere vielleicht mit dem, was er denkt. (5.63) Japaner bringen ihre Gefühle kaum zum Ausdruck. Auch wenn sie sehr viele und starke Gefühle haben, fällt es ihnen überaus schwer, sie auszudrücken, auch mit Worten. Denn das würde bei anderen Unbehagen auslösen. Die anderen machen sich dann Sorgen, und das soll vermieden werden. (5.64)

Auch in China hält man sich mit den Gefühlen zurück. Sie direkt und offen auszudrücken wäre sehr unpassend, unhöflich, würde die anderen belästigen. Daher geht man dort mit dem Körper und seinen Bewegungen sehr kontrolliert um. (4.42) Man drückt die Gefühle mehr mit den Augen aus. (5.65)

Sich bei Wut oder Ärger anzuschreien, ist in vielen Kulturen normal, in manchen dagegen nicht erlaubt.

Wenn jemand leidet, wird das in einigen Kulturen an die große Glocke gehängt. Man bemitleidet sich und wird von den anderen bemitleidet, getröstet. Die anderen helfen einem, das Problem zu lösen.

In China dagegen spricht man nicht über sein Leiden. Das wäre für die Familie eine große Last. (5.65)

Ehrlichkeit

Im europäischen Bewusstsein bedeutet »ehrlich«, dass jemand sich so zeigt, wie er wirklich ist: seine wahren Meinungen, Gefühle, Bedürfnisse, was er mag und was er nicht mag. Er muss sich nicht zeigen; aber wenn er sich zeigt, dann zeigt er sein wahres Wesen. Das ist ehrlich. Eine ähnliche Bedeutung haben die Wörter »aufrichtig« und »wahrhaftig«. »Ehrlich« hat also nicht mit der äußeren Ehre, dem Ansehen zu tun, sondern mit der inneren Ehre: ob ich meinem Wesen treu bin, auch dann, wenn mein Verhalten von anderen kritisiert oder abgelehnt wird. In diesem Fall muss ich entscheiden, was mir wichtiger ist: die Ehrlichkeit (innere Ehre) oder das Ansehen (äußere Ehre).

In anderen Kulturen, etwa in Fernasien, wird das ganz anders gesehen. Dort ist nicht der Einzelne, sondern die Gemeinschaft wichtig. Jemand hat Ehre, wenn er zum Wohl der Gemeinschaft (wozu auch deren Ansehen gehört) beiträgt. Daher kennen manche Sprachen das europäische Wort »ehrlich« gar nicht, sondern eher »ehrenhaft«, das heißt, das Wohl und das Ansehen der Gemeinschaft stärkend.

Beide Einstellungen sind gleichberechtigt. Daher ist im Folgenden das Wort »ehrlich« nicht wertend gemeint, so als sei es gut, ehrlich zu sein, und schlecht, unehrlich zu sein. Es geht vielmehr darum, wie in anderen Kulturen die Menschen mit dem umgehen, was sie innerlich spüren, denken, brauchen, ablehnen; ob sie das zeigen oder nicht zeigen oder ob sie sich verstellen und sich anders zeigen, als sie sind.

Ein Gebiet, auf dem das eine Rolle spielt, sind Gefühle. Ein anderes sind die Tatsachen, die Wahrheit. Sage ich die Wahrheit oder sage ich sie nicht?

Wenn einer die Wahrheit sagt, also ehrlich ist, wird das in Europa und den USA meist für gut befunden. Gleichzeitig kann es gefährlich sein, wenn jemand diese Wahrheit nicht hören will, zum Beispiel in Diktaturen oder im Land der Mafia. Dann ist Ehrlichkeit lebensgefährlich. (5.66)

In vielen orientalischen und asiatischen Kulturen sagt und zeigt man das, was dem anderen gefällt und guttut. Keinesfalls sagt man etwas »Negatives«; das würde einen selbst und den anderen belasten. Lieber hält man das eigene Empfinden zurück. Dort nennt man das ehrenhaft. Der europäische Geist nennt das unehrlich, unaufrichtig: sich verstellen.

Asiaten lachen auch, wenn sie sich schlecht fühlen und ihnen gar nicht zum Lachen ist. Sie sagen das, was der andere hören will. Sie nennen das »höflich« und finden es ehrenhaft. Europäer halten es für unehrlich, bestenfalls nennen sie es eine Notlüge. Da gibt es also einen Widerspruch zwischen höflich und ehrlich. Ehrlich bin ich, wenn ich das ausdrücke, wie es um mich wirklich bestellt ist. Höflich bin ich, wenn ich das ausdrücke, was dem anderen gefällt. »Ehrlich« kommt von »Ehre«. »Höflich« kommt von den »Höfen« der Könige, Fürsten, Kalifen, Mogule, Kaiser. An den Höfen drückte man sich so aus, dass der Herrscher und der Hofstaat Gefallen daran fanden, und das war eben höfisch oder höflich. Was die Europäer ehrlich nennen, konnte einen an den Höfen das Leben kosten. Da aber die höfische »Unehrlichkeit« auf Dauer nicht auszuhalten war, erfand man eine hilfreiche Einrichtung: Einen einzigen Menschen gab es, der durfte jedem und jederzeit ungestraft die Wahrheit sagen, selbst dem Herrscher. Er durfte »ehrlich« sein, ohne dass ihm Gefahr drohte; ja man hielt ihn für verrückt und lachte über ihn. Das war der Hofnarr. Heute noch nennt man in der deutschen Sprache Menschen, die immer ganz ehrlich sind, närrisch. Von Kindern, die noch nicht gelernt haben, unehrlich zu sein, sagt man: Sie haben Narrenfreiheit.

Heute gilt es in manchen Gesellschaften als höflich, ehrlich zu sein, und als unhöflich, nicht die Wahrheit zu sagen. In anderen Kulturen gilt es nach wie vor, aus Rücksicht auf die anderen, als ehrenhaft und höflich, nicht die Wahrheit zu zeigen. Dort hält man das, was Europäer ehrlich und aufrichtig nennen, für unhöflich, rücksichtslos, unerwünscht, und es kann einen das Leben kosten.

Das alles ist ein bisschen verwirrend. Vielleicht entwickelt sich im Lauf der Kulturbegegnungen eine Verbindung zwischen den beiden Einstellungen. Ein Kollege aus dem Sudan praktiziert sie schon. Er sagt: »Am schönsten ist es für mich, wenn mir jemand höflich die Wahrheit sagt.«

Nein sagen

Ein besonderer Fall ist in diesem Zusammenhang das Neinsagen. Das fällt vielen schwer. Mancherorts ist es verpönt oder gar verboten.

In den meisten westlichen Kulturen ist es üblich, Ja und Nein zu sagen, je nach eigenem Empfinden. Das hat zwei Vorteile: Der Sprecher ist mit sich im Reinen, und der andere weiß, woran er ist. Es führt zu klaren Verhältnissen, über die man sich dann bei Bedarf auseinandersetzen kann. Das wird selbst dann als angenehm empfunden, wenn dem anderen die Antwort nicht gefällt oder der Neinsager mit Nachteilen rechnen muss.

Allerdings tun sich viele schwer, Nein zu sagen, wenn der andere Ja erwartet. Diese Leute sagen dann lieber Ja, um den anderen nicht zu enttäuschen oder zu verletzen. Während sie also mit einer »falschen« Auskunft den anderen zufriedenstellen, sind sie selbst oft unzufrieden mit ihrer eigenen »Unehrlichkeit«. Für manche eine verzwickte Lage.

In psychologischen Selbsterfahrungsgruppen des Westens werden die Teilnehmer ermutigt, Ehrlichkeit zu wagen: Wenn du Nein meinst, dann sag Nein und trag die Konsequenzen! Für Ja gilt das Gleiche.

Ganz anders zum Beispiel in Japan. Dort sagt man nicht direkt Nein, weil das die Gefühle des anderen verletzt. Es ist ein Tabu. Stattdessen erfindet man komplizierte Sprachkonstruktionen. Eine Japanerin berichtet: »Wenn mich jemand nach einer Flasche Milch fragt und ich habe keine, dann sage ich das in etwa so: ›Uhm, ich hatte sie vorhin, aber gerade ist sie zu Ende gegangen. Aber ich werde später neue Milch holen.‹« (5.63)

Auch in China lässt man sich das Nein nicht anmerken. Wenn zum Beispiel jemand vom Chef einen Auftrag bekommt, den er nicht versteht, und der Chef fragt »Alles klar?«, dann nickt und lächelt der Beauftragte trotzdem – aus Angst, den Chef zu verstören, wenn er zugibt, dass er nicht verstanden hat. (4.52)

In Europa und den USA würde der Chef in dieser Situation erwarten, dass der Mitarbeiter so lange nachfragt, bis er den Auftrag verstanden hat, und der Mitarbeiter würde das auch tun. Schließlich wollen beide, dass der Auftrag schnell und korrekt ausgeführt wird, und dazu muss er natürlich erst mal verstanden sein. Hier dient also die Ehrlichkeit der Effizienz.

Wie schwer es für eine Chinesin sein kann, die Einladung eines Mannes abzulehnen, erzählt die Geschichte »Chinesisches Nein« (S. 242).

Lächeln

Auch das Lächeln spielt eine besondere Rolle beim Thema Ehrlichkeit und in anderen Lebenslagen. Wahrscheinlich freuen sich die meisten Menschen, wenn sie angelächelt werden. Sie erleben ein Lächeln als freundlich, wohlwollend – wenn es von innen kommt. Dem Lächelnden tut das Lächeln auch gut – wenn es von Herzen kommt.

Das Lächeln kann jedoch auch »künstlich«, »aufgesetzt« sein und nicht einem inneren positiven Gefühl entspringen. In diesem Fall lächelt man entweder aus Verlegenheit, Unsicherheit, um ein anderes Gefühl zu überdecken, oder um dem anderen einen Gefallen zu tun. In einigen europäischen Ländern nennt man das »soziales Grinsen«. Nach europäischen Vorstellungen gibt es also ein ehrliches und ein unehrliches Lächeln. Das gilt auch für das Lachen.

In China dient das Lächeln dazu, das Wohl der anderen zu sichern, denn dieses steht dort im Vordergrund. Wenn zum Beispiel ein Vorgesetzter einen Chinesen kritisiert oder ermahnt, lächelt der Kritisierte. Er lächelt umso mehr, je härter die Kritik ist. Wenn der Kritisierende das nicht weiß (etwa ein deutscher Manager in einer chinesischen Fabrik, der seine chinesische Angestellte zurechtweist), fühlt er sich von diesem Lächeln irritiert, nicht ernst genommen, gar ausgelacht. Er wird darüber noch ärgerlicher, worauf die Chinesin noch mehr lächelt. Das hat in der Wirtschaft schon manchen Eklat gegeben.

Was der Kritisierende wissen muss: Der chinesische Mensch lächelt oder lacht nur, um seine Unsicherheit, Scham, Verletztheit zu verdecken. Würde er diese nämlich zeigen, dann würde das in seinen Augen den anderen (Chef) belasten, was auf jeden Fall zu vermeiden ist. (4.69 f.) Natürlich kennen wir das auch von Menschen aus dem Westen, dass sie aus Verlegenheit lächeln. Aber in China ist es Sitte. Gut zu wissen!

Bedienung im Restaurant

In vielen Ländern wird vom Bedienungspersonal in Restaurants perfekter Service erwartet. Fehlt der, so wird der Ober ermahnt, man beschwert sich beim Geschäftsführer, oder man geht.

Galli berichtet, dass in chinesischen Restaurants beim Service prinzipiell immer ein Detail vergessen wurde, so als gehöre es zum guten Ton, nicht perfekt zu sein. (4.37) Missfallen erregt dann nicht der (aus europäischer Sicht »schlampige«) Kellner, sondern der Gast, der sich darüber aufregt. Wenn der Gast dann auch noch dem Kellner seinen Ärger kundtut (wie er das von seiner eigenen Kultur gewohnt ist), dann wird dieser mit einem Lächeln antworten (siehe oben). Der fremde Gast wird dies als Frechheit auffassen und noch ärgerlicher werden, oder er wird (typisch deutsch) den Geschäftsführer verlangen, der dann auch lächelt – und das Missverständnis nimmt seinen tragischen Lauf.

Geschenke

Es gibt in einigen Kulturen komplizierte Regeln darüber, wer wem zu welchem Anlass was schenkt und was man wem wann auf keinen Fall schenken darf. Ein Geschenk kann passen oder nicht, erfreuen oder beleidigen.

In manchen Gesellschaften ist es gute Sitte, dass man von einem gekauften Geschenk das Preisschild entfernt, bevor man es einpackt. Der Grund: Wenn das Geschenk billig war, will man sich nicht vor dem Beschenkten entblößen. War das Geschenk teuer, soll der Beschenkte kein schlechtes Gewissen haben, dass man so viel Geld für ihn ausgegeben hat. Denn er könnte ja etwas zurückschenken wollen und sich nun verpflichtet fühlen, ein ebenso teures Geschenk zu erwerben. Der höfliche Mensch möchte durch das Geschenk imponieren, nicht durch den Preis. Wer das Preisschild vorher nicht entfernt, gilt also als Angeber. Außerdem: Wenn Geschenke grundsätzlich kein Preisschild tragen, fällt es auch nicht auf, wenn das Geschenk gar nicht eigens gekauft wurde, sondern eines ist, das man selbst einmal bekommen hat und nun weiterschenkt.

Ganz anders in vielen orientalischen Gesellschaften. Dort belässt man das Preisschild am Geschenk. Erstens zwingt das zum Kauf von etwas Wertvollem, und der Beschenkte soll wissen, dass er dem Schenkenden etwas wert ist. Mit einem billigen Geschenk würde man sich blamieren. Zweitens sieht der Beschenkte daran, dass es sich um einen extra erworbenen Gegenstand und nicht um etwas Weitergeschenktes handelt. Gekaufte Geschenke ohne Preisschild sind dort also von zweifelhaftem Wert.

Wann öffnet man ein verpacktes Geschenk?

In manchen Kulturen packt man das Geschenk sofort aus und zeigt damit dem Schenkenden, dass man sich für seine Gabe interessiert und sie würdigt. Man lässt ihn teilnehmen an der Überraschung und Freude. Legt man das Geschenk dagegen zur Seite, wird das als Desinteresse aufgefasst. Das wäre unhöflich.

In China ist das anders. Wer dort ein Geschenk erhält, muss es laut Erziehung sofort zur Seite legen und das Thema wechseln. Auf keinen Fall darf man ein Geschenk vor den Augen des Schenkenden auspacken. Das würde nämlich den Eindruck erwecken, als sei man gierig auf das Geschenk oder möchte es auf seinen Wert prüfen. Das wäre sehr unhöflich. Man packt das Geschenk aus, wenn der Schenkende gegangen ist. (4.59)

Eltern und Kinder

In manchen Ländern führen die Kinder ein saloppes Leben und sprechen die Eltern mit deren Vornamen an. Man kritisiert die Eltern, wehrt sich gegen deren Einmischungen, raucht und flirtet in ihrer Gegenwart, streitet mit ihnen oder nimmt sie in den Arm.

In anderen Kulturen ist das undenkbar. Dort steht die Achtung vor den Eltern an oberster Stelle, und das erfordert ein würdiges Verhalten. Was würdig ist, bestimmt jede Gesellschaft selbst. Die Eltern sind tabu.

In Italien spielt die Mama eine sehr große, zentrale Rolle. Gestandene Männer werden in Gegenwart ihrer Mutter oft zu kleinen Jungen. (5.69)

In China hat der Sohn mehr Rechte als die Tochter. Töchter können nicht erben, auch wenn es keinen Sohn gibt. In diesem Fall adoptieren die Eltern einen Sohn von einem Bruder. Dieser Adoptivsohn wird dann Erbe. (5.68)

Erwähnenswert ist auch die unterschiedliche Art und Weise, wie Eltern mit Neugeborenen umgehen. In manchen Kulturen ist die Geburt ein Freudenfest und das Kind willkommen. Es wird schon während der Schwangerschaft medizinisch umsorgt, ebenfalls nach der Geburt. Die Familie feiert.

Andere Kulturen machen das anders. In Laos verhindern animistische Vorstellungen eine Kindermedizin. Von tausend Kindern sterben zweihundert vor dem 5. Lebensjahr. Dort leben zahlreiche verschiedene ethnische Gruppen in den Bergen, weitab von der Zivilisation. Viele Frauen wollen professionelle Geburtshilfe nicht akzeptieren, sie verlassen sich auf ihre Götter und Geister. In deren Händen liegt die Geburt. Zum Gebären gehen sie allein in den Dschungel. Die Plazenta wird vergraben. Wenn die Geister wollen, dass Mutter und Kind gesund zurückkommen, wird es so sein. Geht es schief, haben die Geister es so gewollt. Zwillinge gelten als Strafe der Ahnen und Geister und werden sofort getötet. Es gibt keine Frauenärzte und keine ausgebildeten Geburtshelfer. Wohlhabende gebären im Ausland, zum Beispiel in Thailand. Aufklärung hilft wenig. Die Frauen halten sich eher an die Tradition. (2)

Mann und Frau

Mit dieser Überschrift habe ich nach Meinung einiger Kulturen schon eine Entscheidung getroffen: Indem ich den Mann zuerst nenne, gebe ich ihm angeblich den Vorrang vor der Frau. Das sei die Haltung vieler orientalischer Kulturen. Manche sagen, dass die islamische Religion das vorschreibt. Andere verneinen das. Sage ich dagegen »Frau und Mann«, dann gelte ich als »Frauenversteher« oder männlicher Feminist.

Seit vielen Jahrhunderten (oder Jahrtausenden?) probieren die Kulturen aus, wie es ist, wenn die Frauen das Sagen haben (Matriarchat) oder die Männer (Patriarchat). Interessanterweise geht es da stets um eine Rangfolge oder Vorherrschaft. Darum wird der jeweils Rangniedrigere immer um seine Ebenbürtigkeit oder Vormacht kämpfen – und schon ist er wieder da: der Geschlechterkampf. Zumindest in demokratischen Kulturen breitet sich die Idee aus, dass es zwischen Frau und Mann nicht um Vormacht, sondern um Gleichberechtigung geht. Für andere Kulturen ist das undenkbar.

Die Stellung von Männern und Frauen in der Gesellschaft ist je nach Kultur höchst unterschiedlich. In vielen orientalischen Kulturen ist die Frau dem Mann untertan. Der Mann bestimmt, was die Ehre erfordert, und die Frau hat das auszuführen. Darüber wacht die ganze Sippe einschließlich der Nachbarschaft. Verhält sich die Frau so, dass sich der Mann in seiner Ehre verletzt fühlt, wird sie ermahnt, bestraft und notfalls getötet. Diese Gewalttaten von Männern gegenüber Frauen gelten nicht als unehrenhaft, sondern als notwendig für die Wahrung der Ehre. (16)

Noch 2009 wurde schiitischen Frauen in Afghanistan vorgeschrieben, dass sie das Haus nur mit Erlaubnis ihrer Ehemänner verlassen dürfen. Zur gleichen Zeit werden dort 12-jährige Mädchen verheiratet. Auch in anderen Kulturen sind Kinderehen üblich.

. In europäischen und amerikanischen Gesellschaften würden die Frauen nicht einmal daran denken, so zu leben, und die Männer hätten keinerlei Chancen, sie dazu zu zwingen.

In den deutschsprachigen Ländern legen immer mehr Menschen Wert darauf, dass sich die Gleichberechtigung von Frau und Mann auch in der Sprache widerspiegelt. »Jeder« und »jedermann« bedeutete früher »jeder Mann und jede Frau«. Heute schreibt man »jede(r)« und »jedermann und jede Frau«. Spricht man von allen Menschen, die sich zum Beispiel bewerben oder an einem Kurs teilnehmen, so hieß das früher »alle Teilnehmer« und »alle Bewerber«. Heute formuliert man gleichberechtigt: »alle Teilnehmerinnen und Teilnehmer« oder »alle TeilnehmerInnen« oder »alle Bewerber-innen«. Ich hoffe, meinen LeserInnen ist das nicht zu kompliziert.

In einigen amerikanischen und europäischen Kulturkreisen verhalten sich Frauen und Männer in der Öffentlichkeit völlig ungezwungen. Sie scherzen, flirten, umarmen und küssen sich, und manchmal paaren sie sich zwischen Parkbüschen oder in den Meeresdünen.

Für manche orientalische Völker ist das der helle Wahnsinn; diese sexuelle »Unkultur« gilt ihnen als primitiv und verdorben bis ins Mark. Im Orient und anderswo ist es unschicklich, wenn Mann und Frau sich im Beisein anderer (auch Verwandter) berühren. Dort sagt der Mann auch nie zu seiner Frau »Ich liebe dich«. Den einzigen Liebesbeweis sieht der Mann im Geschlechtsakt. (16.150 ff.)

Auch in China sagen Ehemänner zu ihrer Frau nicht »Ich liebe dich«.

In Indien folgt der Mann räumlich der Frau.

In Taiwan dient die Frau dem Mann. (5.67)

In der europäischen Familienkultur, behauptet Bert Hellinger (7), gelingt eine Ehe nur, wenn die Frau dem

84

Mann folgt und der Mann der Frau dient – also genau umgekehrt wie in Taiwan und Indien. Wenn ein Angehöriger dieser Kulturen einen europäischen Menschen heiratet, kann es Probleme geben.

In manchen Kulturen heiratet ein Mann mehrere Frauen. In westlichen Ländern ist das meistens verboten.

Flirten

Flirten wollen die Menschen in den meisten Kulturen, aber nicht in allen. In Südamerika, Europa und großteils in den USA ist Flirten ein neckisches Spiel, auch in Ceylon und in nichtislamischen Teilen Afrikas. In vielen muslimischen Kulturen des Orients wird kaum geflirtet, schon gar nicht mit Angehörigen anderer Kulturen oder Religionen. Denn dort hat die Frau die Ehre zu hüten; mit einem Fremden zu flirten verletzt die Ehre und wird bestraft.

Witwe

In Europa, Amerika und anderen Ländern gilt eine Witwe wie jede andere Frau und kann natürlich wieder heiraten.

Stirbt beispielsweise ein Ehemann in Papua-Neuguinea, dann heiratet sein Bruder die Witwe. Er versorgt sie und ihre Kinder, baut ein Haus für sie und geht für diese neue Familie auf die Jagd. (9.51)

In Indien herrschen andere Verhältnisse. Eine Witwe gilt hier nichts. Daher ließen sich dort viele Witwen lieber mit ihrem toten Mann verbrennen, als den Rest ihres Lebens als wertlose Frau zu verbringen. Auch heute kommt das dort noch vor. (5.67)

Sexualität

Sexuelles Verhalten ist nur zum Teil kulturbedingt und zum großen Teil eine Eigenheit der jeweiligen Person. Daher können auch innerhalb einer Kultur sexuelle Praktiken sehr verschieden sein.

Für manche Menschen ist die Sexualität die liebevollste und intimste Begegnung. Die beiden Partner erweisen einander Respekt und achten darauf, dass die Sexualität für beide ein befriedigendes Erlebnis wird. Hier sind Mann und Frau völlig gleichberechtigt und unbefangen.

Anderen Menschen ist das nicht wichtig, Ihnen dient die Sexualität einem eigennützigen Zweck, und so wird sie auch vollzogen. Ich kenne eine schöne Frau, die sich von einem ganz bestimmten Mann ein Kind wünschte, weil er Eigenschaften besaß, die sie bei ihrem Kind wiederfinden wollte. Eine längere Beziehung oder gar zusammenleben wollte sie mit ihm keinesfalls. Sie liebt ihre Freiheit, und einiges an ihm passte ihr nicht. Um ihren Wunsch zu erfüllen, verführte sie ihn, ließ sich von ihm schwängern, gebar einen Sohn und schickte den Mann weg. Als er ihr wütend erklärte, er fühle sich benutzt wie ein »Zuchtstier«, lächelte sie zufrieden und sagte: »Genau.«

Auch manche Männer benutzen ihre Frauen ohne tiefere Gefühle und Rituale, um ihre eigene Lust zu befriedigen oder einen Sohn zu zeugen.

Zwischen diesen beiden Polen, der gemeinsamen Hingabe in Liebe und dem zweckgebundenen Beischlaf, gibt es unzählige Varianten von gelebter Sexualität. Einige davon sind kulturell geregelt. Diese wollen wir uns ein wenig anschauen.

1. Sexualität vor der Ehe

Voreheliche Sexualität ist in vielen Kulturen völlig normal. In einigen Kulturen Afrikas und der Südsee werden Jungen und Mädchen in der Pubertät von erfahrenen Frauen bzw. Männern zum ersten Beischlaf eingeladen, bei dem sie gefahrlos eine Einführung in die Sexualität sowie in das Frau- und Mannsein erhalten, sodass sie sich danach bei der Paarung mit Altersgenossen frei und sicher verhalten können. Dieser Einführungsakt bleibt einmalig. Eine weitergehende sexuelle Beziehung zwischen dem jungen Menschen und seinem »Lehrer« oder seiner »Lehrerin« darf nicht entstehen.

In anderen Gesellschaften, zum Beispiel türkischen und arabischen, ist voreheliche Sexualität für die Männer normal und erwünscht. Für Frauen ist sie radikal ausgeschlossen und wird gegebenenfalls mit dem Tod bestraft. (16)

Frauen erleben voreheliche Sexualität sehr häufig in Form von »sexuellem Gebrauch« durch Männer, manchmal schon im Kindesalter. In manchen italienischen Bergen, auch in Sizilien und Sardinien, kommt das auch zwischen Familienmitgliedern (Inzest), häufig vor. Ist das letzte Kind ein Mädchen, wird es oft zur sexuellen Befriedigung der Geschwister und des Vaters benutzt. (5.67)

Auch in anderen Kulturen scheint diese Praxis in

87

vielen Formen weit verbreitet zu sein. Sie ist meist straffrei.

In vielen Kulturen ist es den Männern wichtig, dass ihre Braut noch »Jungfrau« ist. Das steigert ihren Wert. Andernfalls ist sie wertlos und kann davongejagt werden. In Teilen Indiens ist deswegen eine Witwe ohne Wert und wird oft verbrannt.

In der katholischen Kirche geht man davon aus, dass Jesus von seiner Mutter Maria ohne Sexualität empfangen und geboren wurde. Man sprach daher von »unbefleckter Empfängnis« und »Unschuld« der Frau. Daraus folgt, dass die »Empfängnis«, also der Beischlaf, für die Frau eine Befleckung, also etwas Unreines ist, und dass sie damit ihre »Unschuld« verliert, also Schuld auf sich lädt. Die Frau, nicht der Mann. Von »Unschuld verlieren« spricht man in Deutschland heute noch, wenn eine Frau »entjungfert« wird.

Ein so heiliges Wesen wie Jesus durfte in der Vorstellung der Christen nicht von einer »befleckten« und »schuldigen« Frau geboren werden. Daher die Jungfrauen-Geburt. Möglicherweise ist das ein Grund dafür, warum Frauen, die aus Sicht mancher Katholiken zur (sexuellen) »Unreinheit« neigen, bis heute nicht Priesterinnen werden dürfen und warum katholische Priester sich von ihnen fernhalten sollen.

Während also der Mann durchaus voreheliche »Erfahrungen« sammeln soll, ist es wichtig, dass die Frau »unbefleckt« in die Ehe geht. Dies wurde früher in meiner Kultur und wird heute noch in manchen anderen Kulturen, zum Beispiel türkisch-arabisch-islamischen, gefordert. Um das zu überprüfen, hält sich bis heute der Brauch, dass in der Hochzeitsnacht die Braut nach dem Beischlaf ihr Betttuch den Müttern und Tanten zeigt, damit diese sehen, ob es voller Blut ist. Wenn ja, war sie bis zur Hochzeit eine anständige Jungfrau. Wenn nein, wird sie in manchen Gegenden der Türkei als Hure beschimpft und kann fortgejagt werden. Oft fordert dann der »betrogene« Ehemann den Brautpreis zurück. Die junge Frau hat damit die Ehre ihrer Familie geschändet, was die schon mehrmals beschriebenen Konsequenzen haben kann. (16)

2. Worauf kommt es bei der Sexualität an?

Hier einige Stimmen: Auf die Liebe. Auf die Lust des Mannes. Aufs Kinderkriegen.

In einigen orientalischen Kulturkreisen zählen nur die sexuellen Bedürfnisse der Männer, nicht die der Frauen. Das erzählen recht anschaulich junge Männer in dem Buch von Toprak. (16) Der einzige Liebesbeweis an die Frau ist hier für den Mann der Geschlechtsakt. Dieser dient ausschließlich der sexuellen Befriedigung des Mannes, egal was die Frau dabei empfindet oder wünscht. Die Frau muss im Bett tun, was der Mann will oder was er bei Prostituierten gelernt hat. Sie muss es auch zulassen, wenn er es gegen ihren Willen tut. Andernfalls schlägt er sie. (16.150 ff.) Im Westen nennt man das Vergewaltigung.

Im April 2009 unterschrieb der afghanische Präsident ein Ehegesetz, nach dem der Ehemann alle vier Nächte Anspruch auf Sex mit seiner Frau hat und dies auch gegen ihren Willen durchsetzen darf (Vergewaltigung).

Wenn Familien aus solchen Kulturkreisen in freizügigen Ländern wie Europa leben, verbieten sie ihren Töchtern öffentliches Schwimmen, Sport usw. Völlig undenkbar ist für sie, dass eine Frau sich irgendwem nackt zeigt. (Siehe auch »Sauna und Ehre«, S. 137)

Das Beschneiden der Geschlechtsorgane

In vielen Kulturen, zum Beispiel der jüdischen und islamischen, wird den Jungen die Vorhaut traditionell ein- oder abgeschnitten.

In manchen höfischen Gesellschaften, zum Beispiel am chinesischen Kaiserhof oder in orientalischen Harems, verhinderte man, dass rangniedrige Männer, Diener und Haremswächter Damen schwängern konnten. Daher wurden diese Männer kastriert. Sie hießen dann Kastraten oder Eunuchen. Im barocken Italien wurden manche kleine Knaben kastriert, damit aus ihnen große Sänger wurden.

In einigen Kulturen werden den Mädchen die Klitoris und die Schamlippen weggeschnitten. (1.36, 99–102) Die einen behaupten, dass sie dann weniger, die anderen, dass sie dadurch mehr sexuelle Lust empfänden. Nach Informationen des Deutschlandfunkes (3) wird diese Beschneidung in 26 Ländern Afrikas praktiziert. Es gibt weltweit 140 Millionen beschnittene Frauen. Jeden Tag werden auf der Erde Tausende Mädchen auf diese Weise verstümmelt. Das Wort »verstümmelt« ist ein bewertendes (abwertendes) Wort aus meiner Kultur. Die Frauen, die die Beschneidung vornehmen, würden sich gegen dieses Wort wehren.

Menstruation

In manchen Kulturen sagen die Menschen, eine menstruierende Frau sei unrein und verunreinige alles, womit sie in Berührung kommt, sowie die Räume, die sie betritt.

In Bali war (ist?) es unerwünscht, dass eine menstruierende Frau einen Tempel betritt; sie macht ihn nach dortiger Auffassung unrein. Das gilt auch für Ausländerinnen.

Im Ayurveda, der indischen Medizin, sollen Frauen in den ersten drei Tagen ihrer Periode keine Arbeiten verrichten, keine Therapie mitmachen, keine Menschen behandeln, schon gar nicht massieren, nicht kochen, am besten sich mit anderen Frauen zusammentun und sich ihrem Frausein widmen. Angestellte Frauen haben in diesen Tagen frei.

In Asante (Afrika) ist es tabu, dass ein Chef einer menstruierenden Frau die Hand gibt. Das mache ihn unrein. (1) (Woher weiß ein Chef, wann seine Angestellte menstruiert?)

In manchen westlichen Kulturen gilt das als unverständlich und absurd. Allerdings sagt hier eine Reihe von Frauen, welche die östlichen Menstruationsrituale miterlebt haben, sie würden es durchaus schätzen, wenn sie sich in dieser Zeit etwas zurückziehen und ihrer Weiblichkeit widmen könnten. In einer deutschen Großstadt kenne ich eine Krankenschwester, die in einer Klinik arbeitet. Nach ihren Besuchen in indischen Ayurveda-Zentren hat sie ihrem Chef von den dortigen Gepflogenheiten und deren tieferen Sinn erzählt. Sie bat ihn, sie für ein Probejahr in den ersten drei Tagen ihrer Menstruation vom Dienst zu befreien. Er genehmigte das, und diese Regelung wurde beibehalten.

Menschen aufessen

Im Deutschen sagt man, wenn man sehr verliebt ist: »Ich könnte dich fressen.« Oder: »Ich habe dich zum Fressen gern.« Selbstverständlich essen die Liebenden sich nicht wirklich auf. Sie nagen nur aneinander und haben dabei großen Spaß.

In anderen Kulturen gab und gibt es angeblich noch den Brauch, Feinde zu töten und aufzuessen. Das wird Kannibalismus genannt. Die Kannibalen glauben, dass sie dadurch die Stärke des Feindes in sich aufnehmen.

Die Idee, durch das Verspeisen eines besonderen Menschen sich dessen Wesen einzuverleiben, steckte wohl auch dahinter, wenn die Kallatier, ein indischer Volksstamm zur Zeit des Königs Darios, die Leichen ihrer Eltern zu essen pflegten. (1.37)

Vom Umgang mit anderen Kulturen und mit kulturellen Unterschieden

Als Letztes soll ein Blick darauf geworfen werden, wie Menschen verschiedener Kulturen mit Kulturunterschieden umgehen. Wie reagieren sie, wenn ein Angehöriger einer anderen Kultur sich gegen ihre Regeln verhält?

Jeder, der in einer Kultur aufgewachsen ist, hat von klein auf »mit der Muttermilch« die Sitten, Gebräuche, Gewohnheiten und Verhaltensweisen seiner Tradition übernommen. In bestimmten Situationen verhält er sich so, wie er es gelernt hat. Wenn er nun auf einen Menschen aus einer anderen Kultur trifft, kennt er sich oft nicht mehr aus. Was macht der da? Warum verhält der andere sich so? Was bedeutet das? Wie gehe ich damit um? Wenn er sich durch das Verhalten des anderen verletzt fühlt oder wenn der andere gegen Sitten und Gebräuche verstößt, hat er zwei Möglichkeiten, damit umzugehen:

1. Er reagiert großzügig und sieht es ihm nach, weil der andere es ja vermutlich nicht böse gemeint hat. Andere Länder, andere Sitten. Der weiß es halt nicht anders.
2. Er reagiert abweisend und hart: Wenn der Fremde schon in mein Land kommt, dann hätte er sich ja vorher informieren können, wie wir hier leben. Welche Anmaßung, hierherzukommen und sich zu benehmen, als wäre er zu Hause! Rücksichtslos und unhöflich!

In Ländern, in denen die Bürger viel Erfahrung mit Menschen aus anderen Kulturen haben, reagieren sie eher großzügig und verständnisvoll. Sie schmunzeln vielleicht über ein »exotisches« Verhalten oder nehmen es einfach hin und lernen daraus.

In anderen Kulturen wird hart und abweisend auf das befremdliche Verhalten eines Angehörigen einer anderen Kultur reagiert. (Lesen Sie hierzu »Ein verhängnisvolles Missverständnis«, S. 162, oder »Wie winkt man?«, S. 239.)

Die Kulturen unterscheiden sich auch darin, wie sich deren Angehörige »im Ausland« verhalten. Die einen benehmen sich wie zu Hause und als müsste der Rest der Welt sich nach ihnen richten. Besonders bei Deutschen, Holländern und Amerikanern lässt sich das beobachten. (Siehe auch »Gnadenlos deutsch«, S. 182) Das wird von vielen Einheimischen als befremdend, störend und respektlos empfunden. Sie reden dann abfällig über »die Holländer«, »die Deutschen«, »die Amerikaner« usw.

Andere versuchen, sich so weit wie möglich ans Gastland anzupassen: in der Kleidung, beim Essen, in ihrem Auftreten, im Gespräch. Sie achten damit die Tradition des Gastlandes.

Zusammenfassung

Andere Länder, andere Sitten. Dieses Kapitel enthält nur eine kleine Auswahl von kulturellen Unterschieden, und es wurden nur einige Kulturen erwähnt. Es gibt natürlich viel mehr Kulturen und tausendmal mehr Unterschiede, kleine und große. Entdecken Sie selbst!

Wir alle haben dieselben Fragen. Aber wir haben nicht dieselben Antworten.
(Paulo Coelho)

Oft gibt es in ein und demselben Land Gegenden und Menschen mit unterschiedlichen Sitten. Solche regionalen Unterschiede finden sich bei fast allen Völkern. Für Nord- und Südfrankreich zeigt das eindrucksvoll der Film »Willkommen bei den Sch'ti«. Vgl. auch (5.69).

Alle diese Besonderheiten gehören zu einer Kultur wie die Sprache oder die persönlichen Gewohnheiten eines Menschen. Sie sind in dieser Gegend bei diesen Menschen im Laufe ihrer langen Geschichte gewachsen. Sie alle hatten irgendwann einen Sinn und haben ihn meist noch heute.

Menschen haben den Wunsch, dass ihre kulturellen Eigenheiten von anderen geachtet werden, auch wenn sie ihnen noch so fremd sind. Zumindest wünschen sie, dass man versucht zu verstehen, warum sie so sind, wie sie sind. Dann fühlen sie sich respektiert. Das gilt sowohl für unsere eigene Kultur wie für alle anderen. Dann erst ist Verständigung möglich.

Da alles in Entwicklung ist, verändern sich natürlich auch die kulturellen Eigenheiten mit der Zeit. Wie stark jemand kulturell verwurzelt ist, hängt von mehrerlei ab. Erziehung und Tradition sind zunächst maßgeblich. Später die Medien: Wer oft das Fernsehen, Bücher und das Internet nutzt, wird sehr viele Informationen über das Leben anderer Völker gewinnen und manches Neue ausprobieren wollen. Das gilt noch mehr für Menschen, die in andere Kulturen reisen, dort leben und arbeiten oder gar mit jemandem aus einer anderen Kultur verheiratet sind. All das nimmt mit der Globalisierung des Lebens rasant zu. Sie wirbelt die Menschen aus verschiedenen Kulturen durcheinander. Sie lernen voneinander und übernehmen das, was ihrem Leben am meisten nutzt. Gewohnheiten vermischen sich, Traditionen werden verlassen. Das geht so schnell, dass schon während der Arbeit an diesem Buch manche kulturellen Eigenheiten verloren gingen und neue sich entwickelten. Wenn Sie dieses Buch in Händen halten, wird einiges schon nicht mehr aktuell sein.

Diese Vermischung von Menschen unterschiedlicher Kulturen gleicht einem bunten Eintopf mit hunderterlei Gewürzen aus vielen Ländern und ist eigentlich überwürzt. Um ihn trotzdem schmackhaft zu machen, bedarf es eines harmonisierenden Hauptgewürzes: Es heißt *Respekt*.

Der beschriebene Wandel findet nicht überall statt und wirkt sich nicht für alle positiv aus. Viele Menschen, die von einer Kultur in eine andere übersiedeln (Migranten), fühlen sich durch den Verlust ihrer traditionellen und religiösen Bindungen entwurzelt, unsicher, ungeborgen, ohne inneren Halt.

Eine junge Türkin, die in Deutschland lebt, beschrieb mir das so:

»Ich bin als Muslimin erzogen und nehme an unseren Ritualen und Festen teil. Sie sind mir wichtig. Dann fing ich an, mit den jungen Leuten hier in die Disco zu gehen. Ich tanzte Nächte durch, es machte irre Spaß. Dann fühlte ich mich schuldig. Ich fing an, mich zu kleiden wie die deutschen Frauen mit Minirock, T-Shirt und flirtete mit den Jungs. Dafür verachtete ich mich, ich konnte nicht mehr in den Spiegel schauen. Ich zog mich zurück zu meiner Mutter, meiner Tante und anderen Musliminnen, trug mein Kopftuch und fühlte mich wieder zu meiner Ursprungskultur gehörig. Das gab mir eine große Sicherheit. Nach einiger Zeit fand ich das altmodisch, unweiblich, tot. Ich wollte leben! Also warf ich alle diese Requisiten weg, floh aus meiner Familie, tanzte Nächte durch die Discos und probierte Drogen aus. Danach hatte ich solche Schuldgefühle, dass ich tagelang mit Migräne im Bett lag, mich übergab und nicht mehr leben wollte. Dann war ich einige Wochen lang nur bei den Frauen meiner Familie und verhielt mich traditionell. Als ich das nicht mehr aushielt, wollte ich unbedingt meine Sexualität entdecken und mit einem Mann schlafen. Ich ging wieder in meine Wohnung, zog mich geil an und ging auf Verführungstour. Aber ich hatte solche Angst, dass ich Alkohol und Drogen nahm, um den Sprung zu wagen. So ging ich mit einem Mann und schlief mit ihm. Ich fühlte mich als Hure, ekelhaft. Ich habe meine Tradition mit Füßen getreten. Ich wollte meinen Landsleuten nicht mehr unter die Augen. Aus Verzweiflung beschloss ich: Du musst da durch, du bist keine Türkin mehr, du lebst hier und gehörst hierher. Ich soff, rauchte Drogen und zog zu dem Mann, Sex Tag und Nacht. Lust und Schande, ich konnte nicht mehr unterscheiden. Als meine Mutter auftauchte und fragte ›Kommst du zu uns?‹, brach ich zusammen. Wohin gehöre ich? Ich habe meine Tradition verraten, meinen Glauben geschändet. Ich will frei sein von allen Traditionen, aber in Wirklichkeit liebe ich die Tradition, sie gibt mir Halt. Ich hasse diesen Halt, er ist wie ein Gefängnis – nein, dieses Drogen-Alkohol-Sex-Leben ist mein wirkliches Gefängnis! Verdammt, ich bin nirgends zu Hause, ich fühle mich schuldig, dreckig, tot. Zu dieser Zeit wollte ich nicht mehr leben. Ein Selbstmordversuch ging daneben. Zu wenig Tabletten. Wahrscheinlich wollte ich nicht wirklich. Dann flippte ich aus, war abwechselnd einen Tag bei meiner islamischen Familie, einen Tag bei den deutschen Freunden, war überall und nirgends und fühlte mich nicht mehr.«

Sie verfiel in eine tiefe Depression und wurde von einem Arzt in psychologische Beratung geschickt. So lernte ich sie kennen. Ich konnte ihr nicht helfen. Erstens bin ich ein Mann, und das macht in ihrer Tradition einen großen Unterschied. Zweitens bin ich ein Kind meiner eigenen Tradition und maße mir nicht an, ihre türkischen Wurzeln so tief zu verstehen, dass ich vom Innersten her ihr aus diesem Konflikt helfen kann auf eine Weise, die für sie stimmig ist. Ich verwies sie an eine erfahrene Kollegin. Mit dieser konnte sie in einem langwierigen Prozess ihr ganzes Kulturchaos Schritt für Schritt durcharbeiten und eine Orientierung finden, mit der sie jetzt zufrieden lebt.

Viele Migranten in aller Welt erleben solche inneren Konflikte, wenn auch nicht immer so heftig. Oft helfen sie sich damit, dass sie sich nur mit ihresgleichen aufhalten und miteinander ihre Mahlzeiten und ihre Traditionen pflegen. Auf diese Weise entstehen »Ghettos« und »Parallelgesellschaften«.

Integration der Kulturen kann sehr schwer sein. Sie ist eine Sache des Herzens, des Mutes und des Willens.

Ich verweise auf ein hochinteressantes Buch, welches eindrucksvoll darstellt, wie die Menschen eines Stammes in Neuguinea sich durch Einflüsse von außen in ihrem kulturellen Verhalten veränderten. (9.246–251)

6 Wer hat recht?

Ist etwas richtig, nur weil wir es gewohnt sind?

Wenn es unter den Menschen unterschiedlicher Kulturen so viele verschiedene Lebens- und Sichtweisen gibt (vgl. Kapitel 5), wer hat denn dann recht? Diese Frage bewegt seit Jahrtausenden die Geschichte der Menschen und führt zu endlosen Debatten, Spott, Streit und Krieg. Religionskriege werden wegen des »richtigen« Glaubens geführt, Ehekriege etwa um die »richtige« Erziehung der Kinder. Jeder neigt dazu, seine eigene Meinung oder Kultur für die richtige zu halten und die der anderen für falsch. Jeder hat sich ans Rechthaben gewöhnt. Wer recht hat, fühlt sich besser, stärker.

Was wir für richtig halten, ist eine Folge davon, wie wir wahrnehmen und denken. Und das tun wir so, wie wir es gelernt haben und gewohnt sind. Das ist verständlich; schließlich wurde es uns durch Tradition und Erziehung eingeimpft. Daraus wurde mit der Zeit ein Programm im Kopf (vgl. Abbildung S. 100). Wie wir andere

Der programmierte Mensch

wahrnehmen, verstehen oder missverstehen, hat also ganz alte Wurzeln. Es hat bei der Zeugung derer begonnen, die sich heute begegnen. Das sind dann zwei Erben, zwei Traditionen, zwei Kulturen. Wenn wir keine gegenteiligen Erfahrungen gemacht haben, verfestigt sich dieses Programm zu Welt- und Menschenbildern, die wir – oft mit Rechthaberei und Besserwisserei – verteidigen. Im Glaubensbekenntnis der katholischen Kirche wurde jahrhundertelang von der »einen ... Kirche« gesprochen, für die mit Gewalt missioniert wurde und für die viele »Heiden« getötet wurden. Der heutige Westen hält die Demokratie für die einzig sinnvolle Staatsform, daher wird sie anderen Völkern zum Teil mit Gewalt aufgezwungen.

Unsere Wahrnehmung und unser Denken, an die wir uns gewöhnt haben, sind aber nur *eine* Weise, die Welt zu sehen, eine von vielen. Nur weil wir schon immer so wahrnehmen und denken, muss das noch lange nicht für andere Menschen richtig sein.

Das ist auch das Problem der Goldenen Regel, die besagt: »Behandle die anderen so, wie du von ihnen behandelt werden willst!« Woher wissen Sie, dass der andere das will, was Sie wollen? Nehmen wir an, Sie möchten, wenn Sie großen Kummer haben, von jemandem in den Arm genommen und getröstet werden. Daher gehen Sie freudig auf einen verzweifelten Menschen zu, umarmen und beruhigen ihn. Der stammt aus einer anderen Kultur, Berührung ist dort tabu, und Ihr menschenfreundlicher Akt kann Sie das Leben kosten. Es scheint, als würden solche Goldenen Regeln höchstens innerhalb einer Kultur funktionieren.

Ich meine es doch gut mit dir

Wenn wir es gut mit anderen meinen, geschieht das nicht immer zu deren Wohl. Manche Tierfabel handelt davon:

Pferde erbarmen sich der Rehe, weil die so ungeschützt im Wald herumirren. Sie treiben sie auf ihren Hof und raten ihnen, künftig im Stall zu wohnen. Die Rehe wiederum in ihrem Mitleid wollen, dass den Hasen Hörner wachsen, damit sie sich besser gegen die Füchse verteidigen können. Ein Vogel mit Mitgefühl will einen Fisch vor dem Ertrinken retten. Daher schnappt er ihn aus dem Fluss und legt ihn in sein Nest. Dann fliegt er weg, um für den Gast Essen zu besorgen. Als er mit dem Schnabel voller Würmer zurückkommt, ist der Fisch tot. Alle haben nach der Goldenen Regel gehandelt.

Amerikaner und Europäer versuchen in anderen Ländern krampfhaft unter Einsatz großer Gewalt, die viel Leid und Tote mit sich bringt, die Demokratie einzuführen, weil sie glauben, dies sei gut für die Menschen dort. Dass jene Menschen die Demokratie gar nicht wollen oder für sie noch nicht reif sind, stört sie nicht.

Auch ein gut gemeinter psychotherapeutischer Rat kann mörderisch sein. (Lesen Sie dazu die Geschichte »Blinder Ratschlag«, S. 183.)

Was sehe ich?

Was ich sehe, wird von meiner Sichtweise bestimmt. Regina Hamburger schreibt dazu: »Die meisten Menschen gehen von der Annahme aus, dass alle anderen die Welt genauso sehen, wie sie selbst es tun ... Jeder hat aufgrund dessen, was ihm widerfahren ist und wie er es auf seine persönliche Art erlebt und bewältigt hat, sein eigenes Bild dieser Wirklichkeit entwickelt. Jeder ist eine Welt für sich, Bewohner seiner eigenen inneren Welt. Jeder hat seinen eigenen besonderen Blickwinkel, von dem aus er sich selbst und die Außenwelt betrachtet ... Von da aus können wir uns aufmachen, die Sichtweise des anderen kennenzulernen. Indem wir uns darum bemühen, die Welt einmal durch die Augen des anderen zu sehen, wird uns nicht nur klarer, wie wir sie selbst sehen, sondern wir können unseren Blickwinkel auch erweitern. Intelligenz hat u.a. damit zu tun, eine Sache von verschiedenen Standpunkten aus betrachten zu können.

Stellen Sie sich vor, der andere käme aus einem weit entfernten Teil dieser Welt, einem anderen Land, einer anderen Kultur – tatsächlich ist seine innere Welt eine andere, vielleicht ganz andere als Ihre. Hören Sie ihm aufmerksam zu und versuchen Sie, sich ein Bild von seiner ›Kultur‹ zu machen. So gesehen gibt es keine ›falsche‹ Sichtweise, nur unterschiedliche Blickwinkel. Viele Streitigkeiten und Zerwürfnisse beruhen ... auf Missverständnissen. Jeder glaubt, der eigene Blickwinkel sei der einzig mögliche und ›richtige‹. Diese Starrheit steht einem direkten Austausch im Wege. Sagen Sie nicht ›Das siehst du falsch‹, sondern äußern Sie Ihr Erstaunen darüber, die Dinge so zu sehen, und fragen Sie, wie er zu seiner Ansicht gekommen ist.

Wenn unser Gegenüber anders reagiert, als wir es uns wünschen, berücksichtigen wir also oft nicht die Unterschiedlichkeit unserer Standpunkte, sondern beziehen seine Reaktion auf unsere Sicht. Statt zu fragen, wieso er sich so verhält, ziehen wir voreilige Schlüsse ...

Es gibt keine allgemein gültigen, festen Regeln für ›das Richtige‹. Wir kennen immer nur den eigenen Standpunkt, den des anderen können wir kennenlernen. Handeln müssen wir aber vom eigenen Standpunkt aus.« (6)

Aus unseren Prägungen und Erfahrungen können sich völlig verschiedene Auffassungen darüber ergeben, was richtig und falsch, moralisch und unmoralisch, nützlich und schädlich, gesund und ungesund, normal und unnormal ist. Daraus werden dann Welt-Anschauungen und Menschen-Bilder, die wir verteidigen.

Eine Übung mit unterschiedlichen Brillen kann das gut veranschaulichen. Wenn Sie einen Tag lang eine rote Brille tragen, ist für Sie die ganze Welt rot. Ein anderer trägt an dem Tag eine blaue Brille, und seine Welt ist blau. Jetzt können Sie herrlich darüber streiten, ob die Parkbank rot oder blau ist.

Ein ernsthafter Konflikt kann entstehen, wenn Sie diese Brille nicht nur einen Tag, sondern seit 30 Jahren tragen oder, noch dramatischer, gar nicht wissen, dass Sie eine Brille tragen.

Die Brille kann sich, um im Bild zu bleiben, nicht nur vor den Augen, sondern auch im Kopf oder auf der Seele befinden. In diesem Fall merken die meisten gar nicht, dass sie eine Brille »tragen«. Das nennt man dann auch nicht Brille, sondern Glaubenssatz, Vorurteil, Ideologie oder auch Liebe.

Wenn eine Frau sich in einen Mann verliebt, trägt sie vielleicht keine Brille auf der Nase, aber ihre

Freundinnen sagen, sie sehe die Welt durch eine rosarote Brille. Die muss dann wohl im Kopf oder von ihren Gefühlen erschaffen sein; denn durch diese rosarote Brille sieht sie bestimmte Eigenschaften ihres Freundes sehr deutlich und ist davon fasziniert. Andere Eigenschaften, welche ihren Freundinnen an diesem Mann missfallen, sieht sie dagegen nicht. Diese rosarote Brille im Kopf erzeugt offensichtlich beides: entzückende Bilder und blinde Flecken.

Wenn zum Beispiel ein Hindu, ein Moslem und ein Christ über die »richtige« oder »wahre« Religion streiten, sehen sie die Welt durch drei verschiedene Brillen, die heißen Bhagavad Gita, Koran und Bibel.

Hitlers Brille im Kopf konnte nur zwei Sorten Menschen unterscheiden: Arier und Nichtarier. Die einen waren seine Freunde, die anderen brachte er um.

In der deutschen Politik benennt man politische Standpunkte nach Farben. Die Konservativen und Christlichen nennt man schwarz, die Sozialisten rot, die Liberalen gelb, die Ökologen grün. Wenn zum Beispiel die Roten, die Gelben und die Grünen zusammen eine Regierung bilden, nennt man das Ampel-Koalition, weil das die Farben der Verkehrsampeln sind.

Woher haben die Menschen diese Brillen auf den Augen und im Kopf, durch die sie die Welt betrachten? Wir wissen es schon: Erziehung und Lebenserfahrung haben die Brillen gefertigt und angepasst. Jeder trägt welche. Auch Sie und ich. Durch diese Brillen nehmen wir die Welt »wahr«.

Wie viele Wahrheiten gibt es dann? So viele, wie es Brillen gibt.

Unsere Wahrheit besteht jedoch nicht nur aus dem, was wir wahrnehmen, sondern genauso aus dem, was wir nicht wahrnehmen. Jeder Mensch, jede Kultur hat

»blinde Flecken«, und dort sehen wir nichts. Dann glauben wir, dort sei nichts. Ein anderer sieht aber dort etwas und verfügt damit über eine andere Wahrheit.

Ein Mensch geht zum Arzt und zeigt ihm die Stellen, wo es wehtut. Der Arzt tastet mit der Hand und findet nichts. Er macht eine Röntgenaufnahme und sieht nichts Auffälliges. Ein Spezialist macht eine Kernspintomografie und sieht einen Tumor. Wer hat recht?

Oft kommen Frauen zu ihrem Therapeuten und sagen: »Mein Mann und ich haben Riesenprobleme in der und der Angelegenheit. Ich kann nicht mehr schlafen und bin krank geworden. Ich will seit Wochen mit ihm reden. Aber er sagt: ›Worüber willst du schon wieder reden? Ich habe kein Problem. Wenn du eines hast, geh zum Doktor!‹«

Er sieht das Problem einfach nicht. Viele Männer sehen ihre Eheprobleme, wenn überhaupt, erst, wenn der Scheidungsrichter sie ihnen erklärt. (Natürlich gibt es auch Männer, die ein Problem erkennen, aber keine Lust haben, es zu lösen. Von denen spreche ich hier nicht.)

Manchmal sieht man etwas, was es gar nicht gibt. Man nennt das dann Halluzination, Fata Morgana oder Wahn und Einbildung. Manche Leute sehen in der Wüste eine grüne Oase, und wenn sie näher kommen, ist sie nicht da. Der amerikanische Präsident George W. Bush sah im Irak unglaubliche Mengen von Massenvernichtungswaffen, die Amerika bedrohten. Er schickte viele Experten hin und die fanden bis heute keine. Trotzdem bombardierte der Präsident vorsorglich das Land und ließ den dortigen Präsidenten ermorden. Sicher ist sicher. In diesem Fall muss entschieden werden, ob es sich um einen Verfolgungswahn oder eine politische Notlüge handelte.

Gehen wir der Frage, wer recht hat, an ein paar weiteren Beispielen nach.

Was sehen Sie auf diesem Bild? Eine alte Frau, die nach unten schaut? Oder eine junge Frau, die ihren Kopf nach rechts dreht? Oder etwas anderes? Man kann es so oder so sehen. Alles hat viele Seiten. Wer sieht richtig? Ich habe meine Sichtweise, Ansicht, Anschauung. Welche haben Sie? Wollen wir streiten? Oder uns austauschen?

Übrigens: Wenn Sie nur die Alte sehen, haben Sie einen blinden Fleck für die Junge. Wenn Sie nur die Junge sehen, haben Sie einen blinden Fleck für die Alte. In beiden Fällen erkennen Sie nicht die ganze Wahrheit. Sie sind festgelegt. Das macht nichts. Wir alle haben unsere blinden Flecken. Es ist nur gut zu wissen, dass unsere Wahrnehmung beschränkt und »Rechthaben« etwas Zweifelhaftes ist. Wenn Sie beides sehen können, die Junge und die Alte und vielleicht noch mehr, dann sind Sie über die Frage »Wer hat recht?« hinausgewachsen.

106

Ist dieses Glas halb voll oder halb leer?

Ist der Iran *erst* halb auf dem Weg zur Demokratie? Oder ist der Iran *schon* halb auf dem Weg zur Demokratie? Erst oder schon, das ist die Frage. Im ersten Fall bedauern wir. Im zweiten Fall freuen wir uns. Wir sehen: Unser Verhalten hängt von unserer Wahrnehmung ab. Wer hat recht?

Ein Mann trat vor eine Gruppe von Leuten und sagte: »Ich möchte Ihre Wahrnehmung testen. Schauen Sie bitte genau hin, und antworten Sie ganz spontan!« Er hob seine Hand mit gespreizten Fingern und fragte: »Wie viele sehen Sie?« Alle bis auf einen riefen »fünf«. Der eine sagte »vier«. Wieso? Die meisten Menschen haben sich angewöhnt, nur auf materielle Dinge zu achten, das sind in diesem Fall die Finger. Also sagen sie »fünf«. Was sie sehen, sind Finger, Haut, Nägel, Falten usw. Der andere interessiert sich für Zwischenräume. Das sind in diesem Fall vier. Er sieht darin leeren Raum, die Wand oder den Himmel oder einen Tisch oder Blumen oder blühende Bäume oder Menschen ...

Was ich sehe, hängt davon ab, worauf ich mich konzentriere. Wer also hat die Frage »Wie viele sehen Sie?« richtig beantwortet? Die Mehrheit oder der eine? Alle haben recht, die Zwischenräume zwischen den Dingen sind genauso wirklich wie die Dinge. Für den Maler ist der Schatten genauso wichtig wie der Gegenstand oder Mensch, der den Schatten wirft. Manche Maler malen daher nicht die Gegenstände, sondern die »leeren« Flächen darum herum: die sogenannten »Negativflächen«.

Was höre ich?

Dieses unterscheidende Wahrnehmen gilt auch für Laute und die Pausen zwischen ihnen. In Amerika hörte ich drei Monate lang jeden Morgen zwei Stunden die Vorträge eines spirituellen Meisters. Er sprach extrem langsam mit langen Pausen dazwischen. Da ich selbst viele Vorträge halte, nahm ich an, er rede so langsam, damit wir das Gesagte gut verarbeiten können. Aber er gab uns eine ganz andere Auskunft. Die gesprochenen Wörter und Sätze seien für das Wissen wichtig, also Informationen für den Verstand. Die Pausen seien wichtig für die Stille, für das Zur-Ruhe-Kommen der Seele. Er sagte, seine Zuhörer bestünden aus zwei Gruppen von Leuten: Die einen wollen Informationen und hören seine Worte. (Er hatte in der Tat tiefe Weisheiten zu vermitteln.) Diese nannte er seine Schüler, und er sei ihr Lehrer.

Die anderen wollen Stille erleben und hören seine Pausen. Diese nannte er seine Lehrlinge, und er sei ihr Meister. Nach seinen Auftritten konnte man die beiden Gruppen gut unterscheiden: Die Schüler standen zusammen und diskutierten eifrig, was er gesagt hatte. Die Lehrlinge gingen, standen oder saßen allein, sehr entspannt, sehr schön, und ließen die Stille zwischen seinen Worten in sich fortwirken. Man spürte mit den Sinnen den Unterschied zwischen Diskutieren und Meditieren, zwischen Nahrung für das Hirn und Nahrung für das Herz.

Für mich, den Wissbegierigen, war er ein Lehrer. Ich berauschte mich an seinen Worten und an den tiefen Einsichten, die sie bewirkten. Ich machte mir Notizen und las weiterführende Bücher. Seine Sprechpausen dienten mir nur dazu, das Gesagte besser zu verarbeiten. Als ich anfing, auf seine Pausen zu achten und nicht auf seine Worte, misslang mir das. Soweit ich mich erinnere, gelang es mir nur einmal eine Stunde lang. Das werde ich nie vergessen: eine Stunde lang zuhören und in der Stille baden und nicht wissen, was gesagt wurde.

Die einen Zuhörer sagten, er sei ein Meister des Wortes. Die anderen sagten, er sei ein Meister der Stille. Wer hat recht? Natürlich beide.

Was taste ich da?

Drei Leuten wurden die Augen verbunden. So führte man sie schweigend an einen unbekannten Ort. Dort sollten sie zehn Minuten bleiben mit folgendem Auftrag:

1. Die Augen verbunden lassen.
2. Nicht sprechen.
3. Den Platz nicht verlassen.
4. Mit den Händen die Umgebung erkunden.

Nach zehn Minuten führte man sie wieder zurück ins Haus, nahm ihnen die Binden ab und fragte sie, was sie erlebt haben.

A sagte, er habe eine Art Feuerwehrschlauch in der Hand gehabt. B berichtete, er habe wohl an einem Masten oder einer kleinen Litfaßsäule mit rauem Putz gestanden. C sagte, er musste sich unter einem Gewölbe bücken.

Nun wurden die drei sehenden Auges dorthin geführt, wo sie vorher mit verbundenen Augen gestanden hatten. Sie staunten. Da stand, in einem Zoologischen Museum, ein riesiger Elefant. A stand beim Rüssel, B an einem Hinterbein, C unter dem Bauch des Elefanten.

Wer hatte recht? A oder B oder C?

Richtig essen

Ein Japaner, ein Amerikaner und ein Inder sitzen in einem Restaurant und unterhalten sich über die richtige Art zu essen. Der Japaner isst mit Holzstäben, der Inder mit bloßer Hand, der Amerikaner mit Werkzeugen aus Stahl. Wer macht es richtig?

Wie weit?

Als ich die Heimat meines Großvaters kennenlernen wollte und meine Reise plante, fragte ich ihn: »Wie weit ist es von Passau bis Grafenau?«

Er sagte: »Gute sieben Stunden.«

Einige Tage später erzählte mir ein Nachbar, dass er dort unterwegs war. Ich fragte auch ihn: »Wie weit ist es von Passau nach Grafenau?«

Er sagte: »Eine halbe Stunde.«

Ich war verblüfft. Beim Nachfragen erfuhr ich: Mein Nachbar war mit dem Auto dort. Mein Großvater lebte dort, als es keine Verkehrsmittel gab und man alle Wege zu Fuß ging. Daher der Unterschied.

Als ich die Strecke mit dem Fahrrad fuhr, brauchte ich knapp zwei Stunden.

Auf die Frage »Wie weit ist es von Passau nach Grafenau?« gibt es also drei Antworten: Gut sieben Stunden. Knapp zwei Stunden. Eine halbe Stunde. Wer hat recht? Alle haben recht. Sie gehen nur von unterschiedlichen Voraussetzungen aus.

Sie haben aber alle unrecht. Denn ihre Antworten sagen nichts darüber aus, wie groß die Entfernung in Kilometern von Passau nach Grafenau ist, sondern wie viel Zeit sie für diese Strecke gebraucht haben. Das ist etwas ganz anderes. Auf die Frage »Wie weit ist es von Passau bis Grafenau?« heißt die richtige Antwort: etwa 37 Kilometer. Aber diese Antwort ist gleichzeitig falsch. Sie ist nur richtig, wenn Sie über Weiding fahren. Fahren oder gehen Sie über Perlesreut oder Röhrnbach oder Wegscheid, dann erhalten Sie drei völlig andere Entfernungen.

Wer hat recht? Alle. Sie gehen nur von verschiedenen Voraussetzungen aus. Und so ist es oft auch zwischen Menschen aus verschiedenen Kulturen.

Wie alt?

In Indien sprach ich mit einem Sadhu (heiligmäßig lebender Mann), der ganz offensichtlich jünger war als ich. Beiläufig fragte ich ihn, wie alt er sei. »Mindestens 2600 Jahre«, sagte er ernsthaft, »und du?« »39.« Er lachte aus vollem Bauch. »Du hast keine Ahnung! Du zählst dein Alter nur seit deiner letzten Geburt.« »Ja, wie denn sonst?«

Für ihn als Hindu war es selbstverständlich, dass es Wiedergeburten gibt und er schon oft als Mensch und auch als andere Wesen auf Erden lebte. Da manche Sadhus Methoden kennen, wie sie in ihre früheren Leben schauen können, hatte dieser Mann Einsichten in seine Vergangenheit bis etwa 2600 Jahre zurück. Auf meine Art schätzte ich ihn auf Mitte dreißig.

Wer hat recht? Beide haben recht. Es kommt darauf an, was wir unter »Alter« verstehen.

Was ist das?

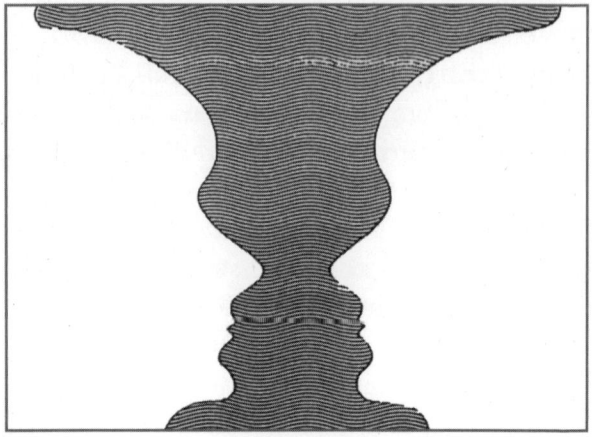

Was sehen Sie hier? Einen Kelch oder zwei Gesichter? Woher glauben Sie eigentlich, dass Ihre Sichtweise die richtige ist? Übrigens, wenn Sie nur den Kelch sehen, haben Sie einen blinden Fleck für Gesichter. Wenn Sie nur die Gesichter sehen, haben Sie einen blinden Fleck für den Kelch. In beiden Fällen erkennen Sie nicht die ganze Wahrheit. Sie sind festgelegt.

Das macht nichts. Wir sind alle festgelegt. Es ist nur gut zu wissen, dass unsere Wahrnehmung beschränkt und »recht haben« zweifelhaft ist.

Wenn Sie beides schon können, den Kelch und die Gesichter und vielleicht noch mehr, dann sind Sie über die Frage »Wer hat recht?« hinausgewachsen.

Bitte stellen Sie die Figur auf den Kopf! Was sehen Sie dann?

Sichtweisen in der Politik

Vor mehreren Jahren beschloss die Gemeinde, in der ich wohne, unser schönes Dorf noch schöner zu machen, sodass alle Leute sich noch wohler fühlen. Ich wurde zum Vorsitzenden des Planungsausschusses gewählt. Zunächst saßen da nur Männer. Als Erstes änderte ich die Zusammensetzung: halb Frauen, halb Männer und im Vorsitz mit mir noch eine Frau. Das brachte nicht nur andere Ideen, sondern auch einen ganz neuen Stil in unsere Besprechungen. Als Zweites veranlasste ich, dass auch Kinder und Jugendliche an den Beratungen teilnahmen, schließlich auch alte Leute. Jede Gruppe hat aus ihrer Sicht Vorschläge erarbeitet und vorgestellt.

Die Lehrerinnen und Lehrer der Ortsschule fanden das toll und führten in allen Klassen einen Wettbewerb durch, der »Sich wohlfühlen in unserem Dorf« hieß. Die Kinder waren begeistert von diesem Projekt. Sie machten Exkursionen in alle Winkel des Ortes, interviewten ihre Eltern und Nachbarn, zeichneten, malten, bastelten Modelle aus Holz. Es war ein riesiger Erfolg. An vieles, was die Kinder dann vortrugen, hatten wir Erwachsenen überhaupt nicht gedacht. Vieles von dem, was die Frauen sagten, war den Männern nicht bewusst. Und umgekehrt. Nur die Alten hielten sich weitgehend zurück. Schade.

Danach organisierten wir ein großes Bürgerfest und eine Versammlung, zu der das ganze Dorf eingeladen war. Auch Bürgermeister von Nachbargemeinden waren gekommen, um diese Art von Ortsplanung mitzuerleben. Die Erwachsenen, die Kinder und die Alten hatten jeweils gleich viel Zeit, ihre Ideen vorzustellen. Danach baten wir alle Anwesenden, auch die vielen

Kinder, um ihre Meinungen. Erstaunlich, wie selbstbewusst viele Kinder und Jugendliche auftraten, als sie ihren Teil Verantwortung für die Gestaltung ihres Ortes übernehmen konnten. Es folgte eine lebhafte Diskussion mit vielen Fragen und Vorschlägen. Diese wurden auf Wandplakaten festgehalten, später ausgewertet und, wo möglich, in die Planung mit aufgenommen.

Die Zeitungen berichteten in großer Aufmachung über diese Veranstaltung.

Als die Zeit der Entscheidungen kam, bildeten wir ein Gremium aus acht Personen: zwei Frauen und zwei Männer mittleren Alters, einen Jungen von acht Jahren, ein Mädchen von 14, eine Frau und einen Mann um die 80 Jahre alt. Sie alle standen mit ihresgleichen im Dorf in Verbindung und berieten sich auch mit Interessengruppen wie Geschäftsleuten, Vereinen, Lehrern und anderen.

Schließlich wurden in diesem Gremium die Entscheidungen getroffen und dem Bürgermeister und Gemeinderat vorgelegt. Diese mussten dann, unter Berücksichtigung der Kosten usw., die endgültige Entscheidung treffen. Unser Gremium war zu dieser Sitzung eingeladen. Zur großen Freude aller wurden sämtliche Vorschläge außer einem angenommen und in den darauf folgenden Jahren verwirklicht. Jetzt haben wir ein Dorf, in dem sich alle noch wohler fühlen als vorher. Und alle haben daran mitgewirkt. Besonders die Kinder sind mächtig stolz darauf. Und das Allerschönste: Sie werden seitdem von Zeit zu Zeit zu kommunalen Planungen eingeladen und nach ihren Ideen gefragt.

Wir haben bei dieser ganzen Prozedur, die über ein Jahr lang dauerte, fassungslos erlebt, wie viel manche sehen, was andere nicht sehen, und was dabei herauskommt, wenn wir das, was jeder Einzelne sieht, zu einer größeren Gesamtsicht zusammenfügen. Hätte ich die hier beschriebene Planungsaufgabe in meiner Nachbarstadt zu erfüllen, in der es viele Aussiedler und Asylanten aus anderen Kulturen gibt, so würde ich diese, sofern sie eigene Bedürfnisse für die Stadtentwicklung haben, selbstverständlich auch mit einbeziehen, integrieren. Das Planungsteam wäre dann interkulturell.

Die meisten Teams, die Parlamente, die Vereinten Nationen sind vielfältig zusammengesetzt, jedoch sind nie alle betroffenen Gruppen vertreten und wenn, dann nicht in gleicher Anzahl und mit gleichem Gewicht. Das führt dazu, dass sich immer bestimmte Interessen durchsetzen und andere nicht berücksichtigt werden, zum Beispiel die der Kinder.

Natürlich kann niemand gezwungen werden, für seine Sicht der Dinge oder Interessen einzutreten und sich an den Entscheidungen zu beteiligen. Nur sollte ihm klar sein, dass er dann ebenfalls eine Entscheidung getroffen hat. In einer Demokratie kann man nicht nicht entscheiden. Wer sich dafür entscheidet, nicht mitzuentscheiden, hat sich dafür entschieden, andere für ihn entscheiden zu lassen.

Wie gehen wir mit der Unterschiedlichkeit der Sichtweisen um?

Nicht nur einzelne Dinge sehen und beurteilen wir verschieden, auch die Tatsache, dass das so ist, sehen und beurteilen wir verschieden: Wir empfinden es vielleicht als unbequem, sind ärgerlich oder sehen darin gar eine Gefahr. Vielleicht denken Sie: Jetzt muss ich den erst mal aufklären, muss mich mit den unterschiedlichen Ansichten auseinandersetzen. Das kostet Zeit und Energie. Wie lästig! Oder Sie sagen sich: Wie interessant! Das ist mir gar nicht aufgefallen, was die gesehen hat. Vier Augen sehen also doch mehr als zwei, und vier Ohren hören mehr als zwei.

So ist es. Und zwei Herzen fühlen mehr als eins. Statt über die unterschiedlichen Wahrnehmungsweisen zu klagen, können wir alle Ansichten zu einer gemeinsamen verbinden. Darum haben gut zusammengestellte Teams einen weiteren Horizont, als ein Einzelner je haben kann.

Was folgt daraus? Es kommt nicht darauf an, wer recht hat. Es kommt darauf an, die Verschiedenheit zu verstehen, anzunehmen und zu einer größeren Sicht zusammenzuführen: Hinhören – Hinschauen – Austauschen – Erkennen.

Zu glauben, es gäbe nur eine Wahrheit,
ist von allen Illusionen die gefährlichste.
Paul Watzlawick

7 Respekt und Selbstachtung – eine zeitgemäße Umgangsform

Was bedeutet Respekt?

Die Menschen sind frei, die Wörter sind frei, und jeder Mensch kann unter jedem Wort verstehen, was er will. Nur wenn wir uns unterhalten wollen, müssen wir uns auf irgendeine Bedeutung einigen. Was also meine ich mit Respekt?

Sollen wir es wissenschaftlich angehen? 1200 Bücher, 2000 Aufsätze, 100 Theorien und Definitionen? Das ist mir zu kopflastig. Gehen wir einfach vom Ursprung des Wortes aus und dann von den Erfahrungen der Menschen! Das Wort »Respekt« kommt vom lateinischen »respectus«. Das heißt Rückblick, Rücksicht, Berücksichtigung. Jemanden respektieren heißt also: Ich blicke zurück auf seine Geschichte, wie er geworden ist. Ich nehme Rücksicht auf sein Wesen und sein Menschsein. Ich berücksichtige das in meinem Umgang mit ihm. Ich nehme ihn ernst.

Ich fühle mich respektiert, wenn ein Mensch auf meine Geschichte blickt, wie ich geworden bin; wenn er Rücksicht nimmt auf mein Wesen und mein Menschsein und wenn er das in seinem Umgang mit mir berücksichtigt. Ich fühle mich ernst genommen.

Dieses Rücksichtnehmen wünschen sich, soviel ich weiß, alle Menschen in allen Kulturen. Ohne diese Rücksicht gibt es kein Vertrauen, ohne Vertrauen keine Liebe. Respekt ist offenbar die Grundnahrung jeder inneren Beziehung. Und er ist die Voraussetzung dafür, dass interkulturelle Begegnungen menschlich gelingen. Wenn sich in dieser globalen Zeit immer mehr Menschen unterschiedlicher Kulturen begegnen und miteinander verständigen müssen, dann ist Respekt eine zeitgemäße Umgangsform.

Aber was gehen mich die anderen Leute an? *Warum* soll ich auf sie Rücksicht nehmen? Weil jemand älter ist oder meine Mutter oder ein König ist oder besondere Verdienste erworben hat? Nein, sagen die Menschen, nicht deswegen, sondern weil ich ein Mensch bin wie du, aus Leib und Seele, weil ich verletzlich bin und einmal sterben werde und weil wir im gleichen Boot sitzen, das Leben heißt. *Darum* bitte ich um Rücksicht und Freundlichkeit.

Die besonderen Eigenschaften und Verdienste mag man würdigen, aber die grundsätzliche Rücksichtnahme gilt dem Menschsein und stellt keine Bedingungen. (Manche Forscher nennen Ersteres »bewertenden« und Letzteres »anerkennenden« Respekt. Ich möchte das Wort Respekt nur in seiner zweiten Bedeutung verwenden.) Respekt ist eine Form, das Menschsein zu achten, unabhängig davon, welches Schicksal dieser Mensch erfahren, welche Eigenschaften er entwickelt hat und was aus ihm geworden ist.

Es gibt keinen Grund, jemanden nur deswegen zu respektieren, weil er etwas Gutes getan hat. Und es gibt keinen Grund, jemandem den Respekt, die Rücksichtnahme zu verweigern, weil er Schlechtes getan hat. Das Leben hat den einen zum Wohltäter, den anderen zum Übeltäter gemacht, und jederzeit kann das Blatt sich wenden. Das eine mag man bewundern, das andere verurteilen. Doch bei beiden Menschen können wir berücksichtigen, also respektieren, dass sie wie wir Menschen sind und ihrem Schicksal folgen. Die Menschen sehnen sich danach, dass man sie nicht (nur) an ihren Lebensleistungen oder kulturellen Eigenarten misst, sondern grundsätzlich ihr Menschsein achtet. Das meinen sie mit Respekt. Den muss man sich nicht verdienen, er ist ein Geburtsrecht der Menschlichkeit. (Lesen Sie dazu auch »Der Mann im Zug«, S. 187.)

Der Respekt zeigt sich nicht nur in unserem Verhalten gegenüber einer Person oder Kultur, sondern auch in der Art, wie wir über sie denken und in ihrer Abwesenheit über sie reden und urteilen. Das größte Hindernis für den Respekt sind aus meiner Erfahrung *Vorurteile*. Das sind Urteile, die wir irgendwoher übernommen haben und meist auch noch verallgemeinern, ohne die Person oder Kultur gründlich kennengelernt zu haben. Zum Beispiel, dass Neger faul und Franzosen gute Liebhaber seien, dass Männer immer nur das eine wollen; Politik sei schmutzig, Muslime seien Terroristen, der Papst sei heilig, andere Kulturen seien primitiv, wir dagegen zivilisiert usw. Vorurteile errichten Mauern und versperren den Weg zueinander. Oft sind sie uns nicht einmal bewusst. Das macht sie besonders gefährlich.

Respekt zeigt sich auch darin, dass ich die andere Person oder Kultur verstehen will, auch wenn ich sie nicht verstehe. Ja, sogar dann, wenn ich ihr Verhalten verurteile. Dazu muss man tiefer in den anderen hineinschauen, hinter die Fassade, unter die Oberfläche: Wo kommt er her? Was hat ihn geprägt? Was macht ihn glücklich? Woran leidet er? Warum ist er so, wie er ist? Diesen tiefen Blick können wir in alle fünf Lebensbereiche des Menschen werfen, von denen auf S. 38 die Rede war: hinschauen, berücksichtigen, respektieren.

Das bedeutet nicht, dass ich das, was der andere denkt, sagt oder tut, billige. Ich kann sein Tun verurteilen und sein Menschsein respektieren. Ich stehe auf dem Boden der Menschenwürde und Menschenrechte. Daher werde ich jeden, der mordet oder vergewaltigt, ins Gefängnis bringen. Das bezieht sich auf sein Verhalten. Dort werde ich ihn besuchen, auf sein Menschsein Rücksicht nehmen und, wenn er will, tiefer schauen: Was hat ihn so werden lassen? Das ist auch mein täglicher Beruf, wenn ich Straftäter psychologisch behandle.

Als einmal Berichte über die Gräueltaten eines Mörders durch die Presse gingen, sprach ich mit meiner Mutter darüber. Sie war eine einfache, herzliche Frau und hatte für alle ein offenes Ohr. Sie meinte: »Das ist furchtbar. Respekt habe ich davor natürlich nicht. Auf der anderen Seite: Jeder macht Fehler. Das gehört zum Menschsein. Stell dir vor, wir dürften keine Fehler machen! Dann könnten wir nicht wachsen. Natürlich gehören Leute für so schlimme Sachen bestraft und ins Gefängnis. Aber man muss ihnen die Chance geben, aus ihren Fehlern zu lernen. Man soll dafür sorgen, dass sie diese Fehler nicht wiederholen können. Wir machen ja selbst auch Fehler. Ich möchte schon, dass mir dann jemand hilft, das nicht zu wiederholen. Aus dem Verurteiltwerden allein lernt man nichts. Man muss denen helfen.«

Das klingt alles sehr menschlich. Warum fällt es uns im Alltag oft dennoch so schwer, anderen verständnisvoll zu begegnen? Aus meiner Sicht liegt es daran, dass in unseren Seelen zwei Neigungen wohnen: die Ichbezogenheit, die lieber auf sich selbst als auf den anderen schaut; und das Interesse am anderen, das sich auf diesen einlassen möchte. Die erste verhält sich eher respektlos, die zweite eher mit Respekt. Mit einiger Übung können wir lernen, uns für das eine oder das andere zu entscheiden. Dann merken wir schnell, dass das Leben reicher ist, wenn wir respektvoll statt rücksichtslos auf andere zugehen. Respekt ist also eine recht moderne Beziehungsform. Sie hilft, viele Konflikte zu vermeiden bzw. zu lösen. Ich will das an einem Beispiel erläutern, von welchem ein Mann berichtet hat:

»In meinem Berufsalltag ist ein Kollege, der mich mit seiner dauernden Ironie und seinen Frotzeleien nervt. Bei seinem Anblick geht bei mir das innere Klappmesser auf. Wenn ich auf Respekt schalte, wird mir klar, dass dieser Mensch ja einen Grund dafür haben muss, dass er das tut. Wenn ich ihm mit Offenheit und Neugier begegne, kann sich ein interessantes Gespräch ergeben, zum Beispiel über seinen Frust im Job, seine Wünsche, Enttäuschungen und familiäre Situation. Auf einmal nehmen wir uns ernst. Ich erkenne ihn in seiner Andersartigkeit als legitim und gleichwertig an und verstehe, dass seine Sicht der Welt für ihn ebenso sinnvoll und berechtigt ist wie meine eigene.« (14)

Wahrscheinlich kennen wir alle das beglückende Gefühl, wenn wir Fehler machen und andere trotzdem auf unser Menschsein Rücksicht nehmen. Das gibt Kraft und stärkt das Gute in uns. Nach meiner Erfahrung ist Respekt ein wirksames Antidepressivum mit vielen erwünschten Nebenwirkungen.

Was Respekt *nicht* bedeutet

Um Missverständnissen vorzubeugen, möchte ich im Folgenden noch einmal beschreiben, was mit Respekt nicht gemeint ist, aber oft mit Respekt verwechselt wird.

1. Wir schulden niemandem Respekt.

Respekt ist nicht etwas, was man jemandem wegen seiner besonderen Stellung oder Verdienste entgegenbringen muss: Eltern, Chef, Alten, Vorgesetzten, Nobelpreisträgern usw. Oft nennt man solche Leute zwar »Respektspersonen« oder Autoritäten. Man kann sie für ihre Besonderheit würdigen, aber der Respekt gilt ihrem Menschsein. Respekt braucht man sich nicht zu verdienen. Respekt ist keine Pflicht, sondern ein Geschenk.

2. Einen Menschen respektieren heißt nicht sein Verhalten .

Respekt hat nichts damit zu tun, einverstanden zu sein, etwas hinzunehmen oder zu unterstützen. Auch mit Harmonie hat es nichts zu tun. Respektieren heißt auch nicht, dass man keine Konflikte hat. Oh nein! Das würde ja bedeuten, dass mit jedem Konflikt der Respekt verloren geht. Dann wäre es bald aus mit dem Respekt, weil niemand das auf Dauer aushält. In einer respektvollen Beziehung kann es krachen, aber immer bleibt die Achtung füreinander da. Der Respekt zeigt sich nicht im Vermeiden von Konflikten, sondern in der Art und Weise, wie wir Konflikte austragen.

3. Mit Respekt muss weder Sympathie noch Liebe verbunden sein.

Respekt und Sympathie oder Liebe sind verschiedene Dinge. Wenn Sie jemanden lieben, werden Sie ihn auch respektieren. Aber wenn Sie jemanden respektieren, müssen Sie ihn noch lange nicht lieben oder sympathisch finden – müssen schon gar nicht! Sonst könnten Sie ja nur die respektieren, die Ihnen sympathisch sind; und wen Sie nicht mögen oder lieben, den respektieren Sie auch nicht. Das wäre eine arme Welt!

4. Zum Respekt gehört nicht automatisch Verständnis.

Oft setzt man »Ich fühle mich respektiert« gleich mit »Ich fühle mich verstanden«. Manche sagen: Damit ich diesen Menschen respektieren kann, muss ich ihn verstehen. Das sind gefährliche Verwechslungen. Es kommt vor, dass wir jemanden einfach nicht verstehen können in seinem Wesen und Verhalten. Auch wenn wir uns bemühen, er bleibt uns fremd. Das passiert besonders bei Begegnungen von Menschen aus verschiedenen Kulturen. Aber auch Frauen und Männer, Junge und Alte können einander oft nicht verstehen. Würden wir Verstehen und Respektieren gleichsetzen, dann könnten wir jemanden, den wir nicht verstehen, auch nicht respektieren, und nur den respektieren, den wir verstehen. Wie schade! Es ist menschlich wichtig, den anderen auch dann respektieren zu können, wenn man ihn nicht versteht. Aber das Verstehen*wollen*, die Bereitschaft zum Verstehen, ist ein wichtiger Teil des Respekts.

Ich respektiere jemanden heißt noch nicht, dass der sich respektiert fühlt

In einem Gespräch mit einer Kollegin und einem Kollegen, die in derselben Dienststelle zusammenarbeiten, sagte mir der Mann: »Ich habe großen Respekt vor meiner Kollegin.« Etwas spitz fuhr sie dazwischen: »Da merke ich nichts davon. Ich fühle mich von dir oft ziemlich respektlos behandelt.« Auf seine erstaunte Nachfrage erzählte sie von Situationen, in denen sie sich von seiner Missachtung verletzt fühlte. Er war schockiert, denn er hatte das nicht wahrgenommen. (Siehe dazu auch »Das Paar«, S. 143)

Wenn das schon unter Einheimischen geschieht, um wie viel eher dann bei Menschen aus unterschiedlichen Kulturen! Das ist ein Problem bei interkulturellen Begegnungen. Darum sagen viele Migranten, dass sie sich in ihrem Gastland nicht respektiert fühlen, und bilden »Ghettos« und »Parallelgesellschaften«. Oft fühlen sich die Einheimischen von den Zugewanderten ebenso wenig respektiert.

Darum bin ich skeptisch gegenüber der berühmten Goldenen Regel: »Behandle die andern so, wie du gerne behandelt werden willst!« Wieso eigentlich? Muss denn alles nach mir gehen? Vielleicht will der etwas ganz anderes. Besonders unter Menschen aus verschiedenen Kulturen halte ich solche Regeln für fragwürdig. Wenn wir etwas gut meinen, kann das ganz schön danebengehen (siehe auch »Die falsche Geste«, S. 133, »Das falsche Wort«, S. 139, und »Ein verhängnisvolles Missverständnis«, S. 162).

Es kommt letztlich nicht darauf an, ob wir das, was wir sagen und tun, für Respekt halten, sondern darauf, ob der andere das als Respekt erlebt. Nicht respektie-

124

ren, sondern dass der andere sich respektiert fühlt, ist das Ziel. Das erreicht man am besten, indem man den anderen fragt, was für ihn Respekt heißt. Schon das kann ein Zeichen von Respekt sein.

Wer fängt an mit dem Respektieren?

»Ich respektiere dich nur, wenn du mich respektierst.« »Und ich respektiere dich nur, wenn du mich respektierst.« Die beiden jungen Männer, die das zueinander sagten, lachten, umarmten sich und gingen ein Bier trinken. Sie machten sich lustig über den Unsinn, Respekt nur dann zu erweisen, wenn der andere anfängt. So wird das nie etwas.

Heißt das, dass ich jeden respektieren kann, egal, wie der zu mir ist? Wie soll das gehen? Respekt muss doch gegenseitig sein! Oder gibt es auch einseitigen Respekt?

Natürlich! Respekt und Respektlosigkeit sind ja nur verschiedene Verhaltensweisen. Ich erinnere: Respekt erweisen wir dem Menschen, nicht seinem Verhalten oder seinen Werken. Daher ist der Respekt gegenüber einem Menschen unabhängig davon, wie der sich verhält und was er geschaffen hat.

Respekt wird nicht immer belohnt. Muss er auch nicht. Wenn Sie jemanden respektieren, um von ihm respektiert oder gemocht zu werden oder irgendetwas zu bekommen, dann ist das kein Respekt, sondern ein Tauschhandel, ein Geschäft. Der Respekt, die freundliche Rücksichtnahme, von der wir hier sprechen, ist eine bedingungslose Vorleistung an einen Menschen, einfach weil er Mensch ist. Wir nehmen in Kauf, dass der das nicht erwidert, zum Beispiel weil er nicht will oder kann oder seine Tradition es verbietet. Wir waren trotzdem rücksichtsvoll. Respekt funktioniert nur, wenn man ihn ohne Gegenleistung schenkt. Das ist sein Fundament.

Aus meiner Erfahrung ist das für die meisten Menschen am schwersten zu begreifen, weil sie an Tausch gewöhnt sind. Eine Hand wäscht die andere. Beim Respekt dagegen strecken Sie eine Hand aus, egal, was der andere tut. Dafür gibt es große Vorbilder. So machte es Jesus – und wurde gekreuzigt. So macht es der Dalai Lama – und erhielt den Friedensnobelpreis. So versuchte es der amerikanische Präsident Obama – und fiel auf die Nase. Doch alle drei und viele, die es ihnen gleichtun, bewegen die Herzen und erfüllen die Sehnsüchte zahlloser Menschen. (Siehe auch »Der Mann im Zug«, S. 187)

Und wenn ich jemanden nicht respektieren kann?

Was ist, wenn ich jemanden einfach nicht respektieren kann oder will? Wenn das alles nicht funktioniert, das Unterscheiden von Mensch und Verhalten, das Einlassen, das Zuhören, Verstehenwollen, und wenn mir das alles egal oder zuwider ist und ich nur noch zumache und voller Verachtung bin, was dann? Nichts. Dann akzeptieren Sie einfach, dass es so ist, und machen sich keinen zusätzlichen Stress! Gehen Sie weg! Tun Sie irgendwas, was Ihnen Spaß macht! Nur eines, wenn es irgendwie geht, sollten Sie bitte nicht tun: Gewalt anwenden, auch wenn Sie das jetzt noch so befriedigen könnte. Es sei denn, Sie werden angegriffen.

Das Motto lautet hier: Wenn schon nicht respektieren, dann wenigstens nicht schaden!

Es ist ja manchmal wirklich schwer, einen Menschen noch verstehen zu wollen, wenn uns sein Verhalten zur Weißglut bringt oder wir mit anderen Sachen voll sind.

Ist Respekt in jeder Kultur gleich?

Ja und Nein. Ja, weil die Sehnsucht, respektiert zu werden, soviel man weiß, in allen Zeiten und Kulturen gleich ist. Sie gehört wohl zum Menschsein. Nein, weil die Art und Weise, wie dieser Respekt ausgedrückt wird, in jeder Kultur und jeder Epoche sehr verschieden sein kann. Man ehrt jemanden in Frankreich anders als in Taiwan. Aber selbst innerhalb Frankreichs hat der Respekt heute eine andere Ausdrucksform als in der Barockzeit.

Im Mittelalter war es – davon war schon auf S. 47 die Rede – in vielen Gegenden Europas üblich, dass Gäste beim Essen rülpsen und furzen, um der Hausfrau zu zeigen, wie gut das Essen schmeckt. So hat man der Köchin Respekt erwiesen. Heute wäre das höchst respektlos, so wie es von Europäern als rücksichtslos erlebt wird, wenn Chinesen in Gesellschaft ausspucken.

Wie groß die Unterschiede im Respekterweisen sein können, haben wir bereits gesehen: Jemandem in die Augen zu schauen gilt in manchen Kulturen als respektvoll, in anderen als respektlos. Ähnlich verhält es sich mit dem Verbeugen (Geschichte »Am Tabakfeuer«, S. 237), dem Körperkontakt, dem Gefühlezeigen, dem Nein-Sagen, dem Schenken und bestimmten Umgangsformen zwischen Frau und Mann. Es geht nicht darum, ob die eine Form richtiger oder besser ist als die andere.

Es geht darum, ob die Menschen, die sich begegnen, in ihrer Art, zu respektieren und sich respektiert zu fühlen, übereinstimmen. Im eigenen Land, in der eigenen Kultur, gibt es damit kaum Probleme, weil alle auf die gleiche Weise geprägt sind. Schwierig kann es im Ausland werden oder wenn Kulturen sich dauerhaft mischen und völlig verschiedene Einstellungen zum Respekt aufeinanderstoßen. Da kann man in Fettnäpfchen treten oder in gefährliche Situationen geraten. (Siehe die Geschichten auf S. 133, 137, 139, 162, 205, 231, 237, 241) Das macht auch interkulturelle Ehen oft so schwierig. Hier hilft nur eins: informieren, beobachten, fragen, miteinander reden.

Wenn ich nun in einem anderen Land Urlaub mache, lebe oder arbeite, in dem ganz andere Sitten herrschen als in meiner Heimat, nach wessen Regeln soll ich mich dann verhalten? Nach denen, die ich von zu Hause gewohnt bin, und das Gastland muss das in seiner Gastfreundschaft akzeptieren? Oder nach denen des Gastlandes, weil ich mich dort aufhalte und dessen »Seele« zu respektieren habe?

Darüber kann man streiten. Für mich gilt das Zweite. Nach Jahrzehnten des Reisens und zahlloser Begegnungen mit Menschen aus anderen Kulturen ist für mich selbstverständlich: Wenn ich in ein anderes Land, eine andere Familie komme, erweise ich den Menschen dieser Kultur den Respekt, indem ich, soweit es mir möglich ist, die dortige Nahrung esse, ihre Traditionen achte, mich an ihre Gebräuche halte und ihnen meine Rücksicht so zeige, dass sie sie verstehen. Da dies üblicherweise von Herzen kommt, ist es meist nicht schwer. Ist aber Respekt dort an feste Regeln gebunden, dann gehört es zu meinem Respekt, dass ich mich vor der Reise gründlich über die dortigen Sitten und Gepflogenheiten informiere. Das ist mein Gastgeschenk.

Im Zweifelsfall spricht man einfach mit den Menschen, sagt ihnen, dass man unsicher ist, und fragt, was für sie Respekt bedeutet. Das ist schon der erste respektvolle Schritt in einer interkulturellen Begegnung. Leider gelingt er nur, wenn man sich sprachlich verständigen kann. Geht das nicht, wie so oft auf meinen Reisen, dann kann ich mich bei allem Respekt manchmal kräftig daneben benehmen. (Siehe auch »Die falsche Geste«, S. 133)

Wie lerne ich respektieren und Vorurteile überwinden?

Diese Frage ist schon der erste richtige Schritt auf dem Weg zum Respektieren! Viele sind von Haus aus respektvolle Menschen, sie können nicht anders. Meist haben sie es im Elternhaus oder in liebevollen Beziehungen gelernt, oder es liegt ihnen einfach im Blut. Die tun sich leicht im Leben. Anderen fällt es schwerer, aber man kann Respektieren lernen.

Das Erste und Wichtigste ist: sich selbst respektieren! Das heißt: Alles, was Sie in diesem Buch über Respekt lesen, erst einmal auf sich selbst anwenden. Nehmen Sie sich dafür jetzt eine gute Stunde Zeit, bevor Sie weiterlesen!

Und, was kam heraus? Achten Sie Ihr Menschsein? Sind Sie freundlich zu sich? Schätzen Sie sich als Mensch, auch wenn Sie Fehler machen und mit sich unzufrieden sind?

Die Psychologie weiß: Wir können andere nur in dem Maße achten, respektieren, lieben, wie wir uns selbst achten, respektieren, lieben. Ein Mensch, der sich selbst nicht achtet, kann andere nicht achten. Es geht einfach nicht. Meist liegt dahinter eine seelische Störung, die in verletzenden Lebenserfahrungen wurzelt. Man kommt oft nicht alleine darüber weg und braucht psychologische Hilfe. Ich halte es für fundamental wichtig, die Selbstachtung zu lernen. Jede Hilfe ist dazu willkommen.

Da Friede auf Respekt beruht, kann auf Dauer nur friedlich leben, wer sich selbst als Mensch respektiert. Selbstachtung ist daher ein wichtiges Lernziel für eine friedliche Welt. Alle, besonders die Schulen, sollten darauf hinarbeiten. Dieser Punkt ist mir so wichtig, dass ich in dem Kapitel »Eine bunte, friedlichere Welt« noch einmal darauf zurückkomme.

Sobald wir uns selbst respektieren, werden wir auf andere Leute mehr Rücksicht nehmen. Selbstachtung strahlt aus. Wenn Sie das Respektieren zusätzlich trainieren wollen, zeige ich Ihnen im Folgenden ein paar bewährte Wege.

1. Üben Sie erst einmal, anderen Leuten gegenüber bestimmte Dinge *nicht* zu tun. Sprechen Sie sie nicht respektlos an, setzen Sie andere nicht herab, belügen Sie niemanden, wenden Sie keine Gewalt an, mischen Sie sich nicht ein.

2. Wenn Sie das eine Weile geübt haben, können Sie anfangen, bewusst rücksichtsvolles Verhalten zu

trainieren. Zum Einstieg können Sie in diesem Buch schmökern.

3. Beschäftigen Sie sich mit Ihren negativen Vorurteilen! Sie sind das stärkste Gift für den Respekt und können jede Beziehung zerstören. Oft sind sie uns nicht bewusst, daher müssen wir sie zuerst aufdecken und genau prüfen. Dann schlage ich vor, jedes negative Vorurteil sowie jede Verallgemeinerung auf ein Blatt Papier zu schreiben und zu verbrennen oder in den Müll zu werfen. Vorurteile und Verallgemeinerungen sind geistiger Schrott. Danach werden Sie sich erleichtert fühlen. Auch darauf komme ich im Kapitel 9 zurück.

4. Jetzt entwickeln Sie anstelle der alten Vorurteile neue, stimmige Urteile. Sie können dazu eine neue Einstellung trainieren, zum Beispiel dem Gemeinsamen mehr Aufmerksamkeit schenken als dem Trennenden. Oder Ihr Augenmerk auf das richten, was Ihnen gefällt, statt auf das, was Ihnen nicht gefällt. Oder das würdigen, was Sie haben, statt darüber zu klagen, was Sie nicht haben. Das erfrischt den Geist und bringt neue Kontakte. Respektieren wird leichter.

5. Jetzt probieren Sie aus, was Sie gelernt haben: daheim in der Familie, draußen in Schule, Arbeit, Praktikum, im Verein, auf der Straße, in Geschäften, Gasthäusern, auf Veranstaltungen – überall. Es gibt tausend Gelegenheiten. Üben Sie auch mit Menschen anderer Kulturen – seien Sie einfach freundlich!

6. Ein wichtiger Tipp: Bloß nicht anstrengen oder zu ernsthaft werden! Machen Sie daraus keine Leistungsaufgabe, sondern ein Spiel! Experimentieren Sie einfach ein bisschen herum mit Respektieren, spielerisch, leicht, neugierig. Gehen Sie auf Entdeckungsreise! Es soll Ihnen keinen Stress, sondern

Freude machen und nicht nur den anderen guttun, sondern auch Ihnen.

7. Wenn Sie etwas rücksichtsvoller mit anderen Menschen umgehen können, beginnen Sie bitte mit einer zentralen Übung, die ich schon mehrmals erwähnt habe und die ein wenig anspruchsvoll ist: Unterscheiden Sie bei sich selbst und bei anderen zwischen dem Menschen und seinem Verhalten! Schauen Sie hinter die Kulissen! Machen Sie sich klar, dass hinter einem arroganten Typen ein verletzter Mensch, hinter einem Macho ein Versager, hinter einer Zicke eine große Begabung und hinter einer Niete ein warmherziger Mensch stehen kann! Wussten Sie, dass in vielen Mördern und Amokläufern ein seelisches Wrack wohnt, ein entwürdigter Mensch? Diese Übung ist für manche schwer, weil ungewohnt. Es kann Monate dauern, bis Sie den Dreh heraushaben. Aber es ist sehr, sehr wichtig. Trainieren Sie einfach! (Lesen Sie dazu die Geschichte »Der Mann im Zug«, S. 187.)

8. Wenn Ihnen das Respekt-Training alleine schwerfällt oder keinen Spaß macht, könnten Sie mit jemandem üben, der ohnehin ein respektvoller Mensch ist. Überhaupt empfehle ich, bewusst respektvolle Leute ausfindig zu machen und viel Zeit mit ihnen zu verbringen. Kompetenz färbt ab. Wenn wir mit jemandem zusammen sind, der das, was wir lernen wollen, schon kann, geht alles viel leichter und schneller. Wenn Sie zusätzliche Unterstützung brauchen, können Sie zu einem meiner Seminare kommen. (Mehr dazu auf Seite 4.)

Viel Glück beim Respektieren!

Geschichten aus dem Leben

Die falsche Geste

Es war ein harter Winter, als ich nach Afghanistan kam. Ich brauchte dringend feste Schuhe und fragte mich in dem Dorf zu einem Schuhmacher durch. Der war sehr freundlich. Mit Worten konnten wir uns nicht verständigen, denn ich verstehe kein Paschto und Dari, er sprach weder Englisch noch Deutsch. Doch mit Händen und Gesicht, Stimme und Augen fanden wir zueinander. Wir einigten uns auf winterfeste Halbstiefel aus Kalb- und Kamelleder. In zwei Tagen seien sie fertig.

Als ich kam, um meine Schuhe abzuholen, wurde ich zuerst zu einem kleinen Abendessen mit der Familie gebeten: Es gab Reis, Gemüse und Tee. Eine warmherzige Atmosphäre umgab uns.

Dann brachte der Hausherr feierlich meine Schuhe. Ich war begeistert. Alles handgemacht und so schön! Der Duft dieses Leders! Ich fühlte mich glücklich. Das wollte ich ihm zeigen. Meine Worte verstand er nicht. Ihm anerkennend auf die Schulter zu klopfen ziemte sich nicht. Also tat ich spontan, ohne nachzudenken, was ich zu Hause auch tue, wenn ich etwas lobend anerkenne. Eigentlich tat ICH es gar nicht, meine Hand machte einfach eine Geste: Sie hob sich auf Gesichtshöhe und bog die Spitzen des Daumens und des Zeigefingers zusammen, sodass ein Kreis entstand. So rief ich anerkennend: »Ein Meisterstück!«

Alle starrten auf meine Hand und verstummten. Die Frau erhob sich und räumte das Essen ab. Die Kinder folgten ihr. Der Schuhmacher war ernst geworden, führte mich zum Flur und verabschiedete mich kühl. Da stand ich in Eis und Schnee, mit meinen neuen Stiefeln in der Hand, halb hinausgeworfen, verstört und traurig. Was hatte ich nur falsch gemacht?

Ich ging in meine Pension und suchte in der Nachbarhütte einen Österreicher auf, der schon länger hier war. Ihm erzählte ich meine Geschichte. Betroffen klärte er mich auf. Diese Geste bedeutet hier: Du bist ein Arschloch.

Um Himmels willen! Was tun? Ich beschloss, am nächsten Tag zum Schuhmacher zu gehen und mich zu entschuldigen. Der Österreicher riet davon ab. Das mache alles nur noch schlimmer.

Also: Aufpassen mit der Körpersprache! Es kommt nicht nur darauf an, was der eine meint, sondern besonders darauf, wie es der andere versteht.

Heute betrachte ich es als Fehler, dass ich damals den Schuster nicht mehr aufgesucht habe. Wie kann ein Versöhnungsangebot etwas schlimmer machen? Ich würde ein paar gute Sätze in der heimischen Sprache lernen, ein kleines Geschenk mitbringen und das Missverständnis erklären. Oder einen Einheimischen suchen, der mich versteht, und ihn zum Übersetzen mitnehmen.

Im Bann der Unbekannten

Am übernächsten Tag fuhr ich mit dem Bus in einen anderen Ort. Meine Füße waren in den neuen Stiefeln gut aufgehoben, doch die Ohren drohten im Frost zu ersteifen. Meine Wollhaube von zu Hause nützte gar nichts. Die Afghanen trugen warme Fellmützen, und ich streifte herum, um eine zu erstehen.

In einem kleinen Basar saß ein Händler eingemummt. Er bot Felle und Kopfbedeckungen an. Ich probierte einige Mützen. Sie waren kuschelig warm. Die Schönste kaufte ich. Sie ist aus Wolfsfell.

Auch mit ihm konnte ich nicht in Worten sprechen, umso lebendiger mit dem Körper. Er hüllte mich in ein großes Fell, wir tranken heißen Tee und schäkerten. Gegen Mittag bedeutete mir der junge Mann, dass er zum Essen heimgehe. Er war ein gläubiger Muslim und lud mich ein, bei seiner Familie zu Gast zu sein. Ich fühlte mich geehrt.

Auf dem Weg über die vereiste Straße stieß eine junge Frau zu uns, von der ich nicht viel sah, denn sie war in ihre Burka gehüllt. Durch einen schmalen Schlitz im Schleier konnte ich nur ihre Augen sehen, und die haben mich betört. Sie sprach mit dem Mann. Ihre Stimme strahlte eine unbefangene, tiefe, heitere Weiblichkeit aus. Nun war's um mich geschehen. Diese Stimme, diese Augen, der anmutige Gang und der geheimnisvoll verhüllte Körper! Ich war so aufgeregt, dass ich mich am liebsten verabschiedet hätte, doch ich war Gast.

Da sie immer noch mit uns ging, nahm ich an, sie sei eine Freundin oder Nachbarin meines Gastgebers. Doch als wir an seinem Haus ankamen, trat sie mit ein. Ich wurde den Eltern des Händlers vorgestellt, die mich, den unerwarteten Fremden, mit großer Herzlichkeit empfingen. Wieder fühlte ich den tiefen Respekt, den sie mir entgegenbrachten.

Die junge Frau sprach nun mit dem Händler und seinen Eltern, dabei schauten und deuteten sie immer wieder zu mir her. Schließlich sagte der Vater, der ein klein wenig Englisch konnte, zu mir: Sie seien eine muslimische Familie, und seine Tochter – er deutete auf unsere Begleiterin – sei nun im Konflikt. Einerseits verpflichte sie die Tradition, in Anwesenheit eines fremden Mannes verhüllt zu bleiben. Andererseits sei sie jetzt zu Hause zum Essen, und da trage man keine Verhüllung. Es sei nun an ihm, für seine Tochter zu entscheiden. Er halte mich für einen ehrenwerten Gast und würde mich für dieses Mal als Teil seiner Familie betrachten. Daher, wenn es mir recht sei, würde er seiner Tochter die Entschleierung gestatten. Er schaute mich fragend an.

Ich musste meine Stimme beherrschen, um nicht in Jubel auszubrechen. Ich war ja selber jung und dieser Unbekannten längst verfallen.

Nein, ich lasse mir nichts anmerken, setze eine freundliche Miene auf und schaue dem Hausherrn lächelnd in die Augen. Einer Eingebung folgend verneige ich mich vor ihm für diese große Ehre. Er legt mir die Hand auf eine Schulter und nickt seiner Tochter zu. Diese verbeugt sich vor mir, streift mit wenigen Handbewegungen ihre Burka ab und lächelt mich an. Jetzt erst, da ich Vertrauter der Familie bin, darf sie mir vorgestellt werden, nennt man ihren Namen, darf ich mit ihr sprechen. Aber ich kann nicht! Wie soll ich das erklären? Es hat mir die Sprache verschlagen und das Atmen dazu. Ja, atemberaubend ist der Anblick dieser Frau, die jetzt auch noch mit sanfter leichter Stimme zu mir spricht.

Ich hatte ja noch nie eine junge Afghanin von Angesicht zu Angesicht gesehen.

Es war ein sehr einfaches und wunderbares, sinnliches Mahl. Wo in meinem Land wird einem Fremden aus einer ganz anderen Kultur, der auf der Straße daherkommt, derlei Ehre erwiesen? Ich war tief berührt von diesem Geschenk und selig in der Nähe der Tochter. Hätte die Höflichkeit des Gastes nicht geboten, mich zu angemessener Zeit zu verabschieden, ich schwör's: Man hätte mich so schnell nicht aus diesem Haus gebracht!

Sauna und Ehre

Die attraktive deutsche Psychologin war liiert mit einem jungen Perser, der in Deutschland Maschinenbau studiert. Ein hübsches Paar.

Eines Tages kam sie wohlgelaunt nach Hause und schubste ihre Sporttasche in die Garderobe.

»Du siehst gut aus«, sagte er, »warst du beim Sport?«

»In der Sauna.«

»Sauna?«

»Ja, fast 100 Grad! Wir haben toll geschwitzt und uns dann im Schnee gewälzt, ein Heidenspaß!«

Mit wem sie dort war, wollte er wissen. Sie nannte ihre Freundinnen und Freunde.

»Du warst ohne Kleider mit nackten Männern dort?«

»Ja, natürlich«, lachte sie, »wieso?«

Er stand wie versteinert; dann ging er. Erst Tage später gelang es ihr, ihn zum Reden zu bringen. In seiner Kultur, sagte er, sei das eine undenkbare Demütigung des Mannes. Die Frau sei dort das Einzige, das Ein und Alles für den Mann. Sie sei nur für ihn da und zeige ihren Körper nur ihm. Viele würden sogar ihr Gesicht und ihre Haare nur ihrem Mann zeigen. Der Körper der Frau sei schambesetzt und nur für den Mann sichtbar. Dass die Frau sich nackt anderen Männern zeigt, sei für ihren Mann oder festen Freund ein totaler Ehrverlust. In früheren Zeiten seien Frauen dafür getötet worden. Das Mindeste, was er sich selbst jetzt schuldig ist, sei die sofortige Trennung von ihr.

Er ging und kam nicht wieder. Später traf sie ihn zufällig noch einmal und sprach darüber, dass Saunagehen mit Männern und Frauen hier völlig normal und nicht sexistisch oder ehrenrührig sei. Er räumte ein, dass er sich wohl an deutsche Gebräuche gewöhnen müsse, wenn er hier lebe; aber es gelinge ihm nicht, über seinen Schatten zu springen. Die Bindung an seine Tradition sei nun einmal so stark. Er verkrafte die Schande nicht und müsse die Beziehung beenden.

Wenn Sie Ähnliches erleben oder hören, bedenken Sie bitte, wie fest Regeln und Gewohnheiten auch in Ihnen verwurzelt sind durch Erziehung und Tradition! Überlegen Sie, ob vielleicht in anderen Kulturen etwas völlig normal ist, was für Sie ganz undenkbar wäre! Statt zu verurteilen sagen Sie: »Ja, da sind wir verschieden!«

Das falsche Wort

Ein sehr attraktiver Bekannter aus Österreich erzählte mir folgendes Erlebnis:

Meine brasilianische Freundin Eleonor hatte Besuch von ihrer Schwester. Sie riefen mich an, ob ich mit ihnen zum Abendessen gehen mag. Ja, gerne. Ich fuhr hin, um sie abzuholen.

Wir alberten im Wohnzimmer herum, tranken Tee. Die Schwester war schon ausgehbereit. Eleonor zog sich zurück, um sich zurechtzumachen. Als sie nach langer Zeit hereinkam, erkannte ich sie kaum wieder: dezent geschminkt, die Haare lässig, ihr roter Mund so verführerisch. Das Kleid kannte ich noch nicht, es verlieh ihr eine fließende Weiblichkeit. Aufrecht und stolz strahlte sie uns an mit ihren großen, dunklen Augen.

Mein Herz pochte. Ist sie schön! Voller Saft und Kraft. Ihre Schwester grinste, weil ich Eleonor wie ein Weltwunder anstarrte. Auch Eleonor lachte keck zu mir her: »Was ist los mit dir, hast du mich noch nie gesehen?« Verliebt rief ich aus: »Mein Gott, bist du ein schönes Weib!«

Stille. Aus. Mein Körper empfand, wie in dem quicklebendigen Zimmer eine Vollbremsung geschah. Alles zog sich zusammen.

Endlich sagte die Schwester hart und anklagend: »Wie kannst du meine Schwester ein Weib nennen?«

Erstaunt antwortete ich ihr: »Weil sie eins ist, das Schönste, das ich kenne!«

Ich brauchte Minuten, bis ich das Ausmaß der Beleidigung begriff, das ich angerichtet hatte. In einem Durcheinander von spanischen Worten, wütendem He-

rumgehen, demonstrativem Schmuckabnehmen, gifti-
gen Blicken und hilflosen Tränen der Frauen erfuhr
ich, dass in ihrem Sprachverständnis Weib eine Hure
ist.

Das Entsetzen sprang mich an wie eine Ohrfeige.
»Hört mal, das darf doch nicht wahr sein! Dass ihr
glaubt, ich nenne meine Freundin eine Hure! Dass ihr
euch das überhaupt vorstellen könnt! Seid ihr von Sinnen? Weib, das ist die schönste Steigerung von Frau.«

Ich wollte Eleonor umarmen, keine Chance. Auch
meine Klarstellung wurde nicht angenommen. Aus der
Abend. Sie zogen sich zurück. Ich fuhr heim.

Natürlich rief ich an, um die Situation zu retten. So
kann man doch nicht ins Bett gehen. Eleonor sagte, sie
habe irgendwie begriffen, dass ich es anders' meinte.
Aber sie sei noch so außer sich von dem Schock, dass sie
jetzt nicht weiter darüber reden möchte. Vielleicht
nächsten Tag, gute Nacht.

Am nächsten Tag im Institut, in dem wir beide arbeiten, ging ich gleich zu ihr, um ihr einen Guten Morgen zu wünschen. Sie war verschlossen, eher abweisend.
Ich solle ihr nicht weismachen, dass Weib etwas Positives sei. Sie sei doch nicht blöd, fühle sich gedemütigt.

Oje ...

Da ich Eleonor liebe und mich so schnell wie möglich versöhnen wollte, heckte ich einen Plan aus: Ich
werde mich beim Mittagessen zu ihr und ihren Freundinnen setzen und beiläufig das Thema ansprechen.
Dann sollen die Frauen das untereinander klären.

Also rief ich Eva an und bat sie, an ihrem Tisch, an
dem auch Eleonor sitzen wird, für mich einen Platz
freizuhalten. Von dem Vorfall sagte ich ihr nichts.

Ich kam absichtlich ein paar Minuten später und
setzte mich zu den beiden Frauen. Eva ist ebenfalls

eine sehr attraktive Kollegin. Sie wuchs in der gleichen Gegend auf wie ich, wir teilen unsere Mundart und Sitten.

Wir plauderten über dies und jenes. In einem günstigen Augenblick fragte ich: »Eva, was würdest du sagen, wenn ich dich ein schönes Weib nenne?« Mit all ihrem Charme strahlte sie mich an: »Gefalle ich dir? Wenn du flirten willst – darauf warte ich schon lange.« Sie neigte sich zu Eleonor und sagte mit gespielter Verschwörerinnenstimme: »Du musst auf deinen Freund aufpassen!«

Eleonor war perplex. Sie legte ihr Besteck weg und starrte Eva an. »Ist denn Weib keine Beleidigung?«

»Was?«, rief Eva, »das ist ein tolles Kompliment! Hat dich dein Freund noch nie ein Weib genannt?«

Ich hätte mich kaputtlachen können und musste mich zusammenreißen. Die beiden Frauen alberten noch eine Weile herum, dann erzählte Eleonor von unserem Missverständnis, und bald darauf gingen wir vergnügt an unsere Arbeit.

Eleonor, ihre Schwester und ich holten unser Abendessen nach. Beim Kerzenschein vereinbarten wir: Wenn wieder einmal einer von uns etwas anders versteht, als es gemeint ist, halten wir erst mal inne und fragen nach. Statt gleich beleidigt zu sein oder zu streiten, wollen wir voneinander lernen.

Dazu hatten wir noch oft Gelegenheit, und wir verstehen uns immer besser.

Eine Sprache – zwei Kulturen

Die Schweizer und die Deutschen haben eine gemeinsame Grenze. Sie sind Nachbarn und sprechen die gleiche Sprache mit unterschiedlichem Akzent. Zum Beginn der Fußball-Europameisterschaft 2008 in der Schweiz kam im deutschen Radio ein Aufruf an die Deutschen, wie sie sich verhalten sollen, damit sie in der Schweiz willkommen sind. Folgendes mögen die Schweizer nicht:

▮ Die Deutschen sagen nicht Danke.
▮ Sie reden zu schnell.
▮ Sie sind zu direkt.
▮ Das alles zusammen wirkt aggressiv, überheblich, uncharmant.
▮ Sie reden so viel von sich.
▮ Sie sind ironisch und zynisch.
▮ Wenn sie den Schweizer Tonfall nachahmen, wirkt das abwertend.
▮ Sie erzählen zu viele Witze und machen sich damit auf Kosten anderer lustig.

Die Deutschen wurden gebeten, auf diese Dinge zu achten, wenn sie bei den Schweizern willkommen sein wollen.

Das Paar

Ein Ehepaar – seit 30 Jahren verheiratet, wohlhabend, in besten Verhältnissen lebend, prächtige Kinder, er sehr angesehen, sie höchst attraktiv – hat alles, was es sich wünscht. Nur mit dem Respekt, erzählen sie, hätten sie Probleme, immer schon.

Ich erfahre: Sie möchte gern oft ihre Erlebnisse und Gefühle oder ihren Kummer mit ihm teilen. Er reagiert darauf verstandesmäßig mit Ratschlägen oder kleinen Vorträgen darüber, wie man Sorgen bewältigt. Das nervt sie. Sie fühlt ihre Gefühle und damit sich selbst nicht respektiert.

Sie sagt ihm: »Ich will keine Ratschläge; ich will, dass du mich in den Arm nimmst und mich tröstest.« Das wiederum findet er respektlos gegenüber seinen, wie er sagt, liebevollen Bemühungen, seiner Frau zu helfen. Er sagt: »Umarmungen lösen kein Problem.« Das macht sie wütend. Darauf sagt er: »Kaum will ich dir helfen, wirst du aggressiv.« So geht das weiter.

Als sie sich wieder einmal mit ihren Gefühlen von ihm alleingelassen fühlte, weinte sie bitterlich. Er konnte sie nicht in den Arm nehmen, weil das für ihn als Mann eine hilflose Geste wäre, die nicht zur Problemlösung beiträgt. So ging er weg, ließ die weinende Frau allein und kam mit einem riesigen edlen Blumenstrauß zurück, den er ihr freudestrahlend überreichte. Sie nahm das Bukett, warf es ihm ins Gesicht und lief in den nahen Wald hinaus.

Einmal gaben sie eine Party mit illustren Gästen. Er war stolz auf seine Frau und wollte ihr öffentlich Respekt erweisen, indem er sie vor den Freunden sehr charmant für ihre innige Erotik rühmte. Er meinte es gut, und alle klatschten. Sie empfand das als Demütigung und verließ das Fest. Er fand sie weinend auf dem Bett.

Am nächsten Tag kaufte er für sie einen wertvollen Schmuck, überreichte ihn ihr feierlich als Wiedergutmachung und entschuldigte sich für sein Verhalten. Sie warf das Geschenk ins Klo und spülte es hinunter. Er fand das ungeheuer respektlos. Wütend fauchte sie ihn an: »Du verstehst und verstehst und verstehst einfach nicht, was ich brauche: deinen Trost, deine Wärme und Zärtlichkeit, deinen Respekt, dein Verständnis. Du verletzt mein Herz und kaufst mir dann Waren. Wie würdelos! Verdammt noch mal, kapierst du denn nicht: Ich will keine Blumen, ich will keinen Schmuck, von all dem ist unser Haus voll. Ich will *dich*! Ich will auch nicht deine klugen Ratschläge und Belehrungen. Ich will, dass du deinen Mund hältst und mich in den Arm nimmst, mich wiegst und tröstest und wärmst und mir in die Augen lächelst. Ich will deinen Atem auf meinem Gesicht spüren und nicht deine Ratschläge in meinem Ohr. Seit dreißig Jahren wünsche ich mir das. Ich bin stolz auf dich, aber ich bin innerlich ausgetrocknet. Ich weiß, dass du mich liebst. Aber deine Art zu lieben nährt mich nicht.« Sie war verzweifelt. Er stand neben ihr und war auch verzweifelt. Sie konnten einander nicht helfen.

Äußerlich genießen sie ihr geselliges Leben. Irgendwie lieben sie sich, oder sie brauchen oder wollen einander oder haben sich aneinander gewöhnt oder haben Angst alleine, das lässt sich nach langen Jahren oft schwer unterscheiden. Außen ist alles perfekt und innen, in den Verließen ihrer Sehnsucht, kommen sie nicht zueinander. Jeder meint, er respektiere den anderen, und keiner fühlt sich respektiert. Sie vermisst bei ihm die Rücksicht auf ihr Seelenleben. Er beklagt ihren fehlenden Respekt vor seinen Bemühungen.

Sie tanzen so gerne und tanzen so gut miteinander. Doch wenn ich ihnen zuschaue beim Tango, wie sie gekonnt ihre Schritte und Figuren setzen, fühlt es sich an, als tanzten zwei schicke Einsamkeiten.

Wenn das schon unter Einheimischen geschieht, um wie viel eher dann bei Menschen aus unterschiedlichen Kulturen! Alle sehnen sich nach Respekt und verstehen Verschiedenes darunter. Die Lösung: offen darüber sprechen! Schon das verbindet.

Bei der Behörde

Zum Alltag in Behörden möchte ich im Folgenden zwei Geschichten erzählen. Lesen Sie sie einfach hintereinander und machen Sie sich selbst ein Bild.

1. Unfreundlich

»Wie heißen Sie?«
»Bitte?«
»Name?«
»Ah, Name! Ja. Ah, Ravi Tambe.«
»Wie schreibt man das?«
»Bitte?«
»Buchstabieren!«
»Buch – ? Bitte, nicht verstehn.«
»Herrgott, warum kommen Sie dann zu uns, wenn Sie nichts begreifen? Sie seh'n doch, wie viele Leute da warten, jetzt legen Sie mal los!«
Schiebt ihm Zettel und Stift hin. »Schreiben Sie Ihren Namen drauf, aber leserlich!«

»Ah, Name, ja.« Schreibt seinen Namen auf den Zettel.

»Geboren?«

»Indien.«

»Nein, ich meine WANN Sie geboren sind?«

»Ah, wann!« Schreibt sein Geburtsdatum auf.

»Was tun Sie hier?«

»Anmelden.«

»Nein, ich meine, hier in unserem Land?«

»Ah, arbeiten.«

»Sind Sie verheiratet? Haben Sie Kinder?«

»Frau, zwei Kinder, sechs und acht.«

»Wie wollen Sie die ernähren, wenn Sie nicht einmal unsere Sprache können?«

2. Mit Respekt

»Guten Morgen! Was kann ich für Sie tun?«

»Guten Morgen! Bitte anmelden.«

»Ja. Von welchem Land kommen Sie denn?«

»Mein Land: Indien.«

Lächelt: »Ah, dann lieg ich ja richtig. Ich habe auf Indien getippt. Sind Sie schon lange hier?«

»Hier? Dieses Land?«

»Ja.«

»Drei Monate.«

»Oh, da sind Sie ja ganz neu bei uns! Wie gefällt es Ihnen hier?«

Wendet sich an die Wartenden: »Entschuldigen Sie bitte! Es dauert hier ein paar Minuten länger. Der Herr kommt aus Indien und kennt sich noch nicht so gut aus mit der Sprache. Ja?«

Wieder zum Inder: »Wie gefällt es Ihnen hier?«

Lächelt. »Kalt! Schöne Berge, gut, gut. Aber Sprache schwer. Muss lernen.«

»Ja, das glaube ich. Das würde mir in Indien genauso gehen.«

Schiebt ihm eine Visitenkarte hin und sagt sehr langsam und betont: »Hier können Sie die Sprache lernen. Ein sehr gutes Institut. Da sind auch andere Inder. Einfach anrufen!«

»Oh, danke! Danke!« Lächelt.

»Sie möchten sicher Ihre Wohnung anmelden?«

»Ja, anmelden, bitte!«

»Gut, dann geben Sie mir bitte Ihren Pass – passport! Dann schreib ich mir Ihre Daten ab. Ich denke, das ist einfacher.«

Er gibt ihr den Pass, sie schreibt ab ...

Auf dem Markt

Auch die beiden folgenden Geschichten mögen veranschaulichen, wie unterschiedlich Menschen auf Menschen aus anderen Kulturen reagieren. Vielleicht achten Sie bei sich selbst einmal darauf, was Sie denken und empfinden, wenn Sie Angehörigen einer Ihnen unbekannten Kultur begegnen.

1. Feindselig

Ein Einheimischer schlendert über den Wochenmarkt und denkt bei sich: »Da steht eine Negerin mit ihrem verängstigten Gör herum. Die kann sich wohl nichts kaufen! Bestimmt hat ihr schwarzer Macker uns erst einen Job weggenommen und jetzt die Sozialhilfe. Pack! Man sollt' sie alle heimschicken! Zahlen nix ein, aber fressen uns die Rente weg – und unsereiner?

Und wenn der kleine Bankert mal in unsere Schule kommt, hält er den ganzen Betrieb auf. Die Lehrer müssen heut ja Rücksicht nehmen auf jeden ausländischen Dummkopf, und unsere Kinder können's ausbaden: lernen zu wenig, kriegen keinen Job und müssen dann mit diesem Multikultigesindel auch noch um die Arbeit kämpfen.

Ich mag das Zeug nicht. Das nächste Mal wähl ich die Rechten.«

2. Respektvoll

Ein Einheimischer schlendert über den Wochenmarkt. Eine libanesische Frau steht da mit ihrem kleinen Mädchen, das schaut ein wenig ängstlich, wie eine scheue Blüte unter den fremden Kindern und Müttern. Die starren ihrerseits auf die dunkelhäutige Kleine an der Hand ihrer Mutter. Die guckt Gemüse aus.

Er denkt: »Im Libanon scheint viel Sonne. Hat daher das Mädchen seine leuchtenden erdhaften Augen? Sie trägt wohl andere Bilder, Gedanken und Wünsche in sich und hat sie mit hierher gebracht. Willkommen!«

Der Einheimische wünscht ihr, sie möge aufblühen können in unserem Land, es möge ihr gut gehen unter uns, sie möge unverletzt bleiben und dazugehören.

Während er sie betrachtet, schaut sie plötzlich zu ihm hin. Er lächelt ihr zu, sie lächelt schüchtern zurück, senkt den Blick. Er sieht, wie sie fester die Hand ihrer Mutter drückt.

Gemischte Leute geben ein buntes Volk

Ein ganz »schwarzer« Mann aus Togo (Afrika), Yara Mouhamed, siedelte mit 21 Jahren nach Deutschland um und führt seit über zehn Jahren ein begehrtes kleines Lokal in München. Seine Frau kommt aus Kenia.

»Am Anfang hatte ich es auch nicht leicht, aber jetzt ist Deutschland meine Heimat geworden. Wenn ich mit meinem kleinen Sohn über den Markt spaziere, kennt uns fast jeder«, sagt er mit Freude.

Als Wirt ist er sehr beliebt. Aus den Berichten seiner Gäste weiß er, dass die allermeisten nur wegen ihm kommen.

Je gemischter die Leute, desto bunter ist die Welt, sagt er. »Die Hautfarbe ist egal, wir sind alle gleich. Wir müssen zusammenhalten.«

Der Mann ist sympathisch. Von ihm kann man lernen, wie Menschen aus unterschiedlichen Kulturen gut miteinander leben.

Eines sehe ich anders als er: Wir sind nicht alle gleich. Zwar sind wir alle Menschen und leben auf dieser Erde, das ist gleich. Ansonsten unterscheidet uns vieles an Kultur, Ansichten, Gebräuchen, Religion, Sprache. Es geht nicht darum, dass die zusammenhalten, die gleich sind. Es geht darum, dass die sich vertragen, die verschieden sind. *Das* ist die Herausforderung. Daraus können wir lernen und daran können wir wachsen. Von denen, die so sind wie wir, lernen wir wenig. Daher: Willkommen, Yara, du ganz anderer! Ich finde deine Hautfarbe schön und dein Essen prima. Ich würde gern öfter mit dir und deiner Familie reden, aber ihr habt ja so viel Arbeit.

Mann, Frau, Ehre

Eine Dame aus Istanbul war bei mir in Therapie und weinte. Sie stammte aus guten Kreisen. Ihr Leben lang hatte sie sich angestrengt, ihrer Familie Ehre zu machen und sich deren Achtung zu sichern durch richtiges Verhalten.

Nun lebte sie in Deutschland und sah bei den Frauen hier eine andere, freiere Lebensart. Es verwirrte sie sehr, dass diese Frauen dennoch von ihren Familien und Männern respektiert werden. Schließlich verfiel sie in Depression und bekam überall Schmerzen.

Als sie merkte, dass sie Hilfe brauchte, kam sie in die Klinik. Ihr erster Impuls war, sich von einer Frau behandeln zu lassen (»Frauen verstehen einander«). Als sie die Therapeutinnen sah in all ihrer Souveränität, bekam sie Angst, die würden sie auslachen, nicht verstehen und für rückständig halten. Also entschied sie sich für einen männlichen Therapeuten. So kam sie zu mir.

Ich sagte ihr, dass ich mich geehrt fühle; dass ich schon viele Landsleute von ihr behandelt habe; dass ich aber hier in diesem Land aufgewachsen bin und nicht weiß, wie weit ich wirklich verstehen kann, was in ihrer Seele vorgeht, und wie weit ich ihr helfen kann. Da bräuchte ich ihre Mithilfe. Sie lächelte: »Dann wollen wir es versuchen! Sie können mir ja Fragen stellen.«

Darüber war ich sehr froh; denn zahlreiche Patientinnen wehren therapeutische Fragen ab, wenn sie die Seele betreffen. Viele Menschen haben nach meiner Erfahrung kein Verständnis dafür, dass körperliche Leiden ihre Ursache in der Seele haben. Stellt man ihnen bei körperlichen Beschwerden psychologische Fragen, sind sie oft bestürzt, fühlen sich missverstanden oder nicht ernst genommen. Man muss dann immer einen kleinen Unterricht in Psychosomatik erteilen, bis sie sich auf die Behandlung überhaupt einlassen können.

Bei dieser Frau hatte ich Glück, weil sie mich zum Fragen einlud. Da in ihren Unterlagen etwas von familiären Problemen stand, fragte ich sie, wie es ihr denn in ihrer Ehe gehe. Sie riss erschrocken die Augen auf und sagte, darauf dürfe sie nur antworten, wenn ich einen weißen Mantel anziehe. Höchst verwundert fragte ich, warum. Solche Fragen, erwiderte sie, seien absolut tabu und dürften zu heilerischen Zwecken, wenn überhaupt, nur einem offiziellen Doktor beantwortet werden. Und der sei am weißen Mantel zu erkennen.

Ich erklärte ihr, dass wir Doktoren hier nie einen weißen Mantel tragen. Dann fragte ich sie nach dem Grund, warum sie auf diese Frage nicht ohne meinen weißen Mantel antworten dürfe. Sie erwiderte: Wenn sie mit einem fremden Mann, der nicht Doktor ist, über ihren Mann rede, dann entehre sie diesen. Das sei wie Ehebruch. Sie sei verpflichtet, die Ehre ihres Ehemannes zu schützen. Auch über ihre Gefühle dürfe sie nicht sprechen, außer mit ihrer Mutter und Schwester – oder eben einem Doktor.

Ich habe derlei oft gehört von Frauen aus der Türkei, Tunesien, Marokko, Indien, Arabien. Diese Haltung ist orientalischen Frauen und Männern seit Urzeiten so in Fleisch und Blut übergegangen, dass eine andere Erfahrung sie tief erschüttert.

Ich habe mit Männern aus diesen Kulturen gesprochen. Sie sagten, es sei ihnen ganz unmöglich, sich ein anderes Verhalten ihrer Frauen überhaupt nur vorzustellen. Ohne diese Ehre, die die Frau dem Mann erweist, sei dieser nichts wert. Und ein entehrter Mann müsse unter allen Umständen seine Ehre zurückgewinnen. Tue er das nicht, entehre ihn das ein zweites Mal, und er habe alle Achtung verspielt. (»Sauna und Ehre«, S. 137)

An dieser Stelle höre ich schon den Aufschrei emanzipierter Frauen und »moderner« Psychologen: »entsetzlich; repressive Erziehung; Sklaverei; Erniedrigung der Frau ...«. Moment mal! Atmen Sie ein paarmal tief durch! Ja, die sind so. Und die sehen uns so:

Bei uns werden Eheprobleme schamlos zu Markte getragen und die Partner entblößt. Davor schützen sich diese Menschen.

Wir treiben Kinder ab. Das halten sie dort für pervers.

Wir kümmern uns nicht um unsere Nachbarn. Das halten die Menschen dort für asozial.

Wir fetzen uns mit unseren Eltern. Das ist dort eine undenkbare Schandtat.

Wir schieben alte Eltern ins Pflegeheim ab. Unvorstellbar in anderen Kulturen!

Sie können die Liste selbst fortsetzen, wenn Sie ehrlich forschen. Das gehört zu den Übeln in der Begegnung der Kulturen, dass jeder sagt: Die machen's falsch, und wir machen's richtig. Wohin führt uns das? Jedenfalls nicht zusammen. Ist es möglich, auch mit jemandem ins Gespräch zu kommen, der es ganz anders macht als wir, so anders, dass ich ins Schleudern komme? Können wir voneinander lernen? Ja, wir können. Wenn wir aufhören zu glauben, dass wir die Besseren sind.

Mut

In der Klinik behandelte ich eine türkische Frau Mitte dreißig. Sie lebte in einer Kleinstadt mit ihrem kurdischen Mann und ihren drei Kindern bei der Schwiegermutter. Zu Beginn ihrer Behandlung saß ihr Mann wegen eines Ehrenmordes noch im Gefängnis. Seine Nichte war von einem Nachbarn sexuell belästigt worden. Das musste er rächen.

Seit sie mit ihm zusammenlebte, bekam sie jeden Morgen von ihm und seiner Mutter einen Zettel, auf dem stand, wo sie heute einkaufen sollte und mit wem sie reden durfte. Dann musste sie sich in ihren Tschador hüllen, das Gesicht verschleiern und das Haus verlassen. Hielt sie sich nicht an die schriftlichen Befehle, gab es Schläge.

Sie wurde oft geschlagen. Verzweiflung und Depression haben sie krank gemacht. Ihre Ärztin schickte sie in die psychosomatische Klinik. Sie wollte zu einem deutschen Therapeuten. Daher kam sie zu mir, wegen meiner Erfahrungen mit Patienten aus anderen Kulturen.

Sie hat sich in wenigen Wochen sehr verändert, vielleicht weniger aufgrund der Therapie als durch den Umgang mit den vielen Frauen in der Klinik. Nach meinem einwöchigen Urlaub hätte ich sie bald nicht erkannt; sie war wieder ein junges Mädchen geworden.

Eines Tages erzählte sie mir, dass ihr Mann aus der Haft entlassen worden sei und sie besuchen komme. Sie wusste: Wenn er sie ohne Mantel und Kopftuch anträfe, würde er sie in ihrem Zimmer verprügeln. Aber sie hatte diese Kleidung seit Wochen nicht getragen und wollte sie auch nicht mehr tragen.

»Was soll ich tun?«, fragte sie ängstlich.

»Was möchten Sie denn tun?«, fragte ich zurück.

»Ich will mich endlich so zeigen, wie ich mich fühle.«

Am Sonntag kam er.

Am Montag erzählte sie mir, außer Rand und Band vor Aufregung, was sich ereignet hatte: Sie hatte ihn am Telefon gefragt, wann er komme. Daraufhin hatte sie sich für diese Zeit im Foyer der Klinik mit vielen Frauen verabredet, um sich geschützt zu fühlen. Sie trug einen kurzen Rock, ein T-Shirt und ihr schönes langes Haar offen. Die Frauen tanzten, sie mittendrin.

Bei seiner Ankunft starrte der stolze, hünenhafte Kurde entgeistert auf seine Frau. Sie lachte ihm zu, begrüßte ihn und wollte ihn den Frauen vorstellen. In diesem Augenblick sei sie über sich, ihre Tradition, ihre Angst hinausgewachsen. Sie fühlte sich als freie Frau. Ihr Mann, den sie lange nicht gesehen hatte und der wie gebannt bei diesen Frauen stand, setzte sich mit einem Ruck in Bewegung und forderte sie auf, mit ihm zu kommen und mit ihm zu sprechen.

Als sie mit ihm in ihr Zimmer ging (die anderen Frauen schlichen schützend in die Nähe ihrer Tür), kam die Angst zurück. Was wird jetzt geschehen?

Er fragte sie, warum sie vor aller Augen ihre Tradition verrate und ihn beschäme.

Sie antwortete: »Ich bin deine Frau, doch vor allem bin ich eine Frau. Ich bin so, wie du mich hier siehst. So war ich immer. Du und deine Mutter habt mich zur Verkleidung gezwungen. Ich wurde krank. Jetzt habe ich mich wiedergefunden.«

Er bebte vor Zorn.

»Ich schlage dich tot.«

»Dann hast du keine Frau mehr.«

»Aber meine Ehre wieder. Du hast mich entehrt.«

Er hielt sich mühsam im Zaum.

»Ich habe dich nicht entehrt. Ich erweise dir die Ehre, mich so zu zeigen, wie ich bin. Ich bin ehrlich zu dir.«

»Du zerstörst die Ehre unserer Familie.«

»Du nimmst mir meine Ehre, wenn du mich zwingst, anders zu sein, als ich bin. Ich bin die Mutter deiner Kinder. Wie sollen die Kinder ihre Mutter ehren, wenn du ihr die Ehre nimmst?«

Ein langes Schweigen folgte. Dann sagte er unwirsch: »Gut, vielleicht brauchst du das hier. Gut. Na gut! Wenn du nach Hause kommst, wirst du dich wieder an unsere Traditionen halten!«

»Nein, das werde ich nicht.«

Sie zitterte vor Furcht. Seine Augen brannten wie Feuer in sie hinein.

»Willst du mich also verlassen?«

Was jetzt geschah, konnte nur aus den Tiefen eines verwandelten Herzens entspringen, das jedes Risiko auf sich nimmt. Sie ging einen Schritt auf ihn zu und schaute ihm direkt in die Augen.

»Ich will dich nicht verlassen. Du kommst aus dem Gefängnis und bist ein Mörder für deine Ehre. Damit warst du deiner Tradition treu, stolzer Kurde. Ich bin deine Frau. Ich will mit dir leben und alt werden und einmal Enkelkinder hüten.«

Sie atmete ganz tief durch, um sich zu spüren.

»Aber du kannst mich nur so haben, wie ich wirklich bin. Schau mich an, mein Mann! Ich werde mir treu bleiben, so wie ich mich fühle. Ab jetzt kannst du mich nur so haben oder gar nicht. Wenn wir aus diesem Zimmer gehen, wirst du dich entschieden haben. Und wenn du mir hier was antust, werde ich schreien und viele Menschen werden hier hereinstürmen. Du hast die Wahl: Du gehst für deine Ehre wieder zurück ins Gefängnis, ohne Frau, oder du bleibst mit deiner Frau und erweist ihr die Ehre!«

Er starrte sie an wie aus einer anderen Welt. Er wankte. Sie meinte, er falle um. Er setzte sich auf ihr Bett. Sie befürchtete Gewalt und blieb dennoch ruhig. Lange geschah nichts. Dann streckte er seine Hand nach ihr aus. Zögernd legte sie ihre in seine. In ihrem luftigen Aufzug stand sie vor ihm. Langsam brachte er hervor: »Ist das dein Ernst?«

Sie sagte mit fester Stimme: »Ja! Ich wünsche mir, dass du mich nimmst, wie ich bin. Ich bin deine Frau. Entehre mich nicht!«

Sein Kopf sinkt. Er lässt ihre Hand los und streicht wie geistesabwesend sanft durch ihr langes Haar. Sehr weich vibriert sein Körper. Er schluckt. Statt Worte kommen Tränen, Tränen über Tränen, und er nimmt seine Frau in seine Arme, sie lässt es zu, er hält sich fest an ihr und weint und schluchzt, wie er es nie getan hat in den vielen Jahren. Lange dauert das, nichts wird gesprochen. Die Frauen draußen machen sich Sorgen. Schließlich klopfen sie an die Tür und rufen ihren Namen. Sie antwortet: »Alles in Ordnung!«

Nach einem guten Jahr kam sie mich in der Klinik besuchen, eine strahlende Frau in schicken Kleidern. Sie erzählt und erzählt von all den Ereignissen seitdem und auch davon, wie unbändig sie sich gestärkt fühlte von dem Kreis der Frauen damals, als ihr Mann kam. Da haben sich, sagt sie stolz, alle diese deutschen, bosnischen, türkischen, österreichischen und afrikanischen Frauen, die in der Klinik Hilfe suchten, um sie zusammengeschlossen, mit ihr getanzt und sie geschützt. Das fand sie wunderbar. Mit einigen dieser Frauen sei sie immer noch befreundet.

Ihr Mann habe sich sehr verändert und durchlebe

eine schwere Zeit – denn viele seiner männlichen Freunde werfen ihm vor, er würde die Tradition brechen. Sie verachten ihn dafür. Darunter leide er, doch sie stütze ihn auf seinem Weg, und er liebe seine Kinder.

Als ich auf ihren runden Bauch schaue, wirbelt sie kokett ihr Haar um die Schultern. »Ach ja, das wird unser viertes.«

Im Kreis am Feuer

Manitonquat ist ein Indianer, der an der Ostküste Amerikas lebt. Er lehrt und heilt in aller Welt.

Er erzählt: »Es ist gut für das Menschsein, wenn Menschen aus verschiedenen Kulturen sich zusammensetzen. Jeder bringt eine besondere Tradition mit. Jeder kann von jedem lernen. Wenn Menschen sich in meiner Heimat kennenlernen, miteinander austauschen, einander Respekt erweisen wollen, dann setzt man sich im Kreis um ein Feuer. Im Kreis sind alle gleich, Feuer macht hell und wärmt. So finden wir zueinander. So viel gibt's dabei gar nicht zu sagen. Die Stille, das lodernde Feuer, der Kreis – da geht etwas auf in uns. Eine Nähe entsteht.

Wenn dann einer anfängt, eine Geschichte zu erzählen, und ein anderer erzählt eine andere Geschichte aus einem anderen Land, dann steckt das an, und aus den Geschichten wächst etwas Neues: Verstehen, Neugier, Vertrauen. Vielleicht die Vorstufe einer Freundschaft.

Gehen wir danach auseinander, dann sind alle anders als zuvor. Man spürt das bis in die Knochen. Schön ist das.«

Er hat recht. Haben Sie das schon mal ausprobiert? Versuchen Sie es!

Mir tut das so gut, dass ich oft Leute, möglichst ge-
mischte, ans Feuer einlade. Manchmal kamen über
hundert, mit vielen Kindern. Da sind Leute aus verschiedenen Kulturen dabei. Aber auf die Zahl kommt es
nicht an. Mit vier Menschen ist es genauso schön, wenn
das Herz aufgeht.

Im Studentenheim

»Al Hakim!«, lacht der Neger und klatscht seine dunkle
Hand auf meinen Rücken.

»Was heißt das?«

»Der Doktor«, feixt er. Sein Freund schlurft heran
und grinst mit.

Ich hatte am Tag zuvor meine Doktorarbeit begonnen. Die beiden Männer aus Burundi sind meine Zim-
mernachbarn im Studentenheim. Wir hatten das ganze
Semester lang einen Heidenspaß miteinander. In den
Ferien verloren wir uns für Monate aus den Augen, und
mit einer Fete ging's dann wieder los.

An diesem Morgen holen sie mich zum Frühstück
ab. Es war eine wilde Nacht gewesen. Sie hatten ihre
deutschen Freundinnen da, andere Studenten waren
auch dabei, es wurde bis zum Morgengrauen getanzt
auf diese fetzigen afrikanischen Rhythmen.

Bei mir war meine griechische Freundin Desbo zu
Besuch. An Reden oder Ausruhen war nicht zu denken.
Darum zogen wir los in eine griechische Taverne und
vergnügten uns dort. Danach bummelten wir endlos
den Fluss entlang und kamen in der Morgendämme-
rung heim, da tobten die anderen immer noch.

Ein Frühstück draußen am Springbrunnen. Die

Sonne scheint, der Kaffee dampft. Ein buntes Volk aus sechs Nationen lacht, flirtet, füllt die leeren Mägen.

In diesen Jahren ging allen das Herz weit auf für die Leute aus aller Welt. Wir hatten uns so viel zu sagen. Manchmal sogen wir die Geschichten der anderen auf wie Schwämme. Ihre fremde Musik verleitete die Körper zu ganz neuen Bewegungen. Es war irre, das zu sehen. Keinen Tag, keine Nacht aus dieser Zeit möchte ich missen.

Der Draufgänger

Ich leitete eine Therapiegruppe mit 20 Patienten, in der es um das Ausdrücken von Gefühlen ging. Erst wurde wild getanzt, dann folgten lustige Übungen. Jeder sollte sich dann spontan einem anderen zuwenden und sich darüber austauschen, was sie fühlen. Das ist für Deutsche eine einfache, harmlose Übung, die seit Jahren zu meinem Bestand gehört.

Eine halbe Stunde nach Ende dieser Veranstaltung wurde ich zum Chefarzt geholt und traf dort auf zwei junge Leute aus meiner Gruppe, einen marokkanischen Mann und eine deutsche Frau, aufgeregt streitend.

Die Frau hatte bei der Übung in der Gruppe diesen neben ihr stehenden Mann gewählt, um ihm ihre Gefühle mitzuteilen. Sie hatte ihm gesagt, dass sie sich sehr lebendig fühle, ja glücklich, und Bäume ausreißen könnte.

Als die Therapiestunde zu Ende war, ging er ihr nach in ihr Zimmer und wollte mit ihr schlafen. Erst als sie um Hilfe rief, ließ er von dem Vorhaben ab. Nun war die Angelegenheit beim Chef.

Der Mann war sichtlich verwirrt und erzählte uns: »Wenn in meiner Heimat eine Frau sich so vor mir aufbaut und mir sagt, dass sie lebendig und glücklich sei und voller Kraft, dann heißt das für den Mann, dass sie mit ihm schlafen will. Tut er das dann nicht, ist er in den Augen der Frau und der Männer im Dorf ein blöder Schlappschwanz.« Das, sagte er, sei er nun ganz und gar nicht. Er sei ein normaler Mann. Und wenn er nicht auf natürliche Weise reagieren darf, dann solle der Therapeut keine solchen Übungen machen.

Recht hatte er. Für diesen Mann war ich ein schlechter Therapeut. Tut mir leid. Andere Länder, andere Sitten. Ich habe wieder etwas dazugelernt, als Therapeut und als Mann.

Die Amerikaner im bayrischen Dorf

Nach dem Krieg – ich war ein kleiner Junge – wurde unsere Gegend von amerikanischen Streitkräften besetzt. Sie haben sich auch in unserem Hof eingenistet und unsere Familie in ein Nachbarhaus vertrieben. Jedoch haben sie uns klargemacht, dass wir unser Vieh selbst versorgen müssen.

Also ging meine Mutter am Morgen und am Abend in den Stall. Sie hatte sehr viel Angst, weil da immer amerikanische Soldaten im Hof herumsaßen, zum Teil bewaffnet. Aber sie nickten uns freundlich zu und taten uns nichts.

Eines Abends ging sie wieder in den Stall, um die Kühe zu melken, und rannte mit einem Schrei heraus. Unter einer Kuh saß ein fast schwarzhäutiger Soldat mit umgehängtem Gewehr und molk Milch in seinen

Stahlhelm hinein. Meine Mutter erschrak so sehr, dass sie zum Nachbarhaus lief und sich einsperrte. Da kamen die Amerikaner und haben sich entschuldigt. Das fanden wir nett.

Sie stellten noch mehr Unsinn mit unserem Vieh an, weil sie offenbar keine Ahnung hatten, wie man damit umgeht. Zum Beispiel taten ihnen die quietschenden Schweine offenbar so leid, dass sie sie mit Olivenöl und fetten Pfannkuchen fütterten, bis die Tiere starben. Für den Schaden haben sie bezahlt, aber das hat die Schweine auch nicht mehr lebendig gemacht.

Wir brauchten einige Zeit, bis wir uns an das Treiben dieser Fremden gewöhnt hatten. Mal knallten sie in der Gegend herum, schossen Vögel von den Bäumen. Dann wieder spießten die geübten Messerwerfer unter ihnen mit ihren Bajonetten Hühner am Wiesenboden fest und brieten sie am Lagerfeuer.

Großmutter weinte bitterlich, als sie sah, wie die Soldaten mit Wäsche, die noch aus ihrer Aussteuer stammte, Panzer und Gewehre putzten. Dann wieder nahmen sie uns Kinder auf den Schoß und fütterten uns mit leckerer Schokolade.

»Die Amerikaner« blieben nach ihrem Abzug ein Jahrzehnt lang der Kulturschock und ein unvergessliches Abenteuer für unser Dorf. Die Klagen über das, was sie angerichtet hatten, nahmen bald ab. Man erzählte sich lachend die Absonderlichkeiten, mit denen sie das Volk unterhalten hatten.

Ein verhängnisvolles Missverständnis

Mir wurde folgende Geschichte erzählt, die sich vor Jahren in einem arabischen Land zutrug.

Ein westlicher Konzern hatte mit einem arabischen Investor jahrelang über ein Milliardengeschäft verhandelt. Schließlich war man zu einer Einigung gekommen. Zum Vertragsabschluss ließ der Investor an seinem Standort ein großes Fest vorbereiten. Der Topmanager des Konzerns flog zu diesem Akt nach Arabien und nahm seine sehr attraktive Gemahlin mit. Sie war bei der Feier die einzige Frau und für die Gastgeber eine große Überraschung.

Nach der zeremoniellen Unterzeichnung des Vertrages begann das Festbankett – wie ein Märchen aus Tausendundeiner Nacht. Als es zum Abschied kam, bedankte sich der Gastgeber überschwänglich bei seinem Vertragspartner dafür, dass er seine Frau mitgebracht hatte, und lobte mit orientalischem Charme ihre Schönheit. Er sagte dem Manager, dass er sie ihm nach dem Frühstück ins Hotel bringen lasse. Dann nahm er die Frau graziös bei den Händen und versicherte ihr, wie glücklich er sei, sie jetzt in seine Residenz zu begleiten und die Nacht mit ihr zu verbringen.

Der Manager und seine Frau waren vom Schock gelähmt und starrten sich mit offenem Mund an. Sie glaubte, ihr Mann habe sie ohne ihr Wissen als Gastgeschenk für den Araber mitgebracht. Er wiederum argwöhnte, sie habe sich bei der Feier heimlich mit dem Gastgeber eingelassen.

Nach einigen Schrecksekunden reagierte er als Gentleman. Er legte seinen Arm um seine Frau, strahlte den Gastgeber an und sagte stolz: »Es schmeichelt mir als Mann, dass Sie meine Frau so begehrenswert finden wie ich.« Dann verneigte er sich: »Es ist mir eine Ehre, dass wir diesen Vertrag abgeschlossen haben und ich Ihr Geschäftspartner sein darf. Und dieser Abend! Es war das bezauberndste Fest meines Lebens. Wir danken Ihnen von Herzen. Ich werde mich revanchieren, sobald Sie unsere Werke im Westen besuchen kommen. Wir fahren jetzt in unser Hotel und fliegen morgen nach Hause. Vielleicht können wir zuvor noch mal telefonieren. Gott segne Sie! Auf Wiedersehen!«

Seiner Frau fiel ob der galanten Auflösung dieser bizarren Situation, wie sie später sagte, »ein Gebirge« vom Herzen. Mit einem angedeuteten Knicks hauchte sie ihr Danke und reichte dem Gastgeber ebenfalls die Hand.

Der erstarrte nun seinerseits für einige Augenblicke. Um ihn herum sein Gefolge, das Zeuge dieser Szene war; vor ihm diese Ausländer, die ihn öffentlich blamierten. Er sah die beiden Hände, die man ihm entgegenstreckte. Dann winkte er einen Diener herbei und befahl ihm, den eben geschlossenen Vertrag herzubringen. Der wurde ihm in einer kostbaren Mappe aus rotem, mit Ornamenten verziertem Leder überreicht. Bedächtig nahm der Orientale den Vertrag aus der Mappe und reichte diese dem Diener zurück. Mit langsamen, kraftvollen Bewegungen riss er das Schriftstück in Fetzen und warf sie den Gästen vor die Füße, drehte sich um und verließ mit seinem Anhang den Raum.

Das Paar stand ratlos in all dem Prunk, sah auf dem Boden die Überreste mühevoller Arbeit. Ein Bursche erschien und führte sie durch den Hinterausgang hinaus auf die Straße, damit sie sich ein Taxi ordern konnten.

Das Geschäft kam nicht zustande. Der reiche Mann hat sich nie mehr gemeldet.

Das Spannendste an diesem Bericht ist nicht, was sich ereignet hat, sondern wie Sie darauf reagieren.

Welche Gedanken kommen als erste?

Welche Gefühle regen sich?

Mit wem solidarisieren Sie sich?

Wem geben Sie recht?

Wie beurteilen Sie den Vorgang?

Welche Vorurteile fließen in dieses Urteil ein?

Ich bin sicher: Erzählt man diese Geschichte Menschen aus zehn verschiedenen Kulturen, so kommen sie zu mindestens fünf verschiedenen Meinungen, wobei die Reaktionen von Frauen und Männern sich noch einmal unterscheiden werden. Dies ist eine interkulturelle Geschichte, auf die wir interkulturell reagieren.

Wer hat recht? Entscheiden Sie sich, bevor Sie weiterlesen!

Diese Geschichte bedarf einer Erklärung.

1. Die Kultur des westlichen Managers

Frauen und Männer sind gleichberechtigt. Der Mann kann sich bei gesellschaftlichen Ereignissen von seiner Frau begleiten lassen. Die Würde der Frau ist unantastbar.

2. Die Kultur des orientalischen Gastgebers

Der Mann steht über der Frau. Bei geschäftlichen Anlässen haben Frauen nichts zu suchen. (Zumindest war es damals in diesem Land so.) Es ist grotesk und gegen alle Regeln, wenn ein Geschäftspartner seine Frau mitbringt.

In manchen Gegenden bieten Männer zu besonderen Anlässen ihre Frauen dem Gast oder dem Gastgeber für eine Nacht als Geschenk an. Das war auch am Schauplatz unserer Geschichte alte Tradition. In diesen Fällen wird das nicht angekündigt, sondern die Frau wird an Ort und Stelle übergeben. Andersherum: Wenn bei einem Anlass, der nur Männer angeht, ein Gast seine Frau mitbringt, wird das als Ehrengeschenk für den Gastgeber verstanden. Es wäre unhöflich, dieses abzulehnen.

3. Das Zusammentreffen der beiden Kulturen

Westliche und orientalische Kultur trafen hier aufeinander. Für den Investor muss es zuerst ein Affront gewesen sein, dass der westliche Gast in diese arabische Männerrunde seine Frau mitbringt. Da er annehmen durfte, dass ein so hoher Gast sich vor der Einreise über die Sitten im Gastland informiert hat (das gehört dort zum Respekt vor dem Gastgeber), kann er das Ereignis nur so deuten, dass die Frau als Gastgeschenk hier ist, also dass ihr Mann sie dem Gastgeber als Geste seines Respekts mitgebracht hat. Selbstverständlich muss er – der Gastgeber – nun seinerseits Respekt erweisen und das Geschenk einlösen, die Frau also zu sich einladen.

Für das westliche Ehepaar war diese Denkweise unbekannt und absurd. Sie verweigerten sich und schafften es, dafür eine elegante Form zu finden.

Für den Gastgeber war dies viel mehr als respektlos; es war eine unsägliche Demütigung. Vor all seinen Mitarbeitern und der Dienerschaft fühlte er sich hereingelegt. Einen ganzen Abend lang hofierte er diese Frau, die hier gar nicht hergehörte, um sie auf die gemeinsame Nacht vorzubereiten, auf die er sich natürlich gefreut hat. Dann zieht dieser »Weiße« mit ihr ab und macht ihn öffentlich zum Narren. Seine Ehre war geschändet. In alten Zeiten folgte darauf die sofortige Hinrichtung, um die Ehre wieder herzustellen.

4. Wer hat nun recht?

Beide haben recht und keiner hat recht. Wieder taucht die Frage auf: Wenn in einem Land ein Einheimischer mit einem Gast aus einer anderen Kultur mit anderen Sitten zusammentrifft, wer muss sich wem anpassen? Welche Tradition gibt den Ton an?

Meinung 1:

Der Gast muss sich anpassen. Das erfordert die Achtung vor dem Land, das er betritt. Das Ehepaar hätte sich also vor der Reise genau über die Sitten und Bräuche im Gastland informieren müssen, um nicht einen so törichten Fehler zu begehen. Die Frau hätte, wenn sie schon mitreist, sich während des Festaktes der Männer die Zeit anders vertreiben müssen.

Meinung 2:

Der Gastgeber muss sich anpassen. Es gehört zu seiner Gastfreundschaft, sich auf die Sitten des Gastes einzustellen oder zumindest gütig hinzunehmen, wenn der sich »falsch« verhält.

Wie stehen Sie dazu? Wer hat recht?

Wie immer Sie diese Frage beantworten: Sie tun es aus der Sicht Ihrer Kultur! Damit ist Ihre Antwort subjektiv und nicht allgemeingültig.

Besuch auf der einsamen Insel

Mit einem Schiff kam ich in Singapur an. Hier beschloss ich, mir einen Kindertraum zu erfüllen: mich auf eine einsame Insel aussetzen lassen und dort eine Woche alleine leben.

Ein Bekannter nannte mir ein Eiland (es hatte wirklich die Form eines Eies) im Indischen Ozean: Terkulai. Niemand wohnte dort. Man vermittelte mir einen Fischer, der mich mit seinem Boot hinüberbrachte. Ich besorgte mir mehrere Kanister Trinkwasser, Nahrung, Angelzeug, eine Machete, ein Feldbett, eine Zeltplane.

Als wir landeten, hatte ich keine Ahnung, ob der junge Mann mich jemals wieder abholen würde. Mit vielen Gesten machte ich ihm klar, dass ich erst nach der Rückfahrt zahlen werde. Das war klug, sonst könnte ich jetzt dieses Buch nicht schreiben.

Ich lebte wie Robinson. In der ersten Nacht wurde ich von meinem Lager weggespült. Ich hatte es am Abend am trockenen Strand unter einer Agave aufgeschlagen. Da ich hier die Gezeiten noch nicht kannte, wusste ich nicht, dass gerade Ebbe war und wie weit die Flut herankommt.

Ich erkundete die Insel. Aus Treibholz baute ich Tisch und Stuhl. So konnte ich mich an jedem beliebigen Ort niederlassen, essen, nähen, meine Ausrüstung reparieren, Tagebuch schreiben oder einfach nur sitzen, aufs Meer schauen und über mein Leben nachdenken. Dann wieder ließ ich mich im Ozean treiben oder angelte fürs Abendessen.

So vergingen die Tage. Mit den paar verwilderten Tieren hatte ich mich schnell angefreundet, nachdem ich ihnen erklärt hatte, wie hier jetzt die Reviere verteilt sind.

Mein mitgebrachter Proviant bestand aus Konserven und Brot. Ich ernährte mich aber vorwiegend von Fisch und Kokosnüssen. Die Palmen waren kirchturmhoch, die Nüsse so riesig, dass sie mit einem dumpfen Patsch um mich herum auf den Boden schlugen. Ich musste aufpassen. Versehentlich unter einem solchen Baum, eine Nuss auf den Kopf, aus! Die Nuss und ihr wunderbarer Saft machen einen Mann für den ganzen Tag satt.

Ich war hier ein Eremit. »Meine« Insel, niemand sonst. So weit das Auge reicht: Meer, blauer Himmel, sengende Hitze, dunkle Schatten, das ewige Spiel der Wellen. Mein Atem wurde eins mit dem Rhythmus des Ozeans. Er belebte mein Alleinsein. Ich selbst wurde zum Rhythmus: atmen, schreiten, Wellen. Mein Pulsschlag. Zum ersten Mal verstand ich, was meine Lehrerin Gerda Boyesen mit »ozeanischen Gefühlen« meinte. Ich, wer ist ich? Die Welt und ich waren eins. Hoffentlich kommt der Fischer nicht zu früh!

Ein heißer Mittag. Am Strand dösend höre ich Lachen und lautes Geschnatter junger Leute. Oh Gott! Eine Invasion? Räuber? Schiffbrüchige? Wie zum Himmel kommt jemand hierher? Das Land ist so weit weg, die Insel so klein. Außerdem gehört sie mir.

Sie entdeckten mich, stürmten auf mich zu und waren so verdattert wie ich. Eine Schulklasse indonesischer Kinder mit ihren Lehrern! Der jährliche Schulausflug zu einer der unbewohnten Inseln war für sie ein Riesenabenteuer, erzählten sie in gebrochenem Englisch. Stundenlang waren sie in den Booten unterwegs gewesen, hatten Navigieren gelernt und waren stolz, ans Ziel gekommen zu sein. Noch nie hätten sie hier einen Bewohner gesehen.

Sie suchten einen schönen Platz und machten ein

Feuer. Dann ging's los mit dem Inselmahl, ich als Ehrengast. Sie verwöhnten mich mit getrocknetem Fisch und Hühnchen, Kartoffeln, Gemüse, scharfem Curryreis, süßen Plätzchen. Ich servierte frische Kokosnüsse und deren »Milch«. Von der Hitze hatten alle Durst. Sie tranken gierig den kühlen Saft. Wir aßen mit den Händen, wie dort üblich.

Ein Mädchen spielte Gitarre, sie sangen ihre heimischen Lieder und bettelten, ich solle von meiner Heimat singen. Wir klatschten dazu, umarmten uns, tanzten barfuß im Sand. Die Stimmung wurde herzlich und ausgelassen.

Als meine Gäste aufbrechen mussten, um noch bei Tageslicht das Festland zu erreichen, waren wir Freunde geworden. Was für ein Abschied! Tränen flossen.

Dann wurde alles still, ich sank in eine große Einsamkeit.

Die Freude dieser Begegnung erfüllte meine weiteren Inseltage. Und an einem dieser Tage, als ich gerade im Ozean schwamm, kam der Fischer und holte mich ab.

Die Schweizerin und der Massai

Eine Schweizer Frau hatte einen Massai geheiratet und lebte in seinem Stamm in Afrika. Ihre Lebensgewohnheiten und Einstellungen passten hinten und vorne nicht zusammen: das Waschen, das Essen, die Kleidung, die Gebräuche, das Reden, der Sex – alles war verschieden. Sie bemühten sich sehr, sich dem Lebensstil des anderen anzupassen. Es wurde nichts. Sie machten viele Fehler, an denen keiner schuld war. Sie wurden wütend, eifersüchtig, schlugen sich und trennten sich.

Was lernen wir daraus? Schon »Liebe« kann in verschiedenen Kulturen Unterschiedliches bedeuten. Und ist man sich einig in der Liebe, muss man feststellen: Nicht alle, die sich lieben, eignen sich fürs Zusammenleben. Was kann helfen? Lasst euch sehr viel Zeit und redet über alles! Alles! Aber oft geht auch das nicht, denn jede Kultur hat ihre Tabus, über die man nicht spricht. (Wie die Geschichte »Mann, Frau, Ehre«, S. 150, sehr schön zeigt.) Oder man spricht, und die Wörter bedeuten Verschiedenes ... (Vgl. »Das falsche Wort«, S. 139) Interkulturelle Ehen haben es nicht leicht.

Der Journalist

Wann kennt man eine fremde Kultur? Wahrscheinlich nie ganz. Auch wenn ich mich noch so lange dort aufhalte, habe ich doch nie die jahrtausendealten Programme verinnerlicht. Ich habe als Kind nicht die vertrauten Geschichten dieses Mutterbodens gehört, die berührenden Worte mit ihrem besonderen Klang und Sinn. In meinen Zellen leben nicht die Erfahrungen und Mythen dieses Volkes, seine Blüten und Niederlagen. Ich habe nicht die Rhythmen jener Natur geatmet. Mein Körper ist nicht aus den Früchten dieses Landes geformt ... So bleibt mir verborgen, was die Seele und den Geist dieser Menschen im Innersten zusammenhält. Ich, der Fremde, kann nur anklopfen, mich annähern, staunen und schauen, was sich daraus ergibt. Das meine ich mit Respekt.

Ich bin viel gereist und habe viele Patienten aus fremden Kulturen behandelt. Ich würde jedoch nie sagen: Ich kenne diese Kultur. Das finde ich respektlos.

Nur Journalisten kennen alle Kulturen, auch wenn sie nie dort waren oder nur hineingeschnuppert haben. Aber sie nehmen sich das Recht, über all das Fremde zu urteilen.

Ich kenne einen Journalisten und Schriftsteller, der schreibt über alles, egal wie gut er es kennt. Neulich erzählte er mir aufgeregt: »Ich war fünf Tage in Istanbul mit einer Reisegesellschaft. Das war ganz toll. Wir waren in einem richtig türkischen Hotel und hatten eine sehr erfahrene Reiseführerin. Wir haben alle historischen Stätten besucht, die Architektur studiert und uns nächtelang über die Geschichte und Religion des Landes unterhalten. Ich fühle mich jetzt richtig voll informiert über die Türkei. Ich wusste immer nur Bruchstücke über dieses Land, jetzt kann ich endlich mitreden und darüber schreiben. Ich kenne mich aus.«

Die türkische Kultur ist neuntausend Jahre alt. Er war fünf Tage dort. Er kennt sich aus. So einfach ist das.

Wer arbeitet, soll auch mitreden!

Cem Özdemir stammt aus der türkischen Kultur und wurde 2008 zum Vorsitzenden der Partei Bündnis 90/ Die Grünen gewählt. So etwas geschah zum ersten Mal in Deutschland.

Dankbar widmet Özdemir diesen Erfolg seinen Eltern. Sie gehörten zur ersten Einwanderergeneration und waren Gastarbeiter in Deutschland. »Das sind jene, die hier vierzig, fünfzig Jahre geschuftet haben; die Arbeiten gemacht haben, die andere nicht machen wollten. Sie haben das Deutschland von heute mit aufgebaut. Das wird oft vergessen.«

Jetzt gestaltet ihr Sohn dieses Deutschland politisch mit. In seiner Antrittsrede sagte er: »Mein Wunsch ist, dass Herkunft irgendwann keine Rolle mehr spielt. Zählen soll nur, was der Mensch zu sagen hat.«

Ostern und Nevruz – ein interkulturelles Fest und sein journalistisches Nachspiel

In unserer Klinik gibt es eine Station für Patienten und Patientinnen aus anderen Kulturen, darunter etwa ein Dutzend Türken; dazu Therapeutinnen, Therapeuten und Pflegepersonal, die aus diesen Kulturen stammen. Infolgedessen ist die therapeutische Betreuung hervorragend – aber der Kontakt zwischen den Gästen leider nicht immer. Manche dieser Patienten pflegen sehr ihre Religion und Tradition, tragen Fez und Kopftuch, können nicht gut Deutsch und grenzen sich ab oder werden von Deutschen ausgegrenzt. Ich finde das schade.

Auf den Ostersonntag 2008 fiel zufällig auch der Frühlingsanfang und das orientalische Nevruz-Fest. Also organisierte ich in der Klinik ein gemeinsames Oster-Nevruz-Frühlings-Fest für Deutsche und die Leute aus anderen Kulturen, Mitarbeiter, Freunde und Gäste. Auch viele Kinder waren dabei. Wir waren siebzig Menschen.

Wir zelebrierten die Oster- und Nevruz-Rituale. Es gab Lichter, Feuer, Blumen, Düfte, christliche und islamische Gebete, deutschen Bändertanz und anatolische Spiraltänze, Ostereier und orientalisches Gebäck.

172

Ein Sprachgemisch wurde lebendig, das keiner verstand und doch jeder verstand aus den Augen und Gebärden und dem Ton der Stimmen. Kinder lachten miteinander, Menschen verschiedener Herkunft umarmten sich. Es entstand eine natürliche Nähe über die Kulturgrenzen hinweg.

Am Tag zuvor hatte eine deutsche Zeitung auf ihrer Titelseite eine große Karikatur gedruckt, die dazu angetan war, die Beziehung zwischen Christen und Muslimen zu beleidigen.

Diese Karikatur zeigte ich auf unserer Feier, um den Kontrast zwischen Gegeneinander und Miteinander bewusst zu machen. Es wurde aus Scham geweint. Am Schluss stand ein alter Türke auf, kam zu mir, umarmte mich, küsste mich auf die Wangen und sprach in gebrochenem Deutsch: »Danke! Danke, dass Sie uns Respekt erweisen! Danke, dass Sie mit uns tanzen! Wir sind glücklich.« Alle klatschten.

Das Fest endete mit einem heiteren Frühstück. Viele kamen sich noch näher, Bekanntschaften entstanden. Nach zwei Tagen kamen die türkischen Therapeutinnen zu mir und berichteten, wie begeistert ihre Patientinnen und Patienten von dem Fest erzählen: Sie fühlten sich sehr aufgenommen. Noch wochenlang bekundeten sie ihre Freude über dieses gemeinsame Erlebnis. Das Klima zwischen den auswärtigen und deutschen Gästen hatte sich verändert. Und nebenbei: Manche Therapien wurden unbeschwerter.

Nach dem Fest schrieb ich an jene Zeitung einen Leserbrief über unsere Veranstaltung und die Karikatur:

Wir haben miteinander geweint

Zu Ihrer Karikatur auf der Titelseite der FAZ vom 22. März: Diese Zeichnung beschämt mich tief als FAZ-Leser und Deutschen. Warum muss Ihre an sich seriöse Zeitung jetzt mitmachen beim Wettbewerb des Muslime-Beleidigens? (Das Bild zeigt einen Osterhasen, der von bewaffneten Taliban bedroht wird, J.S.) Jeder weiß, dass Taliban Muslime sind. Also entsteht die Assoziation im Kopf: Die Muslime bedrohen unser Ostern, also unser Christentum, also sind sie Terroristen. Diesen Funken Psychologie möchte man Ihnen zutrauen. Ihre Zeitung begibt sich hier auf ein sehr tiefes Niveau. Sie hilft mit, das Feuer der Ressentiments zu schüren. Wenn Muslime dann aufbegehren, zornig werden, dann tun die Zeitungen wie Unschuldslämmer: Wieso regen die sich auf? Wir haben doch Pressefreiheit! Die Pressefreiheit verkommt hier, wie bei den Mohammed-Karikaturen, zu der Freiheit, mit beliebiger Gemeinheit andere Religionen zu demütigen und Vorurteile zu schüren.

Ich habe als Christ am Sonntag mit Muslimen Ostern und Nevruz gefeiert und ihnen Ihre Karikatur gezeigt. Die Muslime und auch die Deutschen waren tief getroffen. Einer der Muslime stand auf, nahm mich in den Arm und wir weinten beide. Es tut so weh, wenn die Medien auf den religiösen Gefühlen anderer Kulturen herumtrampeln und das Freiheit nennen.

Wenn das Ihr intelligentester grafischer Beitrag zu Ostern ist, dann haben Sie nichts von Ostern begriffen und nichts von Anstand, Menschlichkeit und differenzierter Betrachtung im Umgang mit anderen Kulturen, also vom emotionalen Teil der Globalisierung. Wenn ein Deutscher eine ähnlich dämliche Karikatur über die Juden veröffentlicht, wird er verhaftet. Warum gilt nicht gleiches Recht für alle? Müssen wir erst Millionen Muslime umbringen, bis eine gesetzlich verordnete Moral uns zum Respekt zwingt?

Dr. Josef Schönberger

174

Daraufhin veröffentlichte die Zeitung eine Reihe weiterer Leserbriefe, die sich auf meinen bezogen. Teils stimmten sie mir zu, teils lehnten sie mich erbost ab – darunter der Brief einer Wissenschaftlerin:

Wer wegen der Karikaturen weint

Der Argumentation des Lesers Schönberger kann ich in keiner Weise folgen. (...) Dr. Josef Schönberger hat vermutlich nicht in den Fächern Politik-, Geschichts- oder Religionswissenschaften promoviert. (Sonst) wüsste er, dass das »Nevruz-Fest« genauso wenig mit dem Islam zu tun hat wie der Osterhase mit dem Christentum. (...) Aus welchem Grund hat der Verfasser des Briefes die Karikatur auf der gemeinsamen Feier gezeigt? Wollte er die Muslime zornig machen und die von ihm beschriebene »tiefe Betroffenheit« provozieren? (...) Die Taliban beschreibt er ganz zutreffend als Muslime. Diese sind jedoch weder harmlose Chorknaben und Pfadfinden noch um Integration bemühte, reformfreudige Bassam Tibis. Wie gefährlich die von Hasspredigern und Kriegstreibern ausgestreute Saat sein kann, wissen gerade wir Deutschen aus eigener Erfahrung. (...) Der Inhalt des Leserbriefes verletzt weniger meine religiösen Gefühle als meinen politischen und religiösen Verstand. (...) Wenn es um anschauliche Darstellung der Realität geht, trifft eben oft nur noch Galgenhumor den Kern. Ich hoffe, die Redaktion lässt sich durch einäugige und manchmal geradezu leichtfertig naive Leserbriefschreiber nicht davon abhalten, ihre vorzügliche Berichterstattung weiterhin mit dem Humor oft ganz ausgezeichneter Karikaturen zu würzen.

Dr. Brigitte Eschraghi

Dieser Briefschreiberin antwortete ich im Geist dieses Buches:

Guten Tag, Frau Doktor Eschraghi!
Jetzt stehen wir also beide in der Zeitung: ich mit meinem Leserbrief und Sie mit Ihrer Antwort darauf. Zwei Doktoren: Der eine lässt sich im Herzen berühren, die andere beruft sich auf die Promotion in drei Wissenschaften. Zwei Welten also: Hirn und Herz. Und so verschieden sind dann auch unsere Sichtweisen.
Sie gehen gar nicht auf die Tatsache ein, dass der nicht differenzierende Leser von zwei Taliban auf »die Muslime« schließt, die dann im Hirn über den Osterhasen zu »Feinden des Christentums« stilisiert werden, und schon ist wieder das Vorurteil gefestigt: »Muslime sind Feinde, und Terroristen sind sie sowieso. Also weg mit den Moscheen!«
Diese Denkkaskade erlebe ich jeden Tag. Das bewusste Spiel mit dieser Assoziationskette ist für mich die psychologische Infamie jener Karikatur (und der »Mohammed-Karikaturen«). Das scheinen Sie nicht zu erkennen, weil Sie offenbar glauben, der Rest der Leserwelt verfüge über Ihren wissenschaftlich-analytischen Verstand und gehe an solche Karikaturen akademisch heran.
Ihr Verstand, schreiben Sie, sei verletzt. Der Verstand! Können Sie sich denn vorstellen, dass viele gläubige Muslime ohne Promotion einfach Gefühle haben sowie den Wunsch, dass diese respektiert werden? Und dass diese Gefühle genauso verletzt werden können wie Ihr Verstand, nämlich dann, wenn diese Muslime unentwegt mit Taliban und Terroristen in einen Topf geworfen werden? Können Sie das nachfühlen?
Als Wissenschaftlerin werden Sie bestimmt wissen,

wie viele Muslime es auf der Welt gibt und wie viele davon Taliban und wie viele »islamistische Terroristen« sind. Dann wäre es doch ein konstruktiver Beitrag, wenn Sie schrieben:

»Liebe FAZ-Leser, der Anteil von Taliban und ›Terroristen‹ unter den Muslimen beträgt nullkommanull-null-x Prozent und ist nicht höher als der Anteil von Kriminellen und Terroristen unter den Christen. Der politische Terrorismus und die Folterungen des bekennenden Christen G. W. Bush und seiner christlichen Clique sind nicht weniger grausam als die Vergehen von Taliban. Dennoch wird dieser Amerikaner von unserer Kanzlerin beim Grillen auf die Wangen geküsst, von allen westlichen Staatsfrauen und -männern hofiert, und der Papst, der Hüter der Menschenliebe, lässt sich von dem Folterer am Flughafen abholen.

Und noch etwas, liebe Leser: Bevor an jenem 11. September die zwei Betontürme in Amerika umgeflogen wurden, haben westliche, christliche Länder jahrhundertelang Muslime gedemütigt, bekämpft, ihre Städte zerstört und weit mehr von ihnen umgebracht als die 3000 Toten in New York. Ganz abgesehen von den chronischen Bevormundungen der islamischen Welt durch unsere westlichen Länder bis auf den heutigen Tag. Was also ist Ursache und Wirkung?

Liebe Leserinnen und Leser, wir sind nicht die besseren Menschen. Und wir werden der Wirklichkeit nicht gerecht, wenn wir unentwegt mit einem Finger auf die anderen zeigen und die drei Finger nicht sehen, die dabei auf uns selber zeigen.

Weil aber, statistisch gesehen, die christlichen Terroristen und Folterer nicht die ›Christen‹ und die Taliban und die ›islamistischen Terroristen‹ nicht ›die Muslime‹ sind, mache ich einen Vorschlag: Lassen Sie uns diese Unfrieden stiftenden Verallgemeinerungen und Vorurteile sowie die dazu beitragenden Karikaturen beenden! Lassen Sie uns zu einer realistischen Sicht der Dinge zurückkehren: 99,99 % (oder mehr oder weniger, seien Sie gnädig mit dem Laien Schönberger!) der Christen und der Muslime sind keine Terroristen, Mörder, Folterer, Verbrecher. Lassen Sie uns aufhören, einen Teil für das Ganze zu halten! Lassen Sie uns auf beiden Seiten entschieden gegen das wehren, was Menschen schadet, und ansonsten das leben, was alle Religionen in den Mittelpunkt stellen: Achtung und Respekt vor den anderen Menschen, auch wenn sie uns fremd sind!

Ist nicht der größte Teil unserer Politiker und Journalisten christlich getauft oder zumindest vom christlichen Abendland geprägt? Dieses gründet auf der gelebten Botschaft Jesu. Und was ist seine Botschaft? Nun, genau dies: Habt Respekt voreinander! Bevor du dich mit dem Splitter im Auge deines Nachbarn beschäftigst, zieh den Balken aus deinem eigenen Auge! Versuche vor allem deine Gegner zu verstehen und zu achten in ihrem Sosein, denn Feindschaft hat noch nie ein Problem auf Dauer gelöst. Aug um Aug macht beide blind. Verstehen entspannt und schafft Vertrauen.

Liebe Leser, kommen Sie am Freitag um 19 Uhr zu einem gemeinsamen Essen der Muslime und Deutschen unseres Stadtteils und lassen Sie uns dort mehr darüber reden und auch tanzen!«

Wenn Sie so schrieben, Frau Doktor, dann würden Sie kraft Ihrer wissenschaftlichen Autorität zum Abbau der Vorurteile beitragen, die Hirne und Gemüter erreichen und Friedensarbeit leisten.

Aber lassen wir das! Ich werde Sie mit meinen Gedanken nicht erreichen, denn diese werden Ihren aka-

demischen Ansprüchen nicht gerecht. Sie sitzen nun mal auf Ihrem hohen wissenschaftlichen Ross und belieben von dort oben herab, mich für »einäugig« und »naiv« zu halten, weil ich nicht in Geschichte, Politik und Religion promoviert habe.

Um die Sache rund zu machen: Vielleicht interessiert Sie am Schluss doch auch mein Hintergrund: Ich bin Psychologe, leite die Körperpsychotherapie-Abteilung einer großen psychosomatischen Klinik und habe dort mit muslimischen Kolleginnen und Kollegen eine interkulturelle Therapiestation aufgebaut für Patienten aus anderen Kulturen, vor allem islamischen.

In den letzten elf Jahren habe ich sehr viele muslimische Menschen aus verschiedenen Ländern und Traditionen behandelt und längere Zeit begleitet. Dabei konnte ich tiefe Einblicke gewinnen in kulturelle Prägungen, Denk- und Fühlweisen, Lebenseinstellungen, Krankheiten, Sehnsüchte, Ängste und Stärken anderer Kulturen.

In der psychologischen Beratung und Therapie werden mir andere, tiefere, intimere Quellen des Verständnisses offenbart als im Alltag oder in der akademischen Psychologie und den Sozial-»Wissen«-schaften, in denen ich promoviert habe und für die nur Hirn-»Wissen« zählt.

Demütig bin ich geworden vor der Einsicht, wie wenig wir in der »Wissen«-schaft vom einzelnen Menschen wissen und wie wenig unsere Denkweise und unsere ganze Psychologie auf das Leben und die Probleme anderer Kulturen passen.

Ich galt unter Landsleuten als kompetenter und erfahrener Therapeut und musste dann erkennen, dass ich in der interkulturellen Psychologie wieder ganz am Anfang stehe. Ich muss mich immer wieder infrage stellen und sehr viel umlernen in diesen tiefen Begegnungen mit »den anderen«. Heute ist mir die westliche Arroganz, nur unsere Sicht- und Lebensweise sei die richtige, »fortschrittliche«, und daher müssten wir »denen« sagen, wie sie zu leben, zu wirtschaften und sich zu verhalten haben, unerträglich. Schaut man tief genug und mit Respekt, dann erkennt man: Keiner hat recht und jeder hat recht, und Achtung löst Probleme.

Vor allem lernte ich, dass die Basis aller Beziehungen, allen Verstehens und aller Problemlösungen mit Angehörigen anderer Kulturen (natürlich auch der eigenen) der Respekt voreinander ist. Ohne den geht gar nichts. Ohne ihn werden die Bemühungen und Beziehungen kopfig, kalt, akademisch, funktional. Damit erreicht man niemanden als Mensch.

Diese natürliche Achtung setzt eine sehr differenzierende Wahrnehmung sowie ein wohlwollendes, vertrauensvolles Einlassen auf diesen Menschen voraus, ohne eine Spur von Besserwisserei und Überheblichkeit. Das gelingt nur dem, der dazu fähig und willens ist. Für mich gilt daher der Leitsatz: »Die Integration der Kulturen findet in den Herzen der Menschen statt oder gar nicht.« Daneben halte ich Seminare und Fortbildungen über interkulturelle Psychologie und die Psychologie der Vorurteile, zusammen mit muslimischen Kolleginnen.

In diesem Geist fand in unserer Klinik die gemeinsame Osterfeier statt, von der ich in der FAZ berichtete. Deutsche und muslimische Patienten, Leitung und Mitarbeiter der Klinik sowie Freunde und viele Kinder nahmen teil. Zufällig fielen heuer Ostern und Nevruz auf denselben Tag. (Es ist doch völlig unerheblich, ob Nevruz ein amtliches Islamfest ist. In vielen islamischen Ländern wird es gefeiert, also hatte es hier seinen Platz. Menschliche Begegnungen müssen nicht wissenschaftlich begründet werden.)

Wir feierten ein Osterritual, die Türken leiteten dies

über in das Nevruz-Frühlingsfest, und schließlich tanzten all die vielen Menschen nach anatolischer Musik den von Muslimen angeführten Spiraltanz um das Osterfeuer. Danach gingen wir alle zum Osterfrühstück; die Kinder freuten sich an den bunten Eiern.

Okay, nun schießen Sie los, Frau Doktor: Was soll das alles? Das ist doch total unwissenschaftlich. Nevruz ist nicht typisch islamisch, Osterfeuer und Ostereier sind heidnische Relikte und keine christlichen Symbole, so wenig wie der Osterhase. Vielleicht war diese angebliche Feier nur eine subversive Art, wie der revolutionäre Islam die westliche Kultur vereinnahmt, und die unkritischen Deutschen sind naiv darauf hereingefallen ...

Wissen Sie, wie wir es erlebt haben: als ein Fest des Zusammenseins und Austauschens, des Verstehens und Teilens – und großer Dankbarkeit, vor allem seitens der Muslime, die sich einfach ernst genommen fühlten; eine Integration im Kleinen.

Da mir die Organisation dieses Rituals oblag, sprach ich auch über Integration, Vorurteile und Respekt. Dabei zeigte ich die Karikatur der FAZ. Dies hat dann die Reaktionen ausgelöst, von denen ich berichtete. Es blieb Ihrer Fantasie vorbehalten, ich hätte Ostern, ein Fest der Liebe, dazu missbrauchen wollen, in den Menschen Zorn zu provozieren!!

Ja, es wurde geweint, aus Scham und Schmerz (auch wenn Sie das für irrational und unprofessionell halten mögen!), so wie viel gelacht wurde aus Freude über das Fest, und auf Deutsch und Türkisch gebetet wurde um Respekt und Frieden.

Ich habe Ihnen das alles erzählt, weil mich Ihr Leserbrief zum Dialog anregte. Ich rechne nicht damit, dass ich Ihr Urteil – unwissenschaftlich, »naiv und einäugig« – beeinflussen kann. Sie plädieren für Galgenhu-

mor und weitere Karikaturen, worin Sie eine »vorzüg-
liche Berichterstattung« sehen.

Darum ende ich hier. Verzeihen Sie mir, dass ich un-
gefragt Ihnen so viel Text zugemutet habe. Es wird über
den Austausch hinaus wohl weiter nichts bewirken;
denn wir betrachten die Welt von zwei verschiedenen
Ebenen des Bewusstseins aus. Und damit trennen sich
unsere Spuren wieder, welche die Zeitung zusammen-
geführt hat.

Ich wünsche Ihnen alles Gute.

Gnadenlos deutsch

Kennen Sie den Film »Man spricht deutsch« mit Ger-
hard Polt? Oder haben Sie einen solchen Alptraum in
Wirklichkeit erlebt: deutsche Kleinbürger im Ausland!?
Gnadenlos Deutschland, Deutschland über alles.

In Tunesien ging ich mit einer Freundin in ein abgele-
genes Restaurant. Wir freuten uns auf die Kost des Landes. Im Vorraum saßen an die 20 Deutsche. Sie schrien
durcheinander, sie sangen »Das Wandern ist des Müllers
Lust« und konnten ein ganzes Liederbuch auswendig
grölen. Ein dicker Mann sagte zu dem dunkelhäutigen
Ober: »Nu bringen Sie mir mal ein schönes blondes Bier,
hahaha!« Es gab Wiener Schnitzel mit Kartoffelsalat,
noch mehr deutsche Lieder, Flirts mit den weiblichen Angestellten, Geschrei über deutschen Fußball, Spott über
hiesige Landessitten. Man spricht Deutsch.

Draußen: nackt am Strand, halbnackt in den Moscheen, bis zum Anschlag um Preise feilschend. Die
deutsche Zumutung. Die mutige Zudeutschung. Zeug-
nis einer Kultur.

Blinder Ratschlag

In unserer Klinik wurde eine türkische Patientin behandelt. Sie hat einen Mann und drei Kinder und spricht gebrochen Deutsch. Von den türkischen Therapeuten war zu diesem Zeitpunkt eine krank und einer in Urlaub. Also musste diese Patientin von einer deutschen Therapeutin behandelt werden. Diese kam gerade von der Universität, hatte noch wenig Erfahrung in der Psychotherapie und gar keine in der Arbeit mit Ausländerinnen. Sie trat sehr emanzipiert auf, war selbstbewusst und engagierte sich für Frauenfragen.

Während der Therapie offenbarte sich, dass diese Türkin oft von ihrem Mann geschlagen wurde und dadurch depressiv geworden war. Die deutsche Psychologin reagierte wütend. Sie sagte der Frau: »Sie sind nicht auf der Welt, um von einem Mann geschlagen zu werden. Sie haben das Recht, respektiert zu werden. Sagen Sie Ihrem Mann: Wenn er Sie noch einmal schlägt, dann verlassen Sie ihn!«

Die Türkin starrte ihre Therapeutin befremdet an und erwiderte: »Ich werde Mann sagen, aber nur wenn Sie bei Notar schreiben, dass Sie erziehen meine Kinder, wenn ich liege mit Messer in Rücken auf Straße.«

Daraus lernte ich, dass das, was für uns gilt, für andere noch lange nicht gelten muss. Und umgekehrt.

Ist Psychotherapie überhaupt möglich, wenn Therapeut und Patient aus unterschiedlichen Kulturen kommen? Oder ist das psychischer Kolonialismus?

Ein Finger und drei Finger

Ein altes Sprichwort sagt: Wenn ich mit einem Finger auf jemanden zeige, zeigen drei Finger auf mich.

Es gibt Ausländer, die schon lange in unserem Land leben und klagen: »Ihr integriert uns nicht.« Ich frage zurück: »Lasst ihr euch integrieren?«

In unserer Stadt leben Aussiedler aus russischen Gebieten und Asylanten aus vielen Ländern abgeschlossen in ihren Clans. Meine Familie und ich, Freunde, Bürgermeister, Ortspfarrer und andere haben jahrelang versucht, mit diesen Mitbürgern in Kontakt zu kommen. Wir luden sie ein zu gemeinsamen Festen, zu Weihnachten, Ostern, bunten internationalen Abenden, zum Essen in unsere Familien. Sie kamen nicht. Sie wollen unter sich bleiben – und klagen: Ihr integriert uns nicht.

Es gibt bei uns Einheimische, die meiden diese ausländischen Mitbürger, wo sie nur können, und beschweren sich: Die integrieren sich nicht.

Ich frage: Bist du schon einmal auf einen Ausländer zugegangen, hast ihn angesprochen, ihn gegrüßt?

Antwort: Wieso ich?

Wir zeigen gern mit dem Finger auf die anderen: »Die grenzen sich ab.« Und sehen nicht die drei Finger, die auf uns selber weisen: »Ich grenze mich ab.«

Wer soll den ersten Schritt gehen? Zum Annähern, Kennenlernen, Integrieren gehören immer zwei. Zwei gehen aufeinander zu. Einer macht den ersten Schritt. Es ist aufregend, den ersten Schritt zu tun. Also!

Der fremde Gärtner

Meine Mutter liebte ihren Garten über alles. Sie war schon achtzig Jahre und brauchte Hilfe. Mir wurde ein junger Jugoslawe empfohlen, der Arbeit suchte. Er sprach kaum Deutsch, ich hatte große Mühe, ihm zu erklären, was er tun sollte. Dennoch machte er das meiste falsch: riss den Schnittlauch aus und ließ das Gras stehen, nahm die falschen Werkzeuge und brauchte doppelt so lange; rauchte meiner Mutter die Bude voll, obwohl ich ihn gebeten hatte, das zu lassen. Schließlich stach er ein Beet um, das schon besät war.

Ich sagte ihm: »So geht das nicht. Sie machen das Gegenteil von dem, was zu tun ist, und ich kann mich mit Ihnen kaum verständigen.«

Da stieß er den Spaten in die Erde, lehnte sich darauf, zündete sich eine Zigarette an und sagte: »Wenn du mich brauchen, du lernen Jugoslawisch!«

Ich erwiderte: »Wenn Sie in Deutschland arbeiten, dann lernen Sie Deutsch!«

Ich gab ihm seinen Lohn und entließ ihn.

Begegnung in der Savanne

Mit dem Jeep fuhren wir von Caracas durch Venezuela über die Grenze Brasiliens nach Santa Elena zu den Goldwäschern. In der Wildnis kamen wir in einige Dörfer der Indios. Wir wollten sie kennenlernen.

Die Kinder rannten alle weg und kamen dann neugierig angepirscht, uns zu beobachten. Die Frauen riefen nach ihren Männern. Der Älteste begrüßte uns. Bald hatten alle zu allen Vertrauen. Wir zeigten Münzen und

Fotos von unserem Land. Sie zeigten uns Körbe, Flechtwerk und Schmuck von ihrem Land. Wir verständigten uns mit Stimme und Händen, die Indios sprachen mit den Augen und Händen und zupften an unseren Kleidern. Wörter verstand keiner.

Sie zeigten uns, wie man Maisbrei kocht. Dazu gab es Fisch, wir waren ihre Gäste. Wir zeigten ihnen, wie man fotografiert und wie ein Schweizer Taschenmesser funktioniert. Sie waren hin und weg von so viel Werkzeug in einer Hand. Wir schenkten ihnen eins. Sie schenkten uns besonders geartete Körbe und Muscheln.

Später durften wir ihre Hütten besuchen und sie durften in unserem Auto mitfahren. Sie zeigten uns, wie sie am Fluss die Wäsche waschen und auf die Steine schlagen. Wir demonstrierten ihnen das kleine Diktiergerät, auf dem sie sich selbst hören konnten. Das löste bei den Kindern Gekreisch aus, sie balgten sich, weil jedes sich zuerst hören wollte.

In einer Hütte waren wir zum Kaffee geladen, dazu gab's Bananen vom Strauch. Dann brachte man uns zu einer Hütte am Wasserfall. Darin lag auf einem erhöhten Strohbett eine ältere Frau mit einer offenen Wade. Die Wunde war schlimm, an manchen Stellen konnte man den Knochen sehen. Das Fleisch war blau und grün, Fliegen saßen daran. Die Leute schauten uns flehend an, redeten durcheinander und zeigten fortwährend auf das kranke Bein.

Ich packte meine berühmte Reiseapotheke aus – berühmt, weil exquisit ausgestattet –, reinigte und versorgte die Wunde. Die Frau streichelte den großen Verband und hieß mich hinunterbeugen, damit sie mich umarmen konnte.

Inzwischen waren an die 50 Leute versammelt, freundlich und zutraulich. Wir kamen aus zwei Welten und waren uns so nahe gekommen wie in einer Familie. Eine Mutter legte ihr Baby auf Ingeborgs Arme. Das Kind schaute die neue »Tante« aus weiten, braunen Augen an und lachte.

Der Mann im Zug

Die folgende Geschichte schickte mir ein Freund. Sie stammt aus Terry Dobsons Buch »Giving in to Get Your Way«. Ich gebe sie hier etwas verkürzt wieder.

Der Zug ratterte an einem verschlafenen Frühlingsnachmittag durch die Vororte von Tokio. An einer Haltestelle öffneten sich die Türen, und plötzlich wurde die Nachmittagsruhe von einem Mann gestört, der unverständliche Flüche brüllte. Er stolperte in unser Abteil.

Er war von kräftiger Gestalt, betrunken und schmutzig und trug Arbeiterkleidung. Brüllend holte er zum Schlag gegen eine Frau aus, die ein Baby im Arm hielt. Der Stoß schleuderte sie gegen ein sitzendes älteres Ehepaar. Entsetzt sprang das Ehepaar auf und hastete ans andere Ende des Wagens. Der betrunkene Arbeiter wollte der flüchtenden alten Frau noch einen Tritt verpassen, aber sie war ihm glücklicherweise schon entwischt. Dies machte ihn so wütend, dass er nach einer Haltestange in der Wagenmitte griff und versuchte, sie aus ihrer Verankerung herauszureißen. Die Passagiere waren starr vor Angst.

Ich stand auf. Ich hatte die letzten drei Jahre jeden Tag ungefähr acht Stunden mit Aikido-Training zugebracht. Das Problem war, dass meine Fähigkeiten noch

187

nie in einem echten Kampf erprobt worden waren. »Jetzt ist es so weit«, sagte ich zu mir. »Hier sind Menschen in Gefahr. Wenn ich nicht schnell eingreife, wird wahrscheinlich jemand verletzt werden.«

Als der Betrunkene mich aufstehen sah, brüllte er: »Ah, ein Ausländer! Du brauchst wahrscheinlich eine Lektion in japanischen Umgangsformen!«

Ich sah ihn voller Abscheu und Verachtung an. Ich hatte vor, diesem Rohling ein für alle Mal zu zeigen, was Sache war, aber er musste den ersten Schritt tun. Ich wollte ihn provozieren, und so spitzte ich die Lippen und warf ihm einen Kuss zu.

»Okay!«, brüllte er, »ich werde dir mal eine kleine Lektion erteilen.« Er sammelte sich, um mich anzugreifen.

Bevor er sich in Bewegung setzen konnte, rief jemand: »Hey!«

Der Ruf berührte alle Anwesenden bis ins Innerste ihrer Seele. Ich erinnere mich an den seltsam fröhlichen, schwungvollen Klang – »Hey!«

Unser beider Blicke fielen auf einen kleinen alten Japaner. Der musste über siebzig sein, dieser kleine Herr, der untadelig adrett in seinem Kimono dasaß. Er nahm keine Notiz von mir, aber er strahlte den Arbeiter erfreut an.

»Kommen Sie her«, sagte der alte Mann und winkte den Betrunkenen heran. »Kommen Sie her, und sprechen Sie mit mir!«

Der große Mann näherte sich ihm, als würde er von einem unsichtbaren Faden gezogen. Er stampfte vor dem alten Herrn provozierend mit dem Fuß auf und brüllte: »Verdammt noch mal, warum sollte ich mit Ihnen reden?«

Der alte Mann strahlte den Arbeiter immer noch an. »Was haben Sie denn getrunken?«, fragte er, und seine Augen leuchteten wohlwollend.

»Ich habe Sake getrunken«, brüllte der Arbeiter zurück, »und das geht Sie überhaupt nichts an.« Er brachte das so heftig hervor, dass er den alten Mann mit seinem Speichel besprühte.

»Oh, das ist ja wunderbar!«, erwiderte der Alte. »Wissen Sie, ich mag Sake auch sehr gern. Jeden Abend wärmen meine Frau und ich eine kleine Flasche Sake und nehmen sie mit in den Garten. Dort setzen wir uns auf unsere alte Holzbank. Wir schauen den Sonnenuntergang an und sehen nach, was unser Dattelbaum macht. Mein Großvater hat den Baum gepflanzt, und wir hoffen sehr, dass er sich von den eisigen Stürmen des letzten Winters wieder erholen wird. Es ist schön, ihn anzuschauen, wenn wir im Garten sitzen, den Abend genießen und unseren Sake trinken.« Er schaute den Arbeiter an und zwinkerte ihm freundlich zu.

Während der Betrunkene sich darum bemühte, der Erzählung des alten Mannes zu folgen, entspannte sich sein Gesicht. Nach und nach öffneten sich seine Fäuste.

»Ja«, sagte er, »ich liebe Dattelbäume auch sehr.« Er verstummte.

»Ja«, sagte der alte Mann lächelnd, »und ich bin sicher, dass Sie eine wunderbare Frau haben.«

»Nein«, erwiderte der Arbeiter, »meine Frau ist gestorben.«

Ganz leise, mit der Bewegung des Zuges schaukelnd begann er zu schluchzen. »Ich habe keine Frau. Ich habe kein Zuhause. Ich schäme mich so sehr.« Tränen rollten ihm über die Wangen. Ein verzweifeltes Zucken schüttelte seinen Körper.

Plötzlich fiel es mir wie Schuppen von den Augen. Wie ich so in meiner naiven Selbstgerechtigkeit dastand, fühlte ich mich schmutziger als dieser Mann. Ich hörte den alten Mann voller Mitgefühl mit der Zunge schnalzen. »Oh je«, sagte er, »das ist in der Tat eine schlimme Situation. Setzen Sie sich hierher und erzählen Sie mir mehr darüber.«

Der Arbeiter lag auf dem Sitz ausgestreckt, sein Kopf ruhte auf dem Schoß des alten Mannes. Der alte Mann strich sanft über sein dreckiges, verfilztes Haar.

Was ich mit Gewalt und Muskelkraft hatte erreichen wollen, hatte ohne Mühe die Liebe erreicht.

Wie besucht man jemanden?

Ich habe viele Freunde, und wenn zwei sich treffen wollen, läuft immer das gleiche Spiel ab. Einer ruft an und sagt: »Wann können wir uns sehen?« Am anderen Ende der Leitung folgt dann meist eine Pause oder der Gesprächspartner sagt »Augenblick!«. Dann hört man Papierrascheln. Man blättert im Terminkalender. »Also, am Dienstag geht's nicht, am Mittwoch, Moment, nein, höchstens um sieben oder doch besser am Freitag, oder wie wär's am Montag drauf, da hätte ich vielleicht Zeit, wenn Yoga ausfällt. Sonst besser am Donnerstag oder so ...«

Eine Freundin von mir kommt aus dem Orient und lebt jetzt in meiner Nähe. Ich fragte mich oft: Wieso reagiert sie so verhalten, wenn ich sie anrufe und höflich wissen will, wann ich kommen darf? Als ich sie darauf ansprach, erklärte sie mir, dass dies eine Kränkung sei.

Eine Kränkung?

Ja, denn in ihrer Heimat habe der Gast absoluten Vorrang. Keiner melde sich dort an, man komme einfach. Es gehöre zur Ehre jeder Familie, auch jedes Alleinlebenden, dass man immer auf Gäste vorbereitet ist.

Sei die Wohnung noch so klein oder ärmlich, irgendein Zimmer oder wenigstens ein Tischchen wäre immer gerichtet für die Bewirtung spontaner Gäste, und die seien immer willkommen.

Wenn nun jemand anruft und fragt, ob und wann er kommen darf, vermittelt er den Eindruck, als zweifle er daran, dass die Gastgeberin jederzeit für ihn bereit sei; als wolle er ihr die Peinlichkeit ersparen, die Wohnung nicht ordentlich aufgeräumt zu haben, keinen Kaffee oder Tee oder Gebäck bereitzuhalten. Er wolle also durch seine Ankündigung der Gastgeberin die Möglichkeit geben, noch schnell Ordnung zu schaffen. Und das sei ehrenrührig, eine kleine Demütigung.

Seitdem besuche ich diese Freundin unangemeldet, um sie nicht zu verletzen. Sie ist glücklich darüber. Ich auch, es ist so unkompliziert.

Aber das mache ich nur bei der orientalischen Freundin. Bei meinen Landsleuten melde ich mich brav an, die erwarten das auch. Ich werde mich hüten, da einfach aufzutauchen und mir anzuhören: »Ah, grüß dich, das ist aber eine Überraschung! Schön, dass du vorbeikommst. Ich hab leider gar nichts daheim, magst ein Wasser? Entschuldige, dass ich nicht aufgeräumt habe, ich bin so im Stress, also schau nicht so genau hin ...«

Wie angenehm ist es dagegen, bei jener Freundin anzukommen!

»Oh, wie schön, dass du mich besuchen kommst! Das ist eine Überraschung. Komm, wir setzen uns da! Erzähl mal, wie es dir geht! Dann mache ich uns einen Tee ...« Ihre Verwandten sind genauso. Die orientalische Gastfreundschaft tut mir gut.

Übrigens ist mir aufgefallen, dass viele meiner Landsleute zueinander sagen: »Schau doch mal vorbei.« Meine orientalischen Freunde sagen: »Komm doch mal zu mir!«

Wo liegt hier der Unterschied? Ich glaube, wer vorbeischaut, kommt nie richtig an. Schade!

Ich erzählte diese Geschichte meiner Freundin Ina, einer Österreicherin. Sie sagte:»Das mit dem unangemeldeten Besuch würde ich nie machen. Das finde ich respektlos. Ich kann doch nicht einfach hereinplatzen, ohne zu fragen, ob der andere das will. Da bin ich aber froh, dass ich nicht im Orient lebe.«

Wer hat nun recht? Jeder? Keiner? Das ist doch egal! Es ist so, wie es ist, da und dort.

Eine Woche später – ich bin mit niemandem verabredet – klingelt es plötzlich an meiner Tür. Wer steht da? Ina! Sie schaut ein wenig schüchtern und sagt:»Ich wollte dich gern sehen und mal ausprobieren, wie das ist, wenn ich spontan und unangemeldet komme. Darf ich reinkommen?«

»Ja, komm! Wie schön, dass du mich besuchst!«

Wir trinken Kaffee.

Neulich hatte ich in der Nähe ihres Hauses zu tun und klingelte bei ihr.

«Ja, bitte?«

»Hallo Ina, ich bin gerade in deiner Gegend. Hast du Lust auf ein Eis?«

»Ja, toll! Ich komme!«

Man lernt etwas Neues, indem man es tut.

Der Vorteilsmensch

Beim Einkaufen auf dem Bauernmarkt in Österreich traf ich meinen Freund Hans. Er spielt in seiner Kirche die Orgel und denkt viel über »Ausländer« nach. Die mag er nicht besonders. Deswegen begann er auch gleich in seiner blumigen Sprache: »Hast du einen Moment Zeit? Ich habe großen Hunger und Durst nach einer Antwort auf meine brennende Frage.«

»Und die wäre?«

»Was ist der Vorteil von Multi-Kulti in unserer Gesellschaft?«

Der Wortlaut dieser Frage verblüffte mich. Ich schwieg und ließ sie langsam in meinem Gehirn schmelzen. Was geht in einem Menschen vor, der diese Frage stellt?

Hans drängte: »Weißt du eine Antwort?«

»Es gibt keine.«

»Wie, es gibt keine?«

»Ich weiß nicht, was Multi-Kulti ist. Ein Aperitif? Ein Gartengerät? Eine ...?«

»Quatschkopf! Ich meine das Einbürgern von immer mehr Ausländern in unser Land. Was hat das für einen Vorteil?«

Jetzt verstehe ich, was mich so irritiert.

»Wieso Vorteil? Betrachtest du denn alles im Leben nach deinem Vorteil?«

»Du nicht?«

»Nein.«

»Sondern?«

Ich wechsle das Thema: »Du bist doch ein Christ, oder?«

»Ja.«

»Was ist dein Fundament als Christ?«

»Die Lehre des Jesus.«

»Was sagt der zum Umgang mit Ausländern?«

»Man sollte sie erst mal respektieren.«

»Dieses Wort hat der nie benutzt.«

»Er nennt es Liebe.«

»Ah! Und welchen Vorteil hat das Lieben?«

Hans schweigt.

Zu Gast bei Vivian

Mit dem Fahrrad fuhr ich durch Ceylon. Im Ozean harpunierte ich Fische zum Abendessen, im Norden besuchte ich die Teegärten, entlang dem Holländischen Kanal traf ich im Urwald entlegene Dörfer und wurde freundlich empfangen. Ich schenkte und wurde beschenkt, kleine Freundschaften entstanden, denn die große Welt ist doch recht klein, wenn wir uns öffnen.

Bei Negombo saß ich oft am Meer und schaute der untergehenden Sonne zu. Kinder spielten Ball. Der Ball war eine Kokosnuss. Ich musste mitspielen.

Einmal fuhr ich durch einen kleinen Ort. Als ich an einer Palmenhütte vorbeikam, stieg gerade eine junge Frau aus dem Wassertümpel, in dem sich die Bewohner zu baden pflegen, und winkte mir zu. Ich fuhr zu ihr hin und stieg ab. Sie hatte eine Art Sari um ihren Körper geschlungen und tropfte. Sie drückte ihr Haar aus, kam zum Zaun und lachte mich an. Da standen wir uns nun gegenüber: der junge Deutsche und die junge Singhalesin, beide wenig bekleidet, und strahlten uns an.

Komm rein, winkte sie. Ich trat durchs Gartentor und begrüßte sie.

Sie nennt mir ihren Namen – Vivian – und ich nenne

194

meinen. Nun ruft sie ein anderes Mädchen herbei, ihre Schwester Sunila. Lachend führen sie mich an einen kleinen Tisch im Garten, bringen mir Kaffee, eine Banane und ein paar Stücke Kokosnuss. Wir reden und lachen und verstehen kein Wort, dafür aber alles, was die Körper sprechen.

Auf einmal tritt aus der dunklen Öffnung der Hütte eine große, sehr schlanke, äußerst stolze Frau und wird mir als die Mutter vorgestellt. Was für schöne Frauen! Sie scheinen mich zu mögen, denn sie lassen mich nicht weiterziehen. Sie interessieren sich für meine Hautfarbe, mein Fahrrad und alles, was ich im Gepäck habe. Sie zeigen mir ihre Hütte, den Garten, die Kokospalmen und stellen mir alle Nachbarn vor. Es entsteht eine lustige und warmherzige Atmosphäre.

Man bietet mir in der Nähe eine Hütte zum Schlafen an und weckt mich am Morgen zum Frühstück: Tee, Bananen und Fisch.

Woher der Fisch? Vom Bruder! Da kommt er auch schon und stellt sich vor. Er ist Fischer. Er nimmt mich mit auf seinem Katamaran in die Blaue Lagune, ganz in der Nähe. Lange sind wir draußen, fangen viel Fisch. Der schmeckt am Abend zu Hause.

So gehen die Tage dahin. Vivian und ich gelten im Dorf offenbar als Freundespaar, denn alle begrüßen uns besonders herzlich.

Der Abschiedstag fällt uns schwer. Von überall her kommen Leute, die Kinder wollen immerzu meine helle Haut berühren. Man bringt mir Kokos und Bananen als Wegzehrung. Einige Frauen streifen ihre bunten Armbänder ab und schenken sie mir zur Erinnerung. Es ist ein aufregendes Hin und Her. Vivian und ich sind traurig, denn wir haben uns liebgewonnen. Wir überspielen das und lachen. Als ich schließlich mit dem Fahrrad losfahre, laufen die Kinder eine weite Strecke hinter mir her und rufen mir viele Dinge nach. Schade, dass ich es nicht verstand, aber Freunde bleiben auch ohne Worte in Erinnerung.

Töten für die Ehre

Mein Freund Martin ist Pfarrer, ein kleiner Revoluzzer. Er mag Vorurteile nicht. Er spürt ihnen regelrecht nach, bei sich und bei anderen, und wenn er welche aufdeckt, freut er sich wie ein Kind. Nicht mit Häme und Kritik, sondern mit echter Genugtuung, weil er dadurch der Wahrheit näherkommt. Martin ist ein Wahrheitsfreund, und Vorurteile betrachtet er als Hindernisse auf dem Weg zur Wahrheit.

Daher liebt er es, sich mit Menschen zu treffen, gegen die Vorurteile bestehen: Punker, Aids-Kranke, Obdachlose, Ausländer, Schwule. Mit diesen Menschen redet er stundenlang. Er will erfahren, wie sie denken und fühlen und warum sie so sind, wie sie sind. Er sagt ihnen, wie er denkt, fühlt und handelt. So lernt er Hintergründe und Urteile kennen und entlarvt so manches Vorurteil bei sich und den anderen. Seine Gesprächspartner scheinen diese Form der Auseinandersetzung zu mögen, denn auch sie suchen den Kontakt mit ihm. Manchmal, wenn ich gerade in seiner Stadt bin, nimmt er mich mit.

Diesmal sind wir in einem Café mit zwei arabischen Männern verabredet, die ein paar Monate lang hier beruflich zu tun haben. Die Unterhaltung findet auf Englisch statt. Es geht um dieses und jenes.

Dann kommt die Rede auf ein türkisches Mädchen,

das ein paar Tage zuvor in einer anderen Stadt auf offener Straße erschossen worden war. Die junge Frau hatte ein Verhältnis mit einem Deutschen. Ihre Familie verbot ihr das. Sie ließ nicht von ihrem Freund, auch als der Druck der Familie zunahm. Dann hat der Familienrat beschlossen, dass sie die Ehre der Familie beschmutze und daher sterben müsse. Der jüngste Bruder hat sie getötet.

Martin zeigt seine Betroffenheit über diese Tat und fragt die beiden Männer nach ihrer Meinung. Das hätte er besser nicht getan, denn jetzt geht's zur Sache.

Die Männer erklären uns zuerst, was in ihrer Kultur Ehre bedeutet und warum sie so wichtig ist. Dann bestätigen sie, dass die Verletzung der Familienehre unbedingt bestraft werden müsse, weil sonst die Familie in ihrem sozialen Umfeld jedes Ansehen verliere, und das sei schwer zu überleben. Wenn die Person, die die Ehre verletzt – das sei normalerweise eine Frau –, auf die Strafe hin sich nicht bessert, müsse sie notfalls getötet werden, um die Ehre der Familie wiederherzustellen. Dies sei in ihren Familien auch schon geschehen. Der Täter käme zwar dann ins Gefängnis, doch auch das sei Ehrensache, und nach seiner Entlassung werde er von der ganzen Sippe als aufrechter Ehrenretter gefeiert. So sei es Tradition.

Damit hatte Martin nicht gerechnet. Es verschlägt ihm den Atem und er starrt die beiden an. Dann findet er wieder Worte. Ich spüre, wie er gerade noch die Fassung bewahrt und langsam auf eine Explosion zutreibt.

»Warum tun Sie das?«, fängt er an. »Ich achte Ihre Geschichte, Ihre Tradition. Aber Sie haben eine Religion und einen Gott. Gott schafft das Leben und Sie töten es. Sie vernichten Gottes Schöpfung. Wegen Ihrer Ehre!«

Einer der Männer erwidert: »Wir halten uns an die Gesetze unserer Religion. Wenn eine unserer Frauen mit einem Ungläubigen die Familienehre verletzt ...«

»Ungläubige!«, fährt Martin dazwischen. »Was ist das? Sie glauben wohl, Sie haben den einzigen Glauben auf der Welt und die Wahrheit gepachtet, und wer das nicht glaubt, der ist für Sie ungläubig. Vielleicht hat jener Mensch einen ganz tiefen Glauben, so tief wie Sie, nur einen anderen! Das zählt für Sie nicht. Sie nennen ihn nicht andersgläubig, sondern ungläubig und damit unehrenhaft. So einfach ist das. Wie arrogant! Das ist ja wie bei uns Christen zur frühen Missionszeit. Die haben auch Leute umgebracht, die sich nicht taufen ließen und die sie deswegen Heiden nannten. Ekelhaft.«

»Unsere Ehre ...«, will der andere fortfahren, doch Martin ist nicht zu bremsen, er unterbricht ihn: »Ihre Ehre, Ihre Ehre! Was ist Ihre Ehre? Meine Ehre ist, am Leben zu sein, auf der Welt zu sein, was zu essen zu haben, Frau und Tochter zu haben, einen Gott zu haben – einen Gott der Liebe, wie Sie sagen. Aber Sie haben keine Liebe, darum basteln Sie sich eine Ehre. Sie haben keine Achtung vor dem Leben, darum gieren Sie nach Ehre. Ihre Ehre sehen Sie darin, dass Ihre Frauen nach Ihrer Pfeife tanzen. Heiraten Sie doch mal europäische Frauen! Das sind Wildpferde, die sich öffentlich zeigen, wie sie sind, und die Sie nicht dressieren können, sondern um die Sie kämpfen müssen. Da lernen Sie Mann sein! Was Sie Ehre nennen, ist Egoismus, Lieblosigkeit, Rachsucht. Sie treten die Ehre Ihres Gottes mit Füßen. Soll Gott Sie für seine Ehre töten? Nein, er liebt Sie. Aber Ihnen ist die Ehre wichtiger als die Liebe und das Leben. Sie töten beides für die Ehre, ha, was für ein Witz! Wie kann Mord der Ehre dienen?!«

Ich habe meinen sonst recht besonnenen Freund

noch nie so rasend erlebt. Spricht hier der Pfarrer oder der Mann oder der Vater seiner schönen 20-jährigen Tochter?

Mir wird mulmig. Ich kenne die Mentalität orientalischer Männer. Es könnte eskalieren, denn Martins Worte rühren hart an die Grenze ihres Ehrgefühls. Oder hat er sie schon überschritten?

Ein wenig ängstlich schaue ich die beiden Männer an. Sie nippen an ihrem Kaffee und wirken erstaunlich gelassen, fast ein wenig amüsiert.

Nun wendet sich einer an mich: »Sie sind so still. Sehen Sie das auch so wie Ihr Freund?«

»Ja. Wissen Sie, ich bin Psychologe und arbeite viel mit Menschen aus anderen Kulturen. Ich begegne oft dem Leid der unterdrückten Frauen.«

»Ein interessanter Beruf.« Er lächelt. »Glauben Sie, dass Sie das Innenleben der orientalischen Männer und Frauen wirklich verstehen?«

Das trifft. Mir wird komisch.

»Ja, nach über zehn Jahren, ich meine – naja, wirklich verstehen wird man wohl nie ganz, wenn man eine andere Erziehung hat, aber die Leute kommen nun mal zu mir.«

»Sie kommen zu Ihnen, weil sie mit ihrer Tradition hier in Deutschland nicht zurechtkommen, stimmt's?«

»Meistens, ja.«

»Liegt das nun an deren Tradition oder an Ihrer Tradition?«

Die Frage ist mir unangenehm. Alle schweigen und trinken Kaffee. Der andere Araber nimmt den Gesprächsfaden wieder auf.

»Psychologe sind Sie. Ihr Vater ist bestimmt stolz auf Sie.«

»Mein Vater ist tot.«

Schweigen.

»Das tut mir leid. Schon lange?«

»Er starb, als ich drei war.«

»Oh! Autounfall?«

»Nein, er fiel im Krieg.«

»In welchem Krieg?«

»Im Zweiten Weltkrieg.«

»Im Hitler-Krieg?«

»Ja, in Russland.«

Die beiden Männer schauen sich an.

»Ehrenmord«, sagt der andere.

»Wie bitte?«, rufe ich entsetzt.

Er sagt nachdenklich: »Wenn bei uns ein Mann in einem Krieg stirbt, dann bekommt seine Frau einen Brief von den Kriegsherren oder irgendeinem General, dass ihr Mann für die Ehre seines Landes gestorben sei.«

Das wühlt mich auf, denn ich hatte vor Kurzem unsere Familiendokumente geordnet und dabei einen Brief genau dieses Inhalts von einem General an meine Mutter gefunden.

»Einen solchen Brief haben wir auch. Ein General Hitlers teilte meiner Mutter mit, dass ihr Mann, mein Vater, den Heldentod für das deutsche Vaterland gestorben ist.«

Halblaut sagt er: »Ein Held ist man, wenn man die Ehre vertcidigt. Heldentod ist Ehrentod.«

»Ja.«

»Also hat Hitler, weil er diesen Krieg befahl, an Ihrem Vater einen Ehrenmord begangen. Ausgeführt hat ihn zwar ein anderer, ein sogenannter Feind, in diesem Fall ein Russe. Aber der war ebenfalls gezwungen, von der Ehre seines Landes. Ihr Vater und sein Mörder hatten wahrscheinlich gar nichts gegeneinander, vielleicht hätten sie gern ein Bier miteinander getrunken. Aber ihre Führer haben sie wegen der Ehre des Landes aufeinander gehetzt, und der eine, Ihr Vater, ist für diese Ehre als Held gestorben. Wer weiß, vielleicht dieser Russe auch.«

Ich spüre Trauer und Wut in mir aufsteigen. Warum muss der mir das hier sagen? Ich habe seit meiner Kindheit schon oft damit gehadert, dass irgendein verrückt gewordener »Führer« mir wegen irgendeiner abstrakten »Ehre«, mit der ich nichts zu tun habe, meinen geliebten Vater nahm. Jetzt weiß ich nicht, was ich darauf sagen soll.

Der Araber legt sanft seine Hand auf meinen Arm. »Entschuldigen Sie, wenn ich noch einen Schritt weiterdenke! Wenn Ihr Vater, rein theoretisch mal angenommen, in diesem Krieg nach dem Gesetz des Führers auch einen Feind getötet hätte – ich sage nur, wenn –, dann wäre auch das ein Ehrenmord, oder? Würden Sie das so sehen?«

Ein Stich fährt in mein Herz. Ich bin empört. »Ja, verdammt, ich würde das so sehen«, äffe ich ihn nach. »Ja, es stimmt. Und das tut weh. Und ich will das nicht. Mein Vater ist kein Mörder!«

Ich bin bestürzt. Was regt mich so auf? Unfreundlich bestelle ich Kaffee und starre auf den Boden. Nach einer Weile schaue ich dem Araber in die Augen. »Worauf wollen Sie hinaus?«

Er schaut zu mir, dann zu Martin. »Wir haben uns doch getroffen, um über Urteile und Vorurteile zu reden?«

Martin blickt wie ein Fragezeichen.

Der Araber fährt fort: »Ich möchte Sie nur, wenn Sie erlauben, daran erinnern, dass Ihr Land noch vor wenigen Jahrzehnten um eine Ehre kämpfte, der mehr Menschen zum Opfer fielen als der Ehre im ganzen Orient. Die sogenannten Ehrenmorde der Araber, Türken usw., von denen Ihre Zeitungen berichten, beruhen auf dem Ehrbegriff unserer Traditionen. Solche Tötungen aus Ehre betreffen, wie Sie lesen, immer einzelne Familienmitglieder, nie ganze Gruppen wie bei der italienischen Mafia, oder eine ganze Rasse wie bei Hitler. Die Summe solcher sogenannter Ehrenmorde bei uns beträgt im Jahr etwa fünftausend.«

Er macht eine Pause und trinkt Kaffee. Dann spricht er weiter: »Dem Ehrbegriff, der den Hitlerkrieg auslöste und der Ihren Vater das Leben kostete, fielen sieben Millionen Menschen zum Opfer. Das sind sieben Millionen Ehrenmorde in sechs Jahren – fast dreißigmal so viel wie die von Ihnen kritisierten Familienehrenmorde bei uns in fünfzig Jahren.« An Martin gewandt sagt er freundlich: »Es gibt doch in Ihrer Religion ein Sprichwort: Du siehst einen Splitter im Auge eines anderen, aber den Balken in deinem Auge siehst du nicht.«

Ich feixe verärgert: »Das lässt sich doch gar nicht vergleichen, eine vom Bruder erschossene Türkin und die Toten im Krieg!«

Er schaut mir direkt in die Augen. »Warum nicht?«

Mir stockt der Atem. Ja, warum eigentlich nicht?

Ruhig fährt er fort: »Sie haben recht. Das Motiv ist zwar das Gleiche, aber es lässt sich nicht vergleichen, von der Zahl her nicht.« Er lächelt.

Martin wird unruhig. In mir zieht sich etwas zusammen. Was hier abläuft, empfinde ich als bedrohlich für mein Weltbild. Ich gehe zum Angriff über und lache ihm dreist ins Gesicht. »Jetzt fehlt nur noch, dass Sie die Morde der Deutschen an den Juden, die Konzentrationslager usw., auch so beurteilen, balkenmäßig!!«

Seine ruhige und wachsame Art, mir in die Augen zu

schauen, macht mich schon die ganze Zeit nervös. Ich kann ihr nicht entkommen. In seinen Augen spüre ich keinerlei Angriff, Spott, Belehrung oder Anmaßung, einfach nur eine Aufforderung zu unbefangenem Denken. Sie zwingen mich zum Dableiben und Ehrlichsein. »So ist es«, antwortet er. »Wenn die Zahlen stimmen, sind das weitere sechs Millionen deutsche Ehrenmorde in sechs Jahren, diesmal für die Ehre der sogenannten arischen Rasse. Im Vergleich zu den individuellen Ehrentötungen der Orientalen, die Sie«, er schaut Martin an, »vorher so heftig kritisiert haben, war das ein kollektiver Ehrenmord, fast ein Völkermord zu Ehren des deutschen Vaterlandes, wie Sie«, er schaut mich an, »das vorher genannt haben.« Ich rechne zusammen: 13 Millionnen Leben hat dieser Ehrenkrieg gekostet.

Der Araber trinkt seinen Kaffee. »Und hat nicht Hitler von der göttlichen Vorsehung gesprochen, die ihn zu alldem antreibt? Ein religiöser Kampf? Und Tausende Deutsche sind ihm gefolgt. Sie«, er meint Martin, »haben vorher angeklagt, dass unsere Ehrenmörder sich auf ihre Religion, den Islam, berufen und fanden das verachtenswert. Die Tausende Männer, welche Juden umgebracht und Frauen geschändet haben, waren das nicht zum größten Teil Christen, getauft auf Ihren Christengott, der die Liebe und nur die Liebe predigt, das Vergeben und das Leben? Ich weiß das, weil meine Schwägerin eine Christin ist. Sie sagt, die Bibel ist mindestens so der Liebe verpflichtet wie der Koran, und sie wird von den Menschen genauso mit Füßen getreten, wenn es um Macht und Ehre geht.«

»Das ist richtig«, sage ich mit streitbarer Stimme, »aber Ihr ganzes Denken darüber ist 1945 stehen geblieben. Das alles ist überholt. Inzwischen haben wir viel gelernt, haben andere Werte, leben so gut es geht nach den Menschenrechten: frei, ohne Gewalt, und unsere Frauen sind gleichberechtigt.«

»Das ist wahr«, antwortet der Araber, »da sind Sie weiter als wir, wie in manchen anderen Dingen auch. Wir leben nach unseren alten Werten, und die geben uns als Volk einen Halt.«

Es entsteht eine lange Pause. Keiner sagt etwas. Wir vier Männer sitzen vor unseren leeren Kaffeetassen, jeder in seine Gedanken vertieft.

Dann schaut der, der zuletzt gesprochen hat, Martin in die Augen. Der erwidert den Blick. Der Araber fragt: »Was denken Sie gerade?«

Martin, der Vorurteilsaufdecker, kokettiert ein bisschen: »Oh, das ist mir jetzt etwas peinlich.«

Der andere lässt ihn nicht aus den Augen.

Martin sagt: »Naja, weil ich Sie vorhin so angegriffen habe, da fiel mir jetzt gerade als Pfarrer die Stelle in der Bibel ein, wo die Männer eine Ehebrecherin zu Jesus führen und ihm sagen: ›Diese Frau hat die Ehe gebrochen. Nach unserem Gesetz muss sie dafür gesteinigt werden. Was sagst du dazu?‹ – Sie hatten die schweren Steine zum Töten schon in der Hand. – Da sagt Jesus zu ihnen: ›Wer von euch noch nie gesündigt hat, der werfe den ersten Stein auf die Frau!‹ Keiner sagte etwas. Einer nach dem anderen warfen sie ihre Steine weg und gingen fort.«

Martin lacht verlegen, wir nicken und lachen auch, fühlen eine Nähe zwischen uns allen. Noch ein bisschen Small Talk, dann geben wir einander die Hände zum Abschied. Die Araber legen uns, während sie unsere Hand halten, die andere Hand auf die Schulter. Das ist eine sehr schöne Geste, wenn man sich dabei in die Augen schaut.

Martin und ich machen uns auf den Heimweg. Wir spüren, wie anregend und erfrischend die Auseinandersetzung mit den Arabern war. Sie hat unseren Horizont erweitert. Ich fühle mich sehr betroffen von meinen neuen Einsichten und werde lange darüber nachdenken müssen.

Beim Abschied fragt Martin:»Was machst du noch heute Abend?«

Ich sage:»Ich werfe ein paar Steine weg.«

Heute, Ostern 2010, könnte ich dieses Gespräch so nicht mehr führen. Scham und Empörung halten meinen Mund verschlossen, denn Deutschland mordet wieder. Die Regierung lässt in Afghanistan Soldaten, Zivilisten und Kinder töten, ohne dass unser Volk angegriffen wurde. Das Ende von allem Respekt. Es ist zum Erbrechen.

Wer fängt an zu essen?
Die höfliche Hunger-Hochzeit

Bei meiner Indonesien-Reise fuhr ich in Java durch die Dörfer, erst auf einem Ochsenkarren, dann mit dem Fahrrad.

Am Fuße eines kleinen, kürzlich ausgebrochenen Vulkans, am Rande des schwarzen Lavafeldes neben dem Ozean, traf ich einen Jungen. Er lud mich ein, mit ihm nach Hause zu kommen; er wolle mich seinen Eltern vorstellen. Seine Familie war sehr freundlich und lud mich ein, ein paar Tage zu bleiben; ihr Sohn könne mir einiges zeigen. Wir redeten in unseren Muttersprachen, doch die Verständigung erfolgte mit Gesten und Mimik.

Ein paar Stunden am Tag machte ich mich bei der Reisernte nützlich, ansonsten wanderten wir herum. Es war eine ursprüngliche, wilde Gegend. Die Häuser hatten in den Türöffnungen keine Türen und in den Fensteröffnungen keine Fenster. Spätabends, auf dem Heimweg von unseren Streifzügen, mussten wir an ein paar dieser Häuser vorbei. Es war schon dunkel, die Bewohner hatten sich zur Ruhe gelegt. Also sprach mein Freund beim Passieren jedes Hauses halblaut bestimmte Sätze, die sinngemäß etwa bedeuten mochten: Ich bin Isfan, der Sohn von Joloa. Wir sind auf dem Heimweg. Verzeiht die Störung. Wir wünschen eine gute Ruhe.

Von drinnen kam entweder ein zustimmendes Raunen oder das immer gleiche Wort, das vielleicht »In Ordnung« oder »Gute Nacht« bedeutete, oder es kam keine Antwort. Soviel ich begriff, ging es darum: Wenn die Bewohner noch wach waren und uns vorbeigehen hörten, mussten sie wissen, dass es keine Diebe sind. Daher gibt man sich zu erkennen. Man kennt die Stimmen der Nachbarn. Schlafen die Leute im Haus schon, dann will man sie nicht wecken; daher die halblaute Ansage.

Eines Abends wurde ich in ein weiter entferntes Dorf zu einer Hochzeit eingeladen. Da ich auf meiner Rucksackreise keine festlichen Kleider dabei hatte, musste ich mir von meinem Gastgeber etwas zum Anziehen leihen. Dann radelten wir los.

In der Dorfhalle – offenbar ein Versammlungsplatz – erwartete uns ein mir fremdartiges Spektakel: etwa 150 Hochzeitsgäste, unglaublich viele Kinder und Halbwüchsige, die rauchend herumalberten, und eine riesige »Leinwand« aus Betttüchern. Ein emsiges Treiben und Plaudern.

Als wir auftauchten, wurde es für einen Moment still, alle starrten auf mich. Ich war der einzige Fremde, ein Ausländer, ein »Weißer«. Die dunklen Kinder berührten meine helle Haut und flitzten weg, tuschelten, lachten, kicherten, pirschten sich zaghaft wieder heran, um mich zu berühren, flohen wieder in die Ecke. Oje, wie verhält man sich auf einer traditionellen javanischen Hochzeit im Dschungel?

Mein Begleiter sagte zu den Umstehenden einige – offenbar erklärende – Worte, welche diese an andere weitergaben, sodass sich wohl herumsprach, wer ich bin. Dann ging er mit mir auf einen Mann zu und stellte mich ihm vor. Wie ich später herausbekam, war das der Bürgermeister und Brautvater, ein sehr attraktiver, stattlicher Mann. Er begrüßte mich charmant und redete auf mich ein. Meine Anspannung wich, doch ich verstand nichts. Mein Freund antwortete für mich. Der Mann führte mich durch die Menge zu einem jungen Paar: das Hochzeitspaar! Wieder freundliche Begrüßung und Geplauder, das ich nicht verstand. Allmählich fühlte ich mich zugehörig, weil alle so freundlich zu mir waren. Die Menschen standen um mich herum, lachten, redeten, schauten mir in die Augen. Ich sagte in meiner Muttersprache ein paar dankbare Worte und lächelte. Beifall! Derweil machten sich die Kinder weiterhin über mich, den hellhäutigen Fremden, lustig.

Nach einer Weile trat der Bürgermeister auf ein Podest. Alles wurde still. Er hielt eine Rede, wohl die Hochzeitsrede. Endlich ging's nicht um mich! Ich lauschte dem Klang der Sprache und seiner kraftvollen Stimme. Doch bald richteten sich wieder alle Augen auf mich, denn er zeigte nun in meine Richtung und stellte mich offenbar seinem »Volk« als Ehrengast aus dem fernen Europa vor. Alle klatschten. Die Kinder zogen sich

207

ehrfürchtig zurück hinter ihre Eltern oder hinter die Leinwand.

Nun wurde ich zu etwas aufgefordert, was ich nicht begriff. Mein junger Freund bedeutete mir, ich solle auf das Podest steigen und auch eine Rede halten. Wie bitte? In meiner Verlegenheit schaute ich um mich. Es half nichts. Von unten schubste er mich, von oben zog mich der Brautvater, und ich stand auf dem Podium. Alle diese Menschen aus den umliegenden Dörfern und die vielen Kinder schauten mich erwartungsvoll an.

Die geballte, einladende Freundlichkeit tat mir auf einmal so gut; ich stürzte mich in dieses Abenteuer. Ich stellte meine Füße weiter auseinander, atmete tief durch, schaute diese netten Menschen an – und hielt mit kräftiger Stimme eine kleine Rede auf Deutsch. Ich erzählte, wer ich bin, wo ich herkomme, wie es mir hier geht. Ich drückte meine Freude über den Empfang aus und sprach auch freundliche Worte zu den Kindern – alles mit lebhaften Gesten und Blicken untermalt. Dann bedankte ich mich für die Gastfreundschaft und Ehre und wünschte dem Brautpaar Glück und Segen und gesunde Kinder.

Inzwischen hatte ich auch mitbekommen, wer die Eltern des Bräutigams sind. Meiner Intuition folgend verneigte ich mich zuerst vor dem Bürgermeister, dann vor seiner Frau, dann vor den Eltern des Bräutigams, und zuletzt drückte ich dem Brautpaar die Hand. Der große Applaus zeigte mir, dass ich es richtig gemacht habe. (Aus anderen Begebenheiten in fremden Ländern weiß ich, dass Einheimische manchmal recht ehrlich sind und durchaus nicht klatschen, wenn man sich falsch verhalten hat.)

In den Beifall hinein ging ich, einer plötzlichen Beschämung folgend, noch einmal auf das Podium und sagte, wie schlimm es für mich sei, dass ich kein Hochzeits-geschenk mitgebracht habe, weil ich von dieser Einladung im letzten Moment überrascht worden war. (Ich stand ja mit leeren Händen da. Das ist in einer Kultur, wo das Schenken eine große Rolle spielt, sehr peinlich.)

Obwohl sie nichts verstanden, haben sie mich offensichtlich verstanden; denn die Mutter der Braut redete nun mit großen Gesten auf mich ein, und das »Volk« stimmte ihr zu. Ich hatte keine Ahnung, um was es ging. Der Bürgermeister übersetzte mir mit Männergesten, was von mir als Geschenk erwartet wurde: Ich solle das Brautpaar segnen.

Das darf nicht wahr sein: Ein bayerischer Weltenbummler soll im javanischen Urwald ein wildfremdes Brautpaar segnen und kann kein Wort in deren Sprache sagen!

Wieder schauten alle auf mich und warteten. Wieder folgte ich meiner Eingebung, ging zum Brautpaar und bat die beiden, einander die Hand zu reichen. Dann sprach ich einen alten Hochzeitssegen, den ich aus meiner Familie kenne. Schließlich war ich daheim schon auf vielen Hochzeiten gewesen und auch mehrfacher Trauzeuge. Um etwas Zeit zu schinden, sprach ich laut und langsam, wie es hier offenbar üblich ist. Dann verbeugte ich mich tief vor den beiden. Das war's.

Nun wurde ich umringt und auch von den Erwachsenen angefasst, die Leute lachten, drückten mir die Hände und redeten auf mich ein.

Langsam verebbte diese aufgedrehte Geselligkeit, denn der Bürgermeister stand wieder auf dem Podest und wartete auf Ruhe. Dann eröffnete er den nächsten Teil der Feier: das Puppentheater. Aha, deswegen die »Leinwand«!

Ich hatte viel über das javanische Puppentheater gehört und gelesen und war aufs Höchste erfreut, jetzt ein solches zu sehen. Ich wusste, dass in alten Dörfern die Puppenmacher ihre Figuren aus Büffelleder schneiden und mit Pflanzenfarben färben. Ich werde mir nach dem Spiel die Puppen anschauen.

Es gab keinen elektrischen Strom, alles war mit Lampen erhellt. Jetzt wurden große Fackeln angezündet, welche die Leinwand beleuchteten. Alle Leute versammelten sich davor, und das große Schattenspiel ging los. Die Spieler entwickelten mit ihren Figuren und den dazugehörenden Stimmen eine Art Drama, das ich ungeheuer fesselnd fand, obwohl ich nichts verstand. Die Bewegungen und Stimmen waren höchst ausdrucksvoll und versetzten das Publikum in greifbare Spannung, die manchmal in Staunen oder Schrecken überging und sich dann wieder in einem großen Lachen entlud, auf das immer anhaltender Beifall folgte.

Das Puppenspiel war ein großes Epos mit vielen Akten und wollte nicht enden. Auch die Kinder waren fasziniert. Viele von den Acht- bis Zehnjährigen standen Zigarren rauchend herum und starrten auf die Leinwand. Nach etwa vier Stunden, Mitternacht war schon vorbei, endete das Schauspiel. Nun war die Zeit für das Essen gekommen.

Zum Hochzeitsmahl geleitete man mich an einen Ehrenplatz. Mein einheimischer Freund saß irgendwo anders. Dann wurde aufgetragen. Es handelte sich offenbar um Vorspeisen. Als alle bedient waren, klatschte jemand in die Hände – wohl das Zeichen für den Beginn des Essens. Die Gespräche verstummten. Alle beugten sich über den Teller, als würden sie sich etwas zu Munde führen, aber keiner rührte die Speisen an.

Nach all den Aufregungen hatte ich großen Hunger. Ich bin so erzogen, dass ich als Gast erst esse, wenn die Gastgeber damit angefangen haben. Das gebietet die Höflichkeit. Andernfalls entsteht der Eindruck, ich sei gierig und könne es nicht erwarten. Das wäre schlechtes Benehmen. So habe ich es gelernt, und so machen wir es in meiner Heimat.

Ich beobachtete also das Brautpaar und den Bürgermeister und wartete geduldig, bis sie ihre Speisen nehmen. Doch keiner rührte etwas an. Mir lief das Wasser im Mund zusammen. Mir war klar, dass da ein Ritual ablief. Vielleicht warten sie auf irgendeinen Auftritt, eine Rede, einen Priester, ein Ereignis. Ich wurde richtig neugierig. Oder beteten sie einfach nur?

Ich fügte mich in das Geschehen, betrachtete sehnsüchtig die Leckereien auf meinem Teller, atmete vor mich hin und betete auch. Allmählich begannen die Leute halblaut zu reden. Es hörte sich an wie in einem Bienenstock. Gleichzeitig schauten sie immer wieder auf ihren Teller und zu mir. Keiner rührte etwas an.

Nach etwa einer Stunde sah ich, wie der Bürgermeister zu meinem Begleiter ging und ihm etwas sagte. Darauf kam der zu mir und bedeutete mir mit großer Höflichkeit und in seiner Körpersprache, dass hier keiner essen darf, bevor der Ehrengast beginnt und dass alle auf mich warten. Ob ich denn keinen Appetit hätte oder mir die fremden Speisen nicht zusagten? Das wäre völlig in Ordnung, aber der Bürgermeister ließe mich bitten, wenigstens der Form halber einen Bissen zu essen, damit die Hochzeitsgesellschaft mit dem Mahl beginnen könne. Es gäbe ja noch viele Gänge.

Mein Gott, war mir das peinlich! Aber woher sollte ich das wissen? Ich hatte das große Bedürfnis, dieses Missverständnis zu erklären – aber wie? So stand ich

211

auf, entschuldigte mich in meiner Muttersprache und verbeugte mich. Aus den Gesichtern las ich, dass es irgendwie ankam. Ich setzte mich und fing sofort an zu essen. In demselben Augenblick griffen alle in ihre Teller und nickten mir zu. Eine heitere Stimmung kam auf, und ein vierstündiges Mahl begann, mit Musik und Tanz, allerlei Lustbarkeiten und indonesischen Speisen ohne Ende.

Im Morgengrauen ging ich zum Puppenspieler und bat ihn, mir seine Figuren zu zeigen. Er freute sich über mein Interesse und stellte alle Puppen vor mir auf. Welche Pracht! Sie waren aus echtem, dicken Büffelleder und wunderschönen satten Pflanzenfarben gemacht, und der Stützstab mit seinen feinen Verästelungen in die Gelenke hinein war aus schwarzem Büffelhorn geschnitzt. Edle Kunstwerke der alten Tradition!

Am allerschönsten fand ich den »zornigen König«, der seinen ganzen Stolz ausstrahlt, aber im Spiel durch seine wilde Aggression immer wieder seine Würde verspielt und seine Gattin verärgert, was ihm dann leidtut.

Nach einigem Verhandeln war der Puppenspieler bereit, mir die Figur zu verkaufen. Eingebettet in zwei dünne Bretter nahm ich sie drei Monate lang im Rucksack mit durch Asien. Jetzt hat der König zu Hause einen Ehrenplatz an einer leeren weißen Wand und erinnert mich an die große Urwaldhochzeit, bei der 150 Gäste aus Höflichkeit hungern mussten.

Du bist weiß und reich!

Auf meiner Fahrradtour in Ceylon war ich einige Tage mit einem einheimischen Freund unterwegs, um mich mit den Eingeborenen unterhalten zu können.

In einem abgelegenen Dorf, wo kaum Fremde hinkommen, traf ich ein Mädchen beim Spielen. Sie schenkte mir eine Kokosnuss und sagte:»Schenkst du mir deinen Fotoapparat?«

Ich hatte eine große Profi-Kamera umhängen, weil ich Tiere fotografieren wollte. Ich sagte:»Ich hab nur den einen, und der kostet ein Vermögen.«

Sie sagte treuherzig:»Das macht doch nichts. Du bist ein Weißer, und die Weißen haben viele Vermögen. Du kannst wieder einen kaufen, ich nicht.«

Ich war nicht so reich, dass ich einen neuen kaufen konnte, schon gar nicht in Ceylon, wo ich noch lange bleiben wollte. Und der, den ich dabeihatte, war von einem Freund geliehen. Doch das konnte ich ihr nicht erklären.

Ich machte von ihr ein Polaroidfoto und schenkte es ihr. Sie war entzückt und führte mich zu ihrer Hütte. Dort traf ich ihre Mutter. Sie war sehr freundlich und bot uns Tee an. Ich erzählte ihr vom Kamerawunsch ihrer Tochter und fragte sie, was sie denn über uns Hellhäutige denke. Sie hatte wenige unserer Art gesehen und erzählte daher von ihren Vorurteilen. Ich berichtete ihr eine Weile von mir und Deutschland, dann kam ihr Mann vom Fischen nach Hause und wollte noch mehr wissen. Wir entdeckten, dass die Ureinwohner nicht so primitiv und menschenscheu sind, wie wir»West«-Menschen vermuten, und dass wir aus dem»Westen« nicht alle so reich und selbstherrlich sind, wie abgelegene Ceylonesen glauben.

Das war eine sehr schöne Begegnung. Am Schluss tauschten wir kleine Geschenke, umarmten uns, und wir fuhren weiter.

Das nächste Mal, wenn jemand etwas über bestimmte Ausländer behauptet, sagen Sie einfach: »Dieses Urteil ist nur die halbe Wahrheit.« Schauen Sie, was sich daraus ergibt!

Im Sport-Café

Über Karikaturen, Beleidigungsfreiheit, Terrorismus und unbequeme Wahrheiten

Vorbemerkung

Einige Aussagen in diesem Gespräch der jungen Leute mögen statistisch oder historisch nicht ganz korrekt sein. Ich lasse sie dennoch so stehen, einmal wegen ihrer Echtheit, zum anderen, weil es hier mehr auf den bemerkenswerten Stil der Auseinandersetzung ankommt; der entspricht dem Geist dieses Buches.

Im Café des Fitness-Studios treffen sich drei Sportfreunde, etwa zwischen 20 und 25 Jahre alt: Mustafa, Wolfgang und Bernd.

WOLFGANG: »Hallo!«

BERND: »Guten Morgen!« Zu Mustafa: »Na?«

Mustafa schaut keinen an, bohrt in seinem Knopfloch herum.

WOLFGANG: »Was is, Mustafa?«

MUSTAFA: »Scheiße.«

BERND: »Was?«

MUSTAFA: »Habt ihr diese Karikaturen gesehen?«

BERND: »Was für Karikaturen?«

MUSTAFA: »Die über unseren Propheten. – Ach, hat eh keinen Sinn, mit euch darüber zu reden. Ihr versteht das sowieso nicht.«

WOLFGANG: »He, erzähl, um was geht's?«

BERND: »Ja, erzähl!«

MUSTAFA: »Da haben sie in so 'ner Zeitung in Dänemark blöde Zeichnungen über unseren Propheten abgedruckt. Voll daneben. Mir tut das Herz weh.«

WOLFGANG: »Ach so, das! Komm, reg dich ab! Das war doch nur 'n Spaß!«

MUSTAFA schreit: »Ein Spaß! Spinnst du? Das soll ein Spaß sein, den Propheten zu beleidigen? Willst du eine geknallt bekommen?«

BERND: »Kommt, regt euch ab! Ich weiß von nix. Erzählt mal!«

WOLFGANG: »Ach, da hat so ein Journalist in Dänemark Karikaturen über den Mohammed in die Zeitung getan. Den haben sie veräppelt, mit 'ner Bombe auf dem Kopf und so.«

BERND: »Warum?«

WOLFGANG: »Weil die Islamisten halt so terroristisch sind, da wollten die mal deren Propheten hochnehmen.«

BERND: »Was hat denn der Prophet mit dem Terrorismus zu tun?«

MUSTAFA: »Genau das frag ich mich auch, Mann.«

WOLFGANG: »Ist doch klar: Der hat doch den Islam gegründet, und auf den berufen sich die Terroristen.«

BERND lacht: »Ich glaub, du spinnst. Bist du getauft?«

WOLFGANG: »Ja, warum?«

BERND: »Also bist du Christ. Das Christentum wurde von Jesus gegründet. In den christlichen Ländern sind die Gefängnisse voll von Christen: Mörder, Diebe, Vergewaltiger, Betrüger und so weiter. Was sagst du, wenn jetzt die Muslime den Jesus veräppeln, weil er das Christentum gegründet hat?«

WOLFGANG: »Der hat doch mit den Verbrechen nix zu tun!«

MUSTAFA: »Ja eben! Und Mohammed hat mit dem Terrorismus nichts zu tun!«

WOLFGANG: »Aber irgendwie muss man sich doch wehren. Es gibt so viele Terroristen, die sind echt gefährlich.«

BERND: »Du meinst islamische Terroristen? In der Zeitung hab ich gelesen, dass es davon weltweit ungefähr 6000 gibt.«

WOLFGANG: »Na siehst du! Wahnsinn!«

BERND: »Mustafa, wie viele Muslime gibt es auf der Welt?«

MUSTAFA: »Ungefähr 1,3 Milliarden.«

BERND: »Und davon machen 6000 Terror« – er tippt auf seinem Taschenrechner herum –,»das sind nullkommanullnullnullfünf Prozent, also einer von zweihundertsiebzehntausend.«

WOLFGANG: »Was willst du damit sagen?«

BERND: »Dass es nicht viele islamische Terroristen gibt, nicht mehr als christliche.«

WOLFGANG: »Was?? Du spinnst wohl! Welche Christen haben die amerikanischen Türme zerbombt am 11. September?«

BERND: »Ach ja, der 11. September! Gibt es auf der Welt nur noch den 11. September? Nix davor und nix danach? Besteht die Geschichte der Gewalt nur aus diesem einen Tag? Aber du hast recht, das waren Muslime.«

WOLFGANG: »Na also! Und das findest du gut?«

BERND: »Nein, find ich nicht. Aber genauso schlecht finde ich deine schlampige Art zu denken. Jetzt blas mal deinen Kopf durch und denk ein wenig weiter! Am 11. September mit den Türmen, da starben 3000 Leute. Das sind 3000 zu viel. Aber was haben unsere Christen getan in den letzten tausend Jahren? Die haben den Muslimen ganze Städte zerstört, Millionen von Menschen umgebracht, Indianervölker ausgerottet, Kulturen zerstört, Frauen geschändet und Waffen gesegnet. Hast du das nicht mitgekriegt in Geschichte?«

WOLFGANG schweigt.

MUSTAFA: »Cool, wie ihr euch zofft.«

BERND: »Mir geht's auf 'n Keks, wie bei uns die Geschichte gefälscht wird, nur damit wir Grund zum Hassen haben. Wenn wir Buchhalter wären, könnten wir mal alles verrechnen: Zwei Türme in New York gegen hundert Städte im Orient. 3000 Menschen am 11. September gegen Millionen Menschen von den Kreuzzügen bis heute. Die Christen sind die erfolgreicheren Terroristen. Gegen das, was wir den Muslimen und anderen angetan haben, war das vom 11. September nur ein Mückenstich. Bin Laden war gnädig.«

WOLFGANG: »So hab ich das noch gar nicht gesehen. «

BERND: »Ja, weil du immer nur nachplapperst, was in der Zeitung steht und im Fernsehen kommt. Keiner denkt nach, keiner interessiert sich für die ganze Wahrheit.«

Schweigen.

WOLFGANG: »Du hast aber jetzt den Christen Verbrechen nachgesagt, die in früheren Zeiten geschehen sind. Der islamische Terror ist aber jetzt.«

BERND: »Der christliche auch.«

217

WOLFGANG: »Wie?«

BERND: »Was ist für dich Terrorismus? Türme kaputt-fliegen?«

WOLFGANG: »Ja, was ist eigentlich Terrorismus?« (Schweigt, denkt nach. Zu Mustafa:) »Mustafa, was meinst du?«

MUSTAFA: »Tja, Terrorismus, was ist das eigentlich?« Alle drei starren vor sich hin.

MUSTAFA: »Ich würd mal so sagen: Wenn einer seine Frau oder seinen Nachbarn umbringt, nennt man ihn noch nicht Terrorist.«

WOLFGANG: »Und wenn einer einem andern das Haus an-zündet, gilt er auch nicht als Terrorist.«

BERND: »Ein Kaufhausdiebstahl ist auch kein Terroris-mus.«

WOLFGANG: »Sehr witzig.«

MUSTAFA: »Ich glaube, das wird immer mit zweierlei Maß gemessen. Wenn in Deutschland ein Deutscher von einem Deutschen umgebracht wird, steht in der Zeitung: Der Mann wurde von dem Arbeitslosen Otto Meier ermordet. Ist der Mörder aber ein Mos-lem, heißt es: Der Mann wurde von einem Moslem getötet. Warum sagt man beim deutschen Mörder nicht: Der Mann wurde von einem Christen getötet?«

BERND: »Genau! Und wenn ein Deutscher in Deutsch-land einen vollen Bus in die Luft sprengt, ist er ein Attentäter. Wenn ein Muslim dasselbe tut, ist er ein Terrorist, und zwar ein islamistischer oder radikal-islamischer. Warum nennt man den deutschen At-tentäter nicht einen radikal-christlichen Terroris-ten?«

WOLFGANG: »Mit Terrorist meint man wohl immer Aus-länder, Leute mit einem anderen Glauben, aus einer anderen Kultur ...«

MUSTAFA: »... mit einer anderen Hautfarbe und Sprache und ...«

WOLFGANG: »... und Hass, Hass gegen andere, die sie Feinde nennen.«

BERND: »Wäre dann Hussein, wenn er Amerika bombardiert hätte, ein Terrorist gewesen?«

MUSTAFA und WOLFGANG: »Klar!«

BERND: »Dann war also Präsident Bush ein Terrorist?«

MUSTAFA: »Ja, weil er ohne Recht den Irak zerstört und ausländische Gefangene in Guantanamo gefoltert hat.«

BERND: »Und weil er immer wieder vom christlichen Gott sprach, zu dem er betet, ist er ein christlicher Terrorist der Gegenwart.«

WOLFGANG: »Das geht mir zu weit. Schließlich hat Bin Laden mit der Gewalt angefangen.«

BERND: »Wie bitte? Ist das dein Ernst?«

WOLFGANG: »Na klar, am 11. September.«

BERND: »Mustafa, was ärgert euch Muslime am meisten am Westen?«

MUSTAFA: »Das hat weniger mit dem islamischen Glauben zu tun, sondern mit unseren Völkern. Ob Türkei oder Pakistan, Iran, Irak, Afghanistan und alle die östlichen Länder: Uns ärgert, dass westliche Völker, vor allem Amerika, sich ständig in unsere Angelegenheiten einmischen. Sie schreiben uns vor, wie wir regieren, wirtschaften und uns verhalten sollen. Das ist unerträglich. Wir erleben das als Erniedrigung und sind zornig. Manche westliche Länder haben keinen Respekt vor uns. Und Respekt ist für uns sehr wichtig. Das ist wohl für alle wichtig.«

BERND: »Der Westen hat eure Länder seit Jahrhunderten unterdrückt und bekämpft, und er tut es heute noch. Und unterdrückte Völker wehren sich, zu Recht.

Wenn es dann zum Krieg kommt, was ist die Ursache und was ist die Wirkung? Wer hat angefangen? Wolfgang, du sagst, Bin Laden hat am 11. September mit der Gewalt angefangen. Kannst du dir vorstellen, dass der 11. September nur eine Rache war für die jahrhundertelange und heutige Bevormundung durch den Westen?«

MUSTAFA: »Ich seh das so.«

BERND: »Jetzt tun alle so, als käme der Terrorismus aus heiterem Himmel und als hätte der mit uns gar nichts zu tun. Und als müsste die westliche Welt sich jetzt rächen. Was für ein kindischer Standpunkt! Blind und ohne Verstand.«

MUSTAFA: »Rache bringt nichts.«

BERND: »Natürlich bringt Rache nichts. Sie befriedigt kurzfristig Gelüste und bringt auf Dauer Schaden, Unfrieden. Aug um Aug macht beide blind. Die sogenannten Christen kapieren das nicht. Sie merken nicht einmal, wie sie damit ihr Christentum dem Gespött preisgeben.«

WOLFGANG: »Wieso?«

BERND: »Das fragst du als Christ? Weil Rache total unchristlich ist. Hast du die Bibel nie gelesen? Der Christ rächt sich nicht. Er vergibt.«

Schweigen.

WOLFGANG: »Na gut. Aber musste Bin Laden gleich zwei Türme zerstören und 3000 Menschen töten?«

BERND: »Welcher Schaden ist größer: der von Bin Laden am 11. September in Amerika oder der von Amerika seit Jahren im Irak?«

Wolfgang schweigt.

BERND zu WOLFGANG: »Ich habe dich was gefragt.«

WOLFGANG: »Verdammt, du hast recht.«

MUSTAFA: »Und jetzt stellt euch vor: Weil die Christen

ganze Kulturen zerstört haben und weil Amerika den Irak vergewaltigt hat, würden wir Muslime euren Jesus verhöhnen.«

WOLFGANG: »Das ist doch abartig. Da hat der doch nichts mit zu tun.«

MUSTAFA: »Eben! Aber warum beleidigt dann diese Zeitung unseren Propheten, der mit den paar Terroristen genauso wenig zu tun hat wie euer Jesus mit den christlichen Terroristen?«

WOLFGANG: »Ich kann das Wort Beleidigung nicht mehr hören. Stell dich doch nicht so an! Das waren doch nur kritische Karikaturen, und außerdem haben wir Pressefreiheit. Unser Lehrer hat gesagt: Pressefreiheit gehört zu den wichtigsten demokratischen Rechten.«

Mustafa braust auf.

BERND unterbricht ihn: »Moment mal! Das ist ein Fall für mich. Eigentlich wollte ich mich jetzt ausklinken aus diesem Gespräch, ich muss zum Sport. Aber jetzt – er wendet sich an Wolfgang – geht mir die Galle hoch, und jetzt bleib ich da. Das möcht ich mir noch anschauen mit deiner dämlichen Pressefreiheit. Unser Lehrer wollte uns auch was vormachen von wegen Demokratie. Den haben wir auseinandergenommen. Also, schieß los!«

WOLFGANG: »Da gibt's nichts zu schießen. Warum bist du so aggressiv? Pressefreiheit ist Pressefreiheit. Wem das nicht passt, der soll halt nicht in unserem Land leben.«

BERND: »Aha! Du schwängerst deine Tussi, ihr treibt das Kind ab, und ich zeichne in der Zeitung deine Mutter mit 'ner offenen Möse, o.k.? Pressefreiheit!«

WOLFGANG: »Arsch! Was hat das mit den Dänen zu tun?«

BERND: »Nix capito? Na gut, du begriffsstutziger Christ: Dein Mitchrist Bush foltert in Guantanamo und mordet Muslime im Irak. Dann drucken irakische Zeitungen Karikaturen von Jesus und setzen da, wo sein Kopf sein soll, eine Bombe hin. Jesus mit Bombenkopf. Einverstanden? Pressefreiheit!«

WOLFGANG: »Das find ich total blöd. Erstens hat Jesus nichts mit Bushs Bomben zu tun, er predigte Friede und Liebe. Und außerdem ist Jesus heilig, den darf man nicht beleidigen.«

MUSTAFA: »Und Mohammed schon? Bist du schizophren oder was?«

WOLFGANG: » Ist denn euer Mohammed ein Heiliger?«

MUSTAFA: »Du kennst unsere Welt nicht. Du hast nichts begriffen. Du redest und urteilst über andere und hast keine Ahnung.«

WOLFGANG: »Was meinst du?«

MUSTAFA: »Was verstehst du vom Islam? Das ist eine Weltreligion wie euer Christentum. Und so wie ihr den Jesus als Gottes Sohn verehrt, so verehren wir Mohammed als Prophet Gottes. Ihr sagt ›Gott‹, wir sagen ›Allah‹. Für beide ist Liebe das Höchste. Darum schicken sie ihre Gesandten – Sohn oder Prophet –, um den Menschen die Liebe zu predigen. Sie schreiben heilige Bücher darüber, eure Bibel und unseren Koran. Kennst du diese Bücher? In der Bibel steht keine Anleitung für den Terroristen Bush. Im Koran steht keine Anweisung für den Terroristen Bin Laden. Egal, was ihre Lippen sagen: Im Herzen ist Bin Laden kein Muslim und Bush kein Christ. Sie sind Verbrecher, die sich fälschlich auf ein heiliges Buch berufen.«

BERND: »Wart mal, Mustafa! Ich sehe Wolfgang an, dass ers nicht kapiert.«

WOLFGANG: »Woher willst du wissen, was ich kapiere? Das mag ja alles stimmen, aber wieso regt man sich denn so auf wegen ein paar Karikaturen? Was ist denn so schlimm an der Pressefreiheit?«

BERND: »Jetzt will ich antworten, Mustafa. Denn ich hatte eine muslimische Freundin, mit der hab ich ganz viel über so Sachen, Religion und so, geredet, und da hab ich eine Menge kapiert. Also: Unsere Pressefreiheit oder Meinungsfreiheit ist ja gar nicht schlecht. Ein Zeichen von Freiheit. Aber schlecht ist das, was man daraus machen kann. Pressefreiheit erlaubt aufzudecken, welche Millionäre Steuern hinterziehen. Das kann dazu führen, dass sie abtreten und in den Knast müssen. Das find ich gut, weil die dem Volk schaden.

Erlaubt die Pressefreiheit, Jesus als Hurenbock darzustellen, weil mehrere Päpste uneheliche Kinder hatten? Oder als Bombenfreak, weil Bush in den Irak geschossen hat?«

WOLFGANG: »Das kommt darauf an, ob das einer anzeigt und wie der Richter entscheidet.«

BERND: »Genau. Einige Bischöfe werden murren, und die Richter werden nicht viel daraus machen, weil in unserem Volk das Christentum und Jesus nicht mehr viel gelten. Religion ist doch out. Wir sind ja so aufgeklärt: Wissenschaft, Weltraum, Gentechnik, Internet, Klonen, Globalisierung – was heißt da Liebe, Vergebung und so? O Mann, der hat's doch selber nicht geschafft. Aufgehängt haben sie ihn. Was willst du mit Jesus in der heutigen Zeit? Nostalgie. Darum regt sich auch kaum jemand auf, wenn man den ein wenig veräppelt in den Medien. Aber wehe, eine muslimische Zeitung würde das tun! Dann geht bei uns die Post ab.«

MUSTAFA: »Genau. Und das ist eben bei uns ganz anders. Gläubige Muslime haben ein völlig anderes Verhältnis zu Mohammed als die Christen zu Jesus.«

WOLFGANG: »Wie denn?«

MUSTAFA: »Für uns ist Mohammed ein und alles. Höchster Lehrer, höchste Autorität. Wir haben zu ihm eine sehr innige und tiefe Beziehung. Er und seine Worte berühren uns im Herzen, geben uns absolute Orientierung. Wenn wir in einer Situation nicht wissen, wie wir handeln sollen, fragen wir den Koran, also den Propheten, und das tun wir dann.

Wir ehren unseren Propheten mehr als unsere Mutter und unseren Vater, und das will was heißen in unserer Tradition! Wer meine Mutter beleidigt, wird mein Feind. Um wie viel mehr erst, wer den Propheten beleidigt! Er ist ja der Gesandte des Gottes, der meine Eltern und mich geschaffen hat.« Zu Wolfgang: »Ich habe den Eindruck, du verstehst das nicht.«

BERND: »So ähnlich hat es meine Freundin auch gesagt. Darum verstehe ich, warum unsere Journalisten solche blöden Karikaturen zeichnen und warum ihr so beleidigt seid. Ihr könnt nicht verstehen, warum die das tun. Und die können nicht verstehen, warum ihr so sauer seid. Man versteht einander nicht. Auf beiden Seiten sind so viele Vorurteile.«

MUSTAFA: »Was ist das, Vorurteile?«

BERND: »Wenn du vor einer gründlichen Auseinandersetzung über etwas ein Urteil fällst. Vor allem, wenn du die Person oder Sache gar nicht selber kennst. Ein vorschnelles Urteil. Eine Meinung, die du nicht durchdacht oder überprüft hast. Vom Hörensagen nachgeplappert und nicht auf Wahrheit geprüft.«

MUSTAFA: »Aha! Dann ist die Welt voller Vorurteile!«

BERND: »Ja. Und das macht Auseinandersetzungen so schwer. Solange das so ist, wird die viel bequatschte Integration nicht klappen.«

WOLFGANG: »Wie meinst du das?«

BERND: »Ja, wie soll ich das sagen?« (Denkt nach.) »Ich will's mal so sagen: Wenn so unterschiedliche Menschen gut zusammenleben wollen, dann geschieht das entweder in ihrem Innern oder gar nicht.«

MUSTAFA: »Genau!«

BERND: »Die Religionen sagen ›im Herzen‹. Klingt ein bisschen romantisch, aber es stimmt. Ich seh's an meiner Mutter.«

Schweigen

WOLFGANG: »Das versteh ich nicht.«

BERND: »Ich mein es so: Der Typ von Journalist, der sich über Mohammed lustig macht, ist nicht herzlich. Er hat kein Herz für die anderen und keine Ahnung. Er versteht nichts vom Islam. Er weiß nichts von religiösen Gefühlen, weil er selber keine hat. Er gibt sich auch keine Mühe zu verstehen. Er ist ein Intellektueller, der nur theoretisch weiß, was Spiritualität ist. Er kann dazu Bücher zitieren, doch er lebt nicht nach ihnen. Er beobachtet die Welt durch sensationsgeile Augen und hat eine unbändige Lust am Kritisieren und Spotten. Er hat keine Religion, keinen Respekt, keine Tiefe, kein Einfühlungsvermögen in andere Kulturen. Nichts ist ihm heilig außer seiner Pressefreiheit. Ihm ist fremd, wie heute noch jemand einen Propheten verehren kann. Alles Religiöse und Spirituelle ist ihm tief verdächtig oder gar zuwider. Er kann damit nicht umgehen. Er muss es diffamieren, so wie die Motte ins Licht fliegen muss. Er denkt kurz und primitiv und voller Vorurteile. Er kennt weder Menschenwürde noch

Anstand und Rücksichtnahme. Er hat nur einen Gott, der heißt Pressefreiheit. Die erlaubt ihm alles. Darum verteidigt er sie wie ein Heiligtum und mit allen Mitteln.

Und so sitzt er in einer warmen Stube an seinem Schreibtisch und hat das Ziel, möglichst viel Sensation und Unruhe zu erzeugen, egal wie. Dafür wird er bezahlt. Pressefreiheit heißt für ihn die Freiheit, nach Belieben zu lügen, zu spotten, zu beleidigen und Menschen zu verarschen. Er darf fremde Kulturen schmähen, Propheten durch den Kakao ziehen, Menschen erniedrigen. Er ist niemandem Rechenschaft schuldig. Er ist meist anonym und muss für nichts geradestehen. Er darf sich alles erlauben und muss nichts verantworten, solange er nicht mit dem Gesetz in Konflikt gerät. Diese Gesetze sind oft komisch. In Deutschland zum Beispiel wird man bestraft, wenn man die Juden kritisiert, und bezahlt, wenn man den Prophet Mohammed als Terrorist darstellt. Da tickt doch was nicht richtig.

Die messen mit zweierlei Maß. Der Däne und der Deutsche erwarten, dass der Muslim in der Türkei die Verspottung des Mohammed als Pressefreiheit hinnimmt. Aber der gleiche Deutsche wehrt sich dagegen, wenn der Türke in Deutschland darauf pocht, nach der Scharia leben zu dürfen, also nach den sittlichen Regeln seines Landes.

Die Pressefreiheit ist die Freiheit, Menschen zu verletzen und Unfrieden zu stiften. Mit ihr schlägt der Journalist Funken, zündet in den Herzen der Gedemütigten das Feuer des Zorns, betätigt sich genüsslich als Brandstifter und wundert sich dann scheinheilig über den Flächenbrand, als hätte er mit all dem nichts zu tun.

Das macht solche Journalisten nicht nur legal unverschämt, sondern dumm. Sie sind durch Pressefreiheit geschützte respektlose Idioten. Sie verdienen keine Beachtung, sondern die gleiche Verachtung, mit der sie anderen begegnen.«

MUSTAFA: »Wow! So hart hab ich dich noch nie erlebt. Ich fühle mich verstanden.«

WOLFGANG zu BERND: »Unglaublich, wie du redest! Bist du ein Verfassungsfeind?«

BERND lacht: »Wieso?«

WOLFGANG: »Wenn ich zusammenfasse, dann meinst du:
- Der christliche Terrorismus ist schlimmer als der islamische.
- Mohammed hat mit dem Terrorismus nichts zu tun.
- Die Mohammed-Karikaturen sind beleidigend.
- Die Pressefreiheit ist schädlich.
- Solcher Journalismus ist minderwertig.«

BERND: »Richtig. Und was ist daran verfassungsfeindlich?«

WOLFGANG denkt nach: »Eigentlich nichts.«

Alle lachen.

MUSTAFA: »Wir haben heute Abend ein islamisches Fest, Bayram. Erst beten wir, dann gibt's türkisches Essen und Tanz. Habt ihr Lust, mitzukommen?«

BERND: »Spannend. Ich kann aber erst um halb neun.«

MUSTAFA: »Gut.« Zu Wolfgang: »Und du?«

WOLFGANG: »Ich würde gern kommen, aber ich bin mit meiner Freundin verabredet. Darf ich die mitbringen?«

MUSTAFA: »Klar, meine Schwestern sind auch da.«

WOLFGANG: »Muss sie ein Kopftuch tragen?«

MUSTAFA lacht: »Natürlich, und einen Schnurrbart.«

WOLFGANG lacht: »Gut, wir kommen um sieben.«

MUSTAFA: »Tschüs!«

WOLFGANG: »Ciao!«

BERND: »Bis dann!«
Drei kräftige Männerhände klatschen über den Köpfen zusammen.

Nächstenliebe in Theorie und Praxis

Es ist Weihnachten. Die Leute kommen zum Gottesdienst, bevor sie sich in ihren Häusern beschenken und zum Mahle setzen werden. Die Kirche füllt sich mit ein paar Hundert Menschen, die Stimmung wird feierlich. Weihrauch und Orgelmusik erfreuen die Herzen.

Der Pfarrer erzählt wie jedes Jahr die biblische Geschichte über die Geburt Jesu, wie die Kirchenbesucher sie seit ihrer Kindheit kennen: Die mit Jesus schwangere Maria war mit Josef in der Fremde unterwegs, als die Zeit der Entbindung kam. Daher suchten sie eine Unterkunft. Sie klopften an mehrere Herbergen, aber jede wies sie ab. Schließlich brachte Maria ihren Sohn in einem Stall zur Welt.

An dieser Stelle macht der Pfarrer eine Pause und sagt zu den Gläubigen: »Ich kann hier aufhören zu erzählen, denn Sie alle wissen, wie es weitergeht. Doch diese Geschichte geschah vor 2000 Jahren. Ist das noch aktuell? Oder ist etwas anderes aktuell? Was können wir denn aus dieser alten Geschichte für unser heutiges Leben lernen?«

Schweigend schaut er in die Runde. Dann zieht er sein Priestergewand aus und legt es auf den Altar! Nun steht er in privater Kleidung da. Er sagt: »Ich bin nicht nur Priester. Ich bin auch ein Bürger dieser Stadt wie Sie. Und wie die Herbergsbesitzer damals. Wer sucht heute eine Herberge?«

Drei Männer und zwei Frauen mit tiefdunkler Hautfarbe treten nebeneinander an den Altar und lächeln zum gläubigen Volk.

Der Pfarrer fährt fort: »Ich machte einen Besuch im Asylantenheim unserer Stadt. Dort leben viele Ausländer auf engem Raum unter schlechten Bedingungen als Gäste unseres Staates. Da dachte ich mir: Darf das sein, dass wir einheimische Christen hier von Herbergssuche und Nächstenliebe reden, in unseren Häusern das Liebesfest feiern und diese fremden Menschen in ihren engen Buden alleine lassen?«

Unruhe kommt auf im Kirchenraum.

»Ich habe die Geschichte aus der Bibel unterbrochen und möchte sie im konkreten Leben weiterführen. Lasst uns diesen Fremden für Weihnachten eine Herberge geben und sie zum Mahl einladen! – Diese Frau aus Ghana«, er nimmt sie freundlich bei der Hand, »haben meine Frau und ich schon in unsere Familie eingeladen. Leider haben wir zur Zeit nur ein einziges Gästebett. Aber Sie, liebe Gläubige, sind an die dreihundert. Da dürfte es kein Problem sein, vier Asyl suchenden Afrikanern für das Fest eine Herberge zu geben.«

Er steht neben den dunkelhäutigen Leuten am Altar und spricht kein Wort mehr. Er überlässt das Weitere der versammelten Christengemeinde. Offenbar hat er beschlossen, den Gottesdienst erst fortzusetzen, wenn diese Fremden eine Unterkunft gefunden haben. Noch mehr: Für ihn ist dies der *eigentliche* Gottesdienst!

Die Spannung in der Kirche steigt weiter an. Verlegen lachen oder hüsteln einige. Andere murmeln und tuscheln miteinander und schütteln verständnislos den Kopf. In einer Ecke gibt es einen kleinen Tumult. Ein Mann mittleren Alters nimmt seine Frau und seinen Sohn bei der Hand und zerrt sie schimpfend hinaus.

Darauf verlassen auch andere Leute demonstrativ die Kirche.

Minuten vergehen. Der Pfarrer macht keinerlei Anstalten, der Gemeinde diese Situation zu erleichtern. Er steht schweigend inmitten der Asylanten und schaut dem Treiben der Gläubigen zu. Offenbar geht er auf's Ganze.

Nach einer lähmend langen Zeit peinlichen Schweigens erhebt sich ein Mann, legt der Frau neben ihm eine Hand auf die Schulter und sagt freundlich nach vorne zum Altar: »Meine Frau und ich würden uns freuen, wenn jemand von Ihnen über Weihnachten bei uns zu Gast sein mag.«

Einige Leute klatschen. Der Pfarrer spricht mit den Asylanten; einer von ihnen geht zu dem Ehepaar hin und wird von diesem umarmt.

Da ist der Bann gebrochen. Es kommt Lachen und Bewegung in die versteifte Gemeinde, einige gehen nach vorn zu den »Schwarzen«, und binnen einer Minute sind alle eingeladen. Nun wollen viele mit ihnen reden, wollen wissen, wo sie herkommen, warum sie da sind, wie sie so leben.

Als die Aufregung vorbei ist, sagt der Pfarrer: »Ich freue mich, dass wir dieses Jahr die Weihnachtsgeschichte nicht gelesen, sondern gelebt haben. Unser Gottesdienst hier ist zu Ende, Sie selber setzen ihn zu Hause fort mit Ihren fremden Gästen. So soll es sein. – Lassen Sie uns zum Ausklang ein Danklied über die freundlichen Herzen singen! Fröhliche Weihnachten!«

Alle stehen auf und singen mit der Orgel dieses muntere Lied, wiegen ihre Körper und lachen. Die Gemeinde hat sich in eine Party in der Kirche verwandelt, und in deren Mittelpunkt stehen die Dunklen, die für ein paar Tage bei den Hellen ihre Herberge gefunden haben.

Später erfuhr ich, dass der Pfarrer von seinem vorgesetzten Bischof für diese Art des Gottesdienstes gerügt wurde.

Begegnung im Reisfeld

Im Inneren der Insel Bali fuhr ich mit dem Rad durch Reisfelder. Auf einigen arbeiteten Leute in der sengenden Hitze. Sie trugen riesige Strohhüte aus Bast. Weil ich in anderen Gegenden immer freundlich aufgenommen wurde und auch mitarbeiten durfte, wollte ich auch hier mit einigen in Kontakt kommen. Ich stieg ab und ging langsam, freundlich lächelnd auf drei Bauersleute zu. Als ich ihnen nahegekommen war, winkte ich und rief ihnen in ihrer Landessprache »Guten Morgen« zu.

Sie hoben ihre Köpfe und schauten zu mir. Da merkte ich, dass es drei Frauen waren. Eine drückte sofort ihren Hut tief ins Gesicht und wandte sich ab. Eine andere schimpfte und drohte mir mit erhobener Sichel. Die dritte, ziemlich jung, warf wütend ihre Sichel in meine Richtung, sodass ich zur Seite springen musste.

Was für ein dummer Fehler von mir! Da erst wurde mir bewusst, wie unfreundlich ich mich angenähert hatte: Ein wildfremder Ausländer geht ohne Ankündigung und Erlaubnis über das freie Feld auf drei ungeschützte Frauen zu – noch dazu in einem muslimischen Land! Das muss für die Frauen wie eine Bedrohung gewirkt haben.

Ich machte eine entschuldigende Gebärde, lüftete grüßend meinen Strohhut und kehrte schnell um.

In diesem Fall war ich aufdringlich gewesen, ohne es zu merken, also unachtsam. Das tat mir leid.

Begegnung am Bahnhof

In einem kleinen Bahnhof steige ich um. Ich gehe mit meinem Koffer die Treppe hinunter und schaue suchend umher, um herauszufinden, wo mein nächster Zug abfährt. Da spricht mich eine sehr dunkelhäutige Frau an: »Kann ich Ihnen helfen?«

»Hallo! Ja, vielleicht. Ich will wissen, wo der Zug nach Landshut abfährt.«

»Auf Gleis 3. Mit dem fahre ich auch manchmal. Aber jetzt fahre ich in einer Viertelstunde nach Salzburg.«

»Danke. Sie sind sehr freundlich.«

»Ich bin noch nicht lange in diesem Land. Und weil die Menschen hier vor Schwarzen offenbar eine Scheu haben, versuche ich eben selbst, in Kontakt zu kommen.« Sie lacht: »Wissen Sie, in meiner Heimat ist das normal, mit Menschen in Kontakt zu kommen. Entschuldigen Sie bitte.«

»Oh, ich finde es schön, dass Sie mich einfach ansprechen. Wo kommen Sie denn her?«

»Aus dem Kongo.«

»Und da landen Sie in diesem kleinen Nest?«

»Freunde wohnen hier und haben mich aufgenommen. Aber es ist weit zu fahren zur Uni, ich will in die Stadt ziehen.«

»Sie studieren?«

»Ja, Betriebswirtschaft.«

»Wir in unserem Land sind ein bisschen gehemmt, mit Ausländern in Kontakt zu kommen. Das ist schade.«

»Das finde ich auch. Aber die Völker sind eben verschieden.«

»Wie gefällt es Ihnen bei uns?«

»Ganz gut, nur die Kontakte sind schwierig. Wir wissen nie: Mögen die uns nicht, oder trauen sie sich nicht.«

»Beides kommt vor. Oft trauen wir uns nicht.«

Sie lacht: »Aber wir tun Ihnen doch nichts.«

Ich lache auch: »Nein, im Gegenteil, Sie sind sehr freundlich. – Oh, ich muss jetzt leider gehen, mein Zug fährt gleich. Schade!« Ich gebe ihr die Hand. »Danke, dass Sie mich angesprochen und mir geholfen haben. Alles Gute!«

»Danke. Es war schön, mit Ihnen zu sprechen. Gute Reise!«

Im Auseinandergehen winken wir uns zu.

Dann sitze ich im Zug mit einem warmen Gefühl nach dieser netten Begegnung. Als ich in Landshut ankomme, gehe ich in die Buchhandlung und suche und finde ein kleines Buch über den Kongo.

Heilige Gastfreundschaft

Mit einer Kollegin aus dem Morgenland plauderte ich beim Kaffee. Ich erzählte, wie gern ich mich in orientalischen Basaren herumtreibe.

Zwei Wochen später sagte sie zu mir: »Ich habe mit meiner Mutter und meiner Tante geredet. Sie freuen sich auf dich. Wenn du magst, nehme ich mir eine Woche Urlaub und wir fahren zu meiner Familie. Du kannst Basare sehen und vieles mehr.«

Wir flogen hin. Als wir gegen Mitternacht bei ihren

Eltern ankamen, warteten zwölf Verwandte auf uns und einige Kinder. Es wurde eine lange Nacht. In den nächsten Tagen waren wir bei allerlei Geschwistern, Tanten, Cousinen eingeladen, dann in der Stadt. Ich hielt mich gern am Meer auf, auch in den Basaren und Moscheen, am liebsten aber bei den Familien, Kindern, Enkeln und Gesprächen über Gott und die Welt, die dortige und die deutsche.

Einmal sprach ich über die große Gastfreundschaft, die mich hier umfängt und ehrt: Ich komme als wildfremder Mensch, spreche nicht ihre Sprache und werde so selbstverständlich wie ein Mitglied der Familie aufgenommen.

Sie lachten und erklärten mir, dass es da durchaus Nuancen gebe. Aufgenommen werde jeder, aber wie weit man das Herz aufmacht, hänge von dem Respekt ab, den man beim Gast spürt. Ist der hochmütig (»Ihr hier seid noch nicht ...«) oder falsch unterwürfig (»Bei euch ist alles besser«) oder nur an Sehenswürdigkeiten interessiert (»Könnten wir da und dort noch hin?«) oder kompliziert beim Essen oder erzählt nichts von sich oder nur von sich oder mag Kinder nicht oder hat keinen Humor, dann verhalte man sich eher förmlich korrekt, nicht lässig und vertraut. Stimme aber die Seelenschwingung, dann gebe man sich vertrauter, gewähre mehr Einblicke in das Familienleben, frühstücke auch mal im Morgenrock, die Kinder kämen auf den Schoß und so weiter.

Ich sagte, im Wesentlichen sei das bei uns auch so. Aber dass man als Fremder überhaupt so großzügig und für lange Zeit eingeladen und herzlich aufgenommen wird, sei mir fremd. Bei uns sei das schwer denkbar, weniger aus Desinteresse als aus Scheu und Unsicherheit: Mag das der Gast überhaupt? Gefällt es ihm bei uns? Schmeckt ihm das Essen? Sind die Kinder zu laut? Ist das Gästezimmer recht? Und und und.

Sie lachten. Meine Kollegin erklärte mir dann etwas sehr Wichtiges:»Ja, ihr seid da kompliziert. Bei euch muss man auch immer anrufen, wenn man sich sehen will. Ihr macht euch so viele Gedanken um den Gast und um euch selbst, statt einfach darauf zu vertrauen, dass das Miteinander schon irgendwie geschehen wird. Ich glaube, das kommt daher, dass ihr eher Individualisten seid und wir Gemeinschaftsmenschen sind. Ich sehe es ja in der psychologischen Arbeit: Bei euch steht die Selbstverwirklichung im Vordergrund. Wie werde ich ich selbst? Das ist für euch das Höchste. Dafür opfert ihr sogar Gemeinschaft. Bei uns ist das immer schon anders. Vielleicht liegt es an der Geschichte und Kultur oder an der Religion, ich weiß nicht. Egal wie es mir geht, für mich ist immer wichtig, dass es dir, dass es den anderen gut geht. Dazu will ich beitragen, was ich kann; nicht mehr, aber auch nicht weniger. Mit ›nicht mehr‹ meine ich: Wir geben uns dabei nicht selbst auf, so wie manche sich bei euch aufopfern und dann nach Anerkennung heischen. Das ist nicht echt, das ist« – sie verzieht ihr Gesicht zu einem Ausdruck von Abscheu – »ein fieses Geschäft mit der Menschlichkeit, Heuchelei, falsch, scheinheilig. Wir wollen, dass es uns gut geht, und wir tun alles, was uns möglich ist, euch an diesem Gutgehen teilnehmen zu lassen. Es soll uns miteinander gut gehen, nicht nur einem, und keinem auf Kosten des anderen! Darum laden wir ein, darum teilen wir unser Haus, unser Essen, unsere Zeit und, wenn es stimmt, unsere Freundschaft. Das macht einfach Spaß. Und weil wir wissen, dass in unserer Kultur die anderen genauso denken, ist es etwas Selbstverständliches. Wir brauchen uns darüber nicht so komplizierte Gedanken zu machen. Wir sagen einfach:

›Komm! Lass uns das und das miteinander machen.‹ Und der andere sagt: ›Ja, schön, ich komme.‹ Oder er sagt: ›Da habe ich keine Zeit; hast du noch einen anderen Vorschlag?‹ Ihr denkt so viel und nehmt euch selber so wichtig, wichtiger als den anderen. Nicht dass du glaubst, wir nehmen den anderen wichtiger als uns selbst! Das wäre wieder Unterwerfung. Wir nehmen uns und dich gleich wichtig, und das macht alles leicht. Daraus folgt von selbst die Gastfreundschaft.«

Dann sagte sie etwas, was mir unter die Haut ging: »Weißt du, schon dass ich darüber so viel Worte machen muss, um es dir zu erklären, gefällt mir nicht. Darüber redet man nicht. Dieses Teilen ist uns angeboren, es ist in unseren Genen. Es ist etwas Heiliges.« Sie breitete ihre Hände über ihre Brust. »Es ist mir heilig. – Und jetzt mach ich uns einen Tee.«

Ein indianisches Besuchsritual

Ich habe von einem Indianerstamm gehört, wo man in kleinen Dörfern mit etwa 30 Menschen zusammenlebt. Die Hütten bilden einen Kreis, der an einer Stelle offen ist. Dort steht ein Baum. Das ist der Eingang zum Dorf. Wer zu Besuch kommt, muss dort eintreten. Jeder andere Zugang würde als feindseliger Akt erlebt. Der Besucher geht zu dem Baum. Dort wartet er. Wenn ein Dorfbewohner ihn sieht, erzählt er das den anderen. Sie schauen in die Richtung des Besuchers. Dann wird jemand bestimmt, der zu ihm hingeht und ihn empfängt. Der Dorfbewohner bleibt dabei in gebührendem Abstand zu dem Fremden stehen und begrüßt ihn mit folgenden Worten:

»Bist du gekommen?«
»Ja, ich bin gekommen.«
»Hast du gut geschlafen?«
»Ja, ich habe gut geschlafen.«
»Was willst du von uns?«
»Ich will Tulai besuchen.«
»Ich werde Tulai holen.«
»Danke.«

Der Besucher wartet weiter, während Tulai geholt wird. Der begrüßt ihn:

»Bist du gekommen?«
»Ja, ich bin gekommen.«
»Hattest du einen guten Weg?«
»Ja, ich hatte einen guten Weg.«
»Komm mit mir!«

Jetzt erst darf der Gast ins Dorf eintreten und wird von allen begrüßt.

Auch wenn uns die Sätze fremd erscheinen mögen: Es ist eine respektvolle Art, jemandem einen Besuch abzustatten.

Am Tabakfeuer

Einmal nahm ich an einem indianischen Feuer- und Tabakritual teil. Geleitet wurde es von dem Häuptling und einem Assistenten. Letzterer hatte viel zu tun; er machte seine Arbeit sehr gut. Ich war von der Zeremonie tief berührt. Am Ende sagte ich ihm das, ich bedankte mich und verneigte mich dabei – als Ausdruck des Respekts vor ihm sowie der Achtung vor seiner Arbeit und seiner Kultur.

Verlegen wehrte er ab: Noch nie habe sich »ein Weißer« vor ihm verbeugt. Das stehe ihm nicht zu, denn er sei nur ein Indianer und lebe im Reservat. Die »Weißen« stünden im Rang höher. Sie seien es, vor denen man sich zu verbeugen hätte, vorausgesetzt, sie haben ein gutes Herz. Wenn ich also seine Arbeit würdigen wolle, sollte ich lieber dem Großen Geist etwas Tabak opfern.

Ich war sehr verwundert: Da zeige ich jemandem meinen Respekt, und er kann ihn nicht annehmen, weil er sich nicht würdig fühlt.

Ich konnte ihn dazu bewegen, mit mir darüber zu sprechen. Es war ein aufschlussreiches Gespräch. Ich begann zu ahnen, wie stolz und stark die Indianer einmal waren, wie viel Leid ihnen die Unterdrückung bis heute brachte, mit wie viel Trauer sie ihre reiche Tradition untergehen sehen, wie gern sie uns noch vieles zeigen wollen von ihrem großen Wissen und wie unsicher sie sind, wenn sie in Europa vor »Weißen« auftreten – unsicher, ob sie geachtet oder belächelt werden.

Still hörte ich zu, bis das Feuer allmählich niederbrannte. Ich sagte ihm, dass ich seine große Kultur achte und mir wünsche, dass auch er meine Tradition würdige; die lade mich nun mal dazu ein, mich vor einem wie ihm zu verbeugen, so wie ich das vor jedem guten Lehrer tue, egal woher er kommt.

Ich erklärte ihm, dass ich für meine Ehrlichkeit zuständig bin und nicht für die Rangordnungen, die sein Stamm sich ausgedacht hat.

Noch einmal verneigte ich mich. Er nahm es an, drückte meine Hände und lachte. »Erzähl mir eine Geschichte aus deiner Heimat!«

Ich erzählte. Er stellte interessierte Fragen. Wir scherzten über die Unterschiede unserer Kulturen und wie einfach sich beides hier am Feuer verbindet.

Wir zogen unsere Beutel heraus, vermischten etwas von seinem und meinem Tabak in unseren Händen und opferten dem Großen Geist. Schweigend schauten wir ins Feuer, hörten seinem Knistern zu und den Grillen in der Wiese, über uns die Sterne. Eine Stunde oder mehr mag so vergangen sein. Dann bedankte er sich beim Feuer. Wir löschten es achtsam mit Wasser, umarmten uns und gingen auseinander. Er sagte: »Gute Nacht, Bruder!«

Wie winkt man?

Ein Freund bekam in Mexiko einen Lehrauftrag für interkulturelle Kommunikation (also die Verständigung unter fremden Kulturen), dazu ein Büro und eine einheimische Assistentin. An einem Abend sollte er einen Vortrag halten. Eine Stunde vor Beginn stand er auf der Bühne, um die Beleuchtung und Sprechanlage zu testen. Seine Assistentin stand am anderen Ende des Saales und bediente die Technik.

Nun brauchte er sie auf der Bühne, um ihr etwas zu zeigen. Im Saal war es laut, und herumzuschreien galt als unhöflich. Also wartete er, bis sie zu ihm hinschaute, und winkte ihr dann zu, nach vorne zu kommen. Er tat das mit der Handbewegung, die in seiner Heimat üblich ist: Er streckte den Arm aus mit der Handfläche nach oben, beugte dann den Ellenbogen und seine Hand mehrmals in Richtung Kopf. Das heißt bei uns: »Bitte komm her!«

Die Frau sah das, starrte ihn an, drehte sich um, verließ den Raum und kam nicht wieder. Am nächsten Morgen kam sie nicht ins Büro, dafür aber erschien ein Mann, der sich als ihr Vater vorstellte und meinen Freund anfuhr, wie er es wagen könne, seine Tochter wie einen Hund zu behandeln.

Mein Freund war entsetzt und musste sich belehren lassen, dass man mit dieser Bewegung in Mexiko einen Hund herbeiwinkt. Um einem Menschen zu winken, mache man es umgekehrt: Mit ausgestrecktem Arm und der Handfläche nach unten beuge man die Finger nach unten zu sich her.

Die Frau blieb beleidigt, und daran konnten auch Entschuldigungen und Aufklärungen nichts ändern.

Solidarität

Ich war zu Besuch bei Freunden in Istanbul. Während eines Bummels durch den Basar stellten sie mir einen Verwandten vor, der dort einen Laden mit Gardinenstoffen betreibt. Er ist ein Cousin meines Gastgebers. Es war ein herzlicher Empfang, ein Plausch beim Tee.

Bei der Heimfahrt erzählte mir mein Freund, was in der Türkei Familienzusammenhalt bedeutet. Als er einmal in einer ernsten finanziellen Krise steckte, sagte ihm dieser Vetter: »Mach dir keine Sorgen! Ich kann mein Haus verkaufen und dir das Geld geben, das du brauchst.«

Es war dann nicht nötig, aber er hätte es getan.

Arrangierte Hochzeit

Mein Freund in Ceylon führte ein großes Haus mit Bediensteten. Der Koch hieß John, ein Tamile, Ende zwanzig. Er hatte noch nie ein Mädchen.

Eines Tages erhielt er eine Nachricht von seiner Mutter: Er solle am übernächsten Tag zu einer bestimmten Zeit in hübscher Kleidung zu ihr kommen. Punkt. Er musste sich zwei Tage freinehmen, denn der Bus brauchte lang bis in sein Dorf.

Als er zurückkam erzählte er: In seinem Elternhaus saß neben der Mutter ein junges Mädchen im schicken Sari und strahlte ihn an. Seine Mutter sagte ohne Umschweife: »Sohn, das ist deine Frau. Sie heißt Sunila. Beim nächsten Vollmond ist die Hochzeit. Bereite alles vor!«

Man trank Tee, unterhielt sich eine Weile, dann ging die junge Frau. Zwei Wochen später waren sie verheiratet.

Die Hautfarbe: ein Fettnäpfchen

Zum Haushalt meines Freundes in Ceylon gehörte die dunkelhäutige Singhalesin Monica, das Kindermädchen. Als ich dort ankam, war ich noch ziemlich bleichgesichtig. Ich freute mich darauf, mich am Meer zu bräunen. Ich war neidisch auf Monicas tiefbronzenen Teint. Einmal sagte ich zu ihr: »Ich möchte so braun sein wie du. Wie macht man das? Ich bin immer am Strand, aber schau mich an, wie ich aussehe!«

Sie war verärgert und fühlte sich gedemütigt. Das sagte sie zwar nicht mir selbst, aber ihrem »Herrn«, meinem Freund. Der hat es mir bestellt. Was war passiert? Ich bin doch nur ehrlich gewesen!

Ganz einfach: Sie hatte das entgegengesetzte Schönheitsideal. Ihr gefielen die »Weißen« mit ihrem hellen Teint. Das war für sie die Farbe der hochstehenden Menschen. Das dunkle Braun ihrer eigenen Haut empfand sie als Zeichen einer minderen, rückständigen Kultur. (Kein Wunder, wir hellen Völker haben jahrhundertelang die dunkelhäutigen Völker erobert und kolonialisiert!) Sie fand es völlig verrückt, dass »Weiße« sich in die pralle Sonne legen, um braun zu werden und ihre edlen Gesichter zu entstellen. Und dann sage ich auch noch, dass ich ihre Hautfarbe mochte! Das empfand sie unwürdig und gefährdete ihren Respekt vor mir.

Uff! Was hatte ich da angerichtet! Ich war sehr froh, dass man mich das wissen ließ. Die anderen einheimischen Angestellten des Hauses haben den Vorfall mitbekommen. Deshalb lud ich alle zum Tee ein, und wir konnten unsere kulturellen Eigenheiten austauschen. Das hat uns einander nähergebracht.

Chinesisches Nein

Johannes Galli (4) berichtet aus einem von ihm geleiteten Seminar in Peking: Ein Deutscher wollte eine junge Chinesin zu einem Besuch in die »Verbotene Stadt« einladen und zwar an einem Nachmittag, von dem er wusste, dass sie frei hat.

Zuerst zierte sich die Frau und gab ausweichende Antworten, wobei sie über und über höflich lächelte. Als der Mann weiterhin sehr charmant um die Einladung warb, sagte die Frau mit allem Liebreiz: »Ich kann leider nicht kommen, ich habe vielleicht einen Termin.« Als sie später gefragt wurde, was die seltsame Aussage »Ich habe vielleicht einen Termin« bedeutete, erklärte sie etwas verlegen:

- Ihre Moral verbiete ihr, gleich bei der ersten Einladung mit einem fremden Mann auszugehen.
- Sie sei dazu erzogen worden, nicht zu lügen.
- Einen fremden Mann dürfe sie nicht verletzen.

Diese drei Grundsätze, die sie aufgrund ihrer Tradition verinnerlicht hatte, brachten sie in eine unlösbare Notsituation, sodass ihr kein anderer Ausweg einfiel, als zu sagen: »Ich habe vielleicht einen Termin.«

Zur Erinnerung: Auch wir haben unsere kleinen Tricks und Notlügen, wenn wir etwas nicht direkt sagen wollen.

Schwarz-Weiß

In der Zeitung las ich folgenden Bericht: In ein überfülltes amerikanisches Flugzeug stieg eine sehr feine hellhäutige Dame und fand ihren Platz neben einem sehr dunkelhäutigen Herrn. Sie setzte sich widerwillig auf ihren Platz und bestellte sofort die Stewardess.

»Bitte haben Sie einen anderen Platz für mich? Ich kann hier nicht sitzen.«

»Tut mir leid, Madam, es ist alles besetzt.«

»Aber ich kann hier unmöglich sitzen!«

»Ist es Ihnen zu eng?«

»Nein. Aber ich kann hier nicht sitzen. Sehen Sie doch!«

»Was ist denn der Grund, Madam? Wie kann ich Ihnen helfen?«

»Sie sehen doch – ich kann unmöglich neben einem Schwarzen sitzen.«

Die Stewardess lachte: »Ach so, deswegen!«

Sehr freundlich fuhr sie fort: »Madam, auf dieser Welt gibt es verschiedene Hautfarben. Unsere ist hell, die von diesem Herrn ist dunkel. Können Sie das bis zur Landung ertragen?«

»Hören Sie auf, mich zu belehren! Ich brauche von Ihnen keine Unterrichtung über den Zustand der Welt. Ich möchte nicht neben einem Schwarzen sitzen. Sorgen Sie dafür!«

»Sehr wohl, Madam. Ich werde in der ersten Klasse schauen, ob da noch was frei ist.«

Die Stewardess kam nach einiger Zeit wieder und sagte zu der feinen Dame: »Sie haben Glück, Madam. In der ersten Klasse ist genau noch ein Platz frei.«

Dann wandte sie sich zu dem dunkelhäutigen Mann: »Mein Herr, entschuldigen Sie die Störung! Wenn es Ihnen nicht zu viele Umstände macht – darf ich Ihnen den Platz in der ersten Klasse anbieten? Dann können Sie unbehelligt reisen.«

Der Mann lächelte und nahm sein Handgepäck. Die feine Dame musste leider aufstehen, um ihm den Weg frei zu machen. Sie kochte. Der Mann dankte ihr freundlich und ließ sich von der Stewardess zu seinem neuen Platz begleiten.

Mit dem Zug durch Indien

In tropischer Hitze fuhr ich mit dem Zug vom Norden Indiens in seinen Süden, von Delhi nach Madras. Es gab vier Zugklassen. Die erste Klasse war die billigste, die vierte die feinste. Ich hatte bei der Eisenbahngesellschaft eine Fahrkarte der ersten Klasse gekauft. Die Fahrt sollte ungefähr 48 Stunden dauern – oder auch viel länger, man weiß nie, was unterwegs passiert. Nun saß ich im Zug. Die Übergänge von den Wägen der ersten Klasse zu den anderen Klassen waren versperrt, damit die »besser« Reisenden ungestört blieben.

Die ersten 16 Stunden waren überwältigend, die Wägen der ersten Klasse völlig überfüllt. Man saß auf den Bänken, auf dem Boden, auf den Gängen, auf dem Schoß von jemand anderem. Unter den Bänken befanden sich Hühner, Schweine und allerlei anderes Kleingetier.

Von Säuglingen bis zu Greisen war jedes Alter vertreten, ein buntes Durcheinander, es wurde geschrien und auch gestritten. Mütter stillten ihre Kinder, wechselten Windeln. Leute entblößten ihre zum Teil grässlichen Wunden an offenen Beinen, um sie neu zu verbinden. Da waren viele Kranke und Verkrüppelte. In unserem Abteil starb eine alte Frau. Sie wurde an der nächsten Station ausgeladen. Im Nachbarwagen brachte eine Frau einen kräftig schreienden Sohn zur Welt. Die Hebamme war vorsorglich mitgekommen. Die Toiletten waren heillos überfüllt und streckenweise außer Betrieb. Viele, vor allem Kinder, konnten ihre Notdurft nicht halten.

Zu dem ungeheuren Lärm von Mensch und Vieh und dem Anblick dieses Chaos, der unsäglichen Hitze und den dampfenden Leibern kam eine nie zuvor erlebte

Welt von Gerüchen von dutzenderlei mitgebrachtem Essen, von Curry, Koriander und süßem Chai. Das war noch unterhaltsam. Die besondere Würze war jedoch ein Bukett von menschlichem Schweiß, Mundgeruch, den Aussonderungen des Feder- und Ferkelviehs, von Babywindeln, Räucherstäbchen und vielem mehr. Später erfuhr ich, dass in der ersten Klasse vor allem die Angehörigen der untersten Kasten, die »Unberührbaren«, reisen.

An jeder Station hielt der lange Zug mit kreischenden Bremsen. Leute stiegen aus und ein, Speisen wurden verkauft, Toiletten gereinigt – dann rumpelte der Zug fauchend und pfeifend wieder los.

Am Anfang war ich von dieser Situation so geschockt, dass ich den sofortigen Wechsel in eine andere Zugklasse erwog. Dann sagte etwas in mir: »He, kleiner Westler, willst du wieder flüchten? Fährst nach Indien und willst es bequem haben, was? Liest daheim im Liegestuhl Bücher über das Kastenwesen, redest bei Wein und Steak klug über andere Kulturen und hältst es bei denen keine paar Stunden im Zug aus! Kleiner Klugscheißer, das hier ist das Indien der Unterklasse! Wenn dir das zuwider ist, besuch die Maharadschas und iss aus goldenen Schalen!«

Ich atmete tief durch und ließ mich in die Welt fallen, die mich umgab. Ich fuhr nach Madras, und in diesem Zug tobte das bunte Leben. Ich brauchte ja nur mitzutoben.

Ich schaute Kindern in die Augen und nickte Leuten zu. Sie wurden auf mich aufmerksam, sprachen mit mir, und ich verstand nichts. Dadurch wurde die Unterhaltung tiefer, weil Hände, Kopf und Augen viel beredter sind als Worte. Schon nach kurzer Zeit begriff ich alles und fühlte mich verstanden. Ich war nicht mehr duldsamer Beobachter, sondern Teil dieser Menschen. Kinder berührten meine helle Haut und erschraken oder grinsten. Ich verteilte Bonbons an die drei Kleinen neben mir. Im Nu stürzten sich Dutzende Kinder aus allen Ecken des Abteils auf mich, streckten mir bittend ihre Hände entgegen. Erwachsene kamen und bettelten um Geld. So ist das überall in Indien. Ich wusste: Wenn ich jetzt gebe, bin ich viele Stunden von bittenden Händen aus allen Abteilen umringt. Darum wandte ich – aus reinem Selbstschutz, die Mitreisenden mögen es mir verzeihen! – einen Trick an, den mir indische Freunde für diesen Fall verraten haben. Ich hatte mich zu Hause mit meiner Freundin und acht Kindern verschiedenen Alters fotografieren lassen. Jetzt verschenkte ich alle Bonbons. Dann zog ich dieses Foto heraus, zeigte es den Leuten und erzählte in meiner Muttersprache, gestikulierend und mit lebhafter Mimik, wie schwer es ist, acht Kinder großzuziehen, wie viel Geld das kostet und so weiter. Ich stülpte meine leeren Hosentaschen nach außen, sagte, dass ich die Kinder hier sehr mag – ich tätschelte ihre Köpfe –, aber dass ich unmöglich einen ganzen Zug voll Kinder beschenken kann, wenn ich zu Hause eine Familie mit acht Kindern füttern muss. Das wirkte. Das Foto machte die Runde, das Betteln hörte auf. Man wollte die Namen meiner Kinder wissen, die Kinder im Zug nannten mir ihre Namen.

Da kam schon das nächste Abenteuer. Ein spindeldürrer, zahnloser Alter hüpfte auf einer Krücke ins Abteil herein. Mit hohem Singsang, irren Grimassen und Gesten verbreitete er im Nu einen Wahnsinn um sich. Kinder flohen unter die Saris der Mütter und versteckten sich beim Vieh unter den Bänken. Erwachsene reizten den Clown mit Zurufen, auf die er theatralisch reagierte. Immer wieder endeten seine Eskapaden in grölenden Lachsalven der Reisenden. Und wenn sie lachten, steckten sie ihm etwas Essbares zu.

Inzwischen hatten die Kinder ihre Angst verloren, kamen aus ihren Verstecken heraus und neckten ihn. Das schien ihm zu gefallen; mit Tierstimmen brachte er sie zum Lachen und Klatschen. Dann sah er mich. Eine Abfolge skurriler Gesichtszüge floss in diesem einen Gesicht ineinander, als er, die Augen aufgerissen, mit seiner Krücke auf mich zielte. Ich lächelte ihm zu. Da begann er mit tieferer Stimme eine pathetische Rede, »ans Volk« gerichtet und immer wieder auf mich deutend. Was hatte ich wohl angestellt? Mit einem Schrei endete er so abrupt, wie er begonnen hatte, seine wirren Augen starrten in meine, es schien endlos und alle hielten den Atem an, kein Ton war zu hören. Ich bekam Angst. Dann sagte er noch einen Satz, stieß die Krücke auf den Boden und ließ von mir ab. Das Abteil bebte im Gelächter. Er sammelte Futter ein und zog lärmend weiter in den nächsten Wagen.

Was war geschehen? Kinder wollten auf meinen Schoß. Unter meinem Sitz grunzten Ferkel. Erwachsene boten mir von ihren Habseligkeiten etwas Reis und Betelnüsse an. Ich fühlte mich dazugehörig. Ein Strom von Wärme und Freude floss durch meinen Körper. Mein Rücken streckte sich. Irgendwas geschah mit meinen Augen, alles wurde bunter, und ich entspannte mich so völlig in diese Welt hier und jetzt, als wäre sie schon immer meine gewesen. Ein großes Annehmen von allem, was mich umgab, erfüllte mich. Ja, da bin ich und so ist es jetzt hier. Ja. Ja. Ich spürte die große Ehrlichkeit dieser Leute. Sie mussten sich nicht verstellen, sie hatten nichts zu verlieren, nichts zu verbergen und brauchten nicht zu tricksen. Irgendwann zwischen Geborenwerden und Sterben sitzen wir alle in diesem Zug.

Wir leben jetzt und wissen nicht, wie lange. Ist auch egal, Hauptsache jetzt.

Da erinnerte ich mich an ein Erlebnis zu Hause in unserem Garten. Mein Freund Valentin war zu Besuch. Wir hatten stundenlang über Politik und Psychologie diskutiert. Nun standen wir schweigend unter den duftenden Fliedersträuchern und rauchten. Lange fiel kein Wort. Dann, ohne Vorwarnung, sagte Valentin: »Das Leben ist immer jetzt. Die einzige Chance zu leben ist dieser Augenblick.«

Ich weiß nicht, woher seine Botschaft kam. Nichts sonst wurde gesagt. Seine Worte zogen in meine Seele und durch den blühenden Garten. Ich atmete sie tief ein. Alles in mir sagte: »Ja, so ist es.« Wir zwei Männer standen schweigend verbunden da und rauchten wortlos weiter. Wir haben nie mehr darüber gesprochen.

Das fiel mir jetzt ein im Zug. Eine solche Liebe spürte ich zu diesen Menschen, dass meine Augen feucht wurden. Haben Sie schon mal in einem ratternden Zug inmitten eines tosenden Durcheinanders quicklebendige indische Kinder auf dem Schoß gehalten und in ihre Augen geschaut? Das haut Sie um. Einige blickten mich erstaunt an. Eine Frau legte für einen ganz kurzen Augenblick – AugenBlick, was für ein wahres Wort! – eine Hand auf meinen Arm und sagte etwas. Alle redeten auf mich ein. Ich verstand nichts und alles. Ich antwortete, sie verstanden.

Irgendwann wurde ich sehr müde. Es gab hier keine Schlafgelegenheit. Einige Kinder schliefen im Gepäcknetz. Alle anderen Menschen, groß und klein, lehnten sich zum Dösen aneinander oder legten sich kreuz und quer übereinander. Das traute ich mich dann doch nicht.

Für das Gepäck gab es über den Köpfen entweder

starke Netze oder sehr dicke, massive Ablagen aus Stahl. Sie waren recht breit und so stabil, dass sie einen Menschen tragen konnten. Eine solche Ablage befand sich über meinem Sitz. Ein Mann gegenüber, der mir meine Müdigkeit ansah, bedeutete mir, dass ich mich doch auf diese Gepäckablage legen könne. Ich fand das eine gute Idee und kletterte hinauf. Man legte mir ein paar Decken unter – Decken gibt es hier überall, sie sind ein willkommenes Hilfsmittel für alle Lebenslagen – und bedeutete mir, dass man auf mich aufpassen würde.

Das Rattern des Zuges übertrug sich auf das Metallgestänge und auf mich, es vibrierte in mir in einem wohligen Rhythmus, der mich bald einschläferte.

Ich wachte erst wieder auf, als der Zug mit kreischenden Bremsen in einen Haltebahnhof fuhr. Mein Platz auf der Bank war inzwischen besetzt. Ich musste dringend auf die Toilette. Das hatte ich bisher mühsam unterdrückt. Jetzt ging es nicht mehr. Ich turnte auf den Boden. Es war früher Nachmittag. Die Leute wünschten mir guten Morgen und lachten.

Das WC! Schlangestehen. Nach langer Zeit kam ich an die Reihe. Mit einer Wäscheklammer (gehört zur Standardausrüstung) an der Nase, angehaltenem Atem und geschlossenen Augen schaffte ich es irgendwie, mich zu entleeren. Dann nichts wie weg! Die Erleichterung tat mir unglaublich gut.

Auf dem Weg zurück traf ich den Schaffner. Der prüfte meine Fahrkarte und fragte auf Englisch, wieso ich in der ersten Klasse reise. Es sei genug Platz in den anderen Klassen. Ich überlegte: Seit 16 Stunden lebte ich in dem Tumult, den ich liebgewonnen hatte. Bis Madras waren es – nach Fahrplan – noch 32 Stunden, es konnten aber auch viel mehr werden. Ich war nicht wirklich scharf darauf, dort gerädert anzukommen und zwei Tage ausschlafen zu müssen. Also beschloss ich, das Abteil zu wechseln, auch aus Neugier.

Welche Klasse, wollte der Schaffner wissen. Na, wenn ich jetzt das Chaos der ersten Klasse erlebt hatte, wollte ich nun den angeblichen Luxus der vierten genießen! Die Zuzahlung war für indische Verhältnisse beträchtlich, für einen Europäer immer noch sehr gering. Wie schön, dass ich mir das leisten konnte! Meine Reisegefährten mussten wohl ihr Leben lang in der ersten Klasse reisen. Ich war privilegiert.

Ich holte mein Gepäck und verabschiedete mich von den Leuten, die ich noch kannte. Inzwischen waren ja viele aus- und eingestiegen. Man rief mir die Namen »meiner« Kinder zu, fasste mich an, lachte mich an und winkte mir nach. Dann geleitete mich der Schaffner durch lange Gänge in ein Abteil der vierten Klasse und wünschte mir eine gute Reise.

Hier war ich in einer anderen Welt. Ich saß allein in einem sehr geräumigen Abteil mit himmelblauem Samt, sauber geputzten Fenstern und einem klaren Blick auf die Landschaft in der Dämmerung. Ich fühlte mich wie im Paradies. Jemand brachte mir heißen Tee mit Gebäck. Kaum hatte ich das genossen, sank ich in die Plüschkissen.

Ich musste tief geschlafen haben, denn als ich erwachte, graute der Morgen. Mir gegenüber saß ein gut gekleideter, vornehmer Inder, der in der Zeitung las und mir zulächelte: mein neuer Reisegefährte. Ich räkelte mich ein wenig – was sehr unhöflich ist, aber ich brauchte das jetzt. In perfektem Englisch erklärte mir der Herr, wo sich der Waschraum und die Toiletten befanden. Ich nahm mir sehr lange Zeit, um mich dort zu erfrischen und meine Glieder in Schwung zu bringen. Als ich zurückkam, brachte der Kellner meinem Reisege-fährten das Frühstück und fragte mich nach meinen Wünschen.

Das gemeinsame Frühstück war ein großer Genuss für Leib und Seele. Mein Kompagnon stellte sich als erfolgreicher Geschäftsmann einer oberen Kaste vor. Er war sehr gebildet und ein angenehmer Gesprächspart-ner. Ich berichtete ihm von meinen Abenteuern auf die-ser Reise. Er erzählte mir von der indischen Geschichte, Mythologie und Spiritualität.

Das wohlige Gefühl, sauber zu sein und gut gespeist zu haben, die Geborgenheit in den sanften Sesseln, deren Blau das Blau des Himmels dieses strahlenden Morgens zu spiegeln schien, der ewig gleiche Rhythmus des tu-ckernden Zuges und unser langsames Gespräch ließen ein Glück in mir aufsteigen, ein anderes Glück als ges-tern mit den Kindern auf meinem Schoß, sodass ich un-willkürlich lachen musste.

»Was erheitert Sie?«, fragte der Inder.

Ich erwiderte: »Zweierlei Glück im selben Zug.«

Immer wieder unterbrachen wir unsere Unterhal-tung durch Schweigen – und umgekehrt. In dieser Stille dachten wir über das Gesagte nach – die Wörter »be-dacht« und »bedächtig« fielen mir ein – und schauten aus dem Fenster auf die vorbeigleitenden Felder, Bäu-me, Seen, Dörfer, Städte, Kinder, Bauern; was man halt so sieht, wenn man aus dem Zug schaut.

Einmal sprachen wir über Politik. Ich erzählte ihm von meinen studentischen Aktivitäten in der 68er-Be-wegung. Er wusste Bescheid!

»Und was haben Sie erreicht?«, fragte er.

»Eigentlich nur einen Bewusstseinswandel.«

»Warum ›eigentlich nur‹?«

»Einen Bewusstseinswandel.«

»Das ist viel.«

»Eigentlich schon.«

»Nicht eigentlich. Es ist viel.«

»Ja.«

»Das Bewusstsein beeinflusst das Wahrnehmen und das Wahrnehmen prägt die Sicht der Dinge, und daraus folgt das Handeln. Bewusstseinswandel führt zu verändertem Handeln, nicht gleich, mit der Zeit. Es ist eine Saat. Man muss warten können.«

Ich sagte: »Manchmal bin ich ungeduldig, wenn notwendige Veränderungen so lange dauern.«

»Dann lernen Sie Geduld! Ein Sprichwort bei uns sagt: ›Ein Reishalm wächst nicht dadurch schneller, dass du an ihm ziehst. Eher reißt du ihn aus.‹«

»Ja, das stimmt.«

»In unserer Religion warten wir ein ganzes Leben lang oder mehrere Leben.«

Ich sagte ihm, dass wir an Entwicklungsländer wie Indien immerfort Entwicklungshilfe zahlen, sehr viel Geld, und dass sich dort so wenig ändert. Die Reichen bleiben reich, die Armen bleiben arm. Warum machen die Millionen hungernder, obdachloser Inder, die auf den Straßen leben, keinen Aufstand? Bei uns würde das eine Revolution geben!

Er lachte: »Bei Ihnen ja, Sie haben ja auch nur ein Leben.«

»Wie meinen Sie das?«

»Die meisten unserer Armen sind gläubige Hindus, sonst könnten sie ihre Situation gar nicht ertragen. Als gläubige Hindus glauben sie fest an das Karma und die Wiedergeburt: Dass ich in diesem Leben ein reicher, einflussreicher Mann bin, ist der Lohn dafür, dass ich in meinen vorangehenden Leben gut, gerecht, gottgefällig gelebt habe. Dass ich in diesem Leben auf der Straße lungere und krank bin, ist der Preis dafür, dass ich in meinen letzten Leben schlecht – Sie würden sagen: sündhaft – gelebt habe. Wenn ich will, dass es mir im nächsten Leben besser geht, muss ich mein Karma in diesem Leben annehmen und geduldig ertragen. Würde ich mit meinem Schicksal hadern und aufbegehren, würde ich vielleicht meine Situation hier verbessern, aber nicht mein Karma abtragen. Im Gegenteil: Durch die Ablehnung meiner karmischen Aufgabe lade ich neues Karma auf mich, und das nächste Leben wird noch schlechter.«

Ich hielt das für eine spannende Logik und fragte: »Dann wäre ein Aufstand der Armen gegen ihre Lebensbedingungen ...«

»... ein Vergehen gegen das Karma.«

»Und eine soziale Revolution ...«

»... wäre völlig widersinnig; nur etwas für Masochisten, die im nächsten Leben leiden wollen.«

Ich dachte nach.

Er fügte hinzu: »Aber verstehen Sie das nicht falsch und nicht nur politisch! Nicht nur eine Revolution wäre absurd und gegen das Karma gerichtet. Jeder andere Versuch, meine Lebensbedingungen gewaltsam zu verbessern, wäre es auch, zum Beispiel Bankraub, Diebstahl, Betrug. All das bedeutet: Ich nehme mein Schicksal nicht an und verstoße gegen die Gesetze des Lebens.«

»Dann ist in Indien eine soziale Revolution nicht zu erwarten?«

»Nicht bei den gläubigen Hindus.«

Wir sprachen darüber, wie der Glaube das Alltagsleben prägt. Er erzählte, wie er das auf seinen Geschäftsreisen in Europa erlebt. Dort glaubt man nur an ein einziges Leben. In diesen 80 Jahren muss man alles erledigen, was man für wichtig hält: Ziele erreichen, reich und berühmt werden, Revolution machen und vieles andere. Was man bis zum Tod nicht erledigt hat, bleibt unerledigt. Daher die Hektik und die Angst, nicht fertig zu werden; nicht genossen zu haben. Daraus folgt unter anderem das gesamte Versicherungswesen: sich absichern gegen die Vorfälle des Lebens, denn man hat ja nur eines. In Indien sei das bei den Gläubigen anders: Sie haben viele Leben Zeit, und es liegt nicht alles in ihrer Hand. Es kommt darauf an, so zu leben, dass Karma erlöst wird. Was da hineinpasst, können sie tun. Was nicht hineinpasst, ist zu unterlassen, zum Beispiel ein Aufstand gegen die Lebensbedingungen. Inder können warten. Im nächsten Leben wird es besser.

Ich sagte: »Ihnen geht es in diesem Leben gut. Sie sind erfolgreich und wohlhabend, haben eine schöne Frau und gesunde Kinder (er hatte mir Fotos gezeigt). Sie müssen in Ihrem letzten Leben Ihr Schicksal tapfer ertragen – oder gute Taten vollbracht haben.«

Er lächelte: »Ich bin zufrieden mit meinem Karma.«

Wir sprachen über Gott und die Welt, Essen und Reisen und viel über uns. Wir machten lange Pausen des Schweigens mit Tee, Schlaf, Lesen, die Landschaft betrachten, im Zug spazieren gehen. Beides – das Reden und das Schweigen – brachte uns einander näher, es wuchs eine Vertrautheit.

Als wieder einmal der Zug mit Getöse in einem Bahnhof hielt und ich aus einem Nickerchen erwachte, stand da MADRAS. Eine Reise war zu Ende. Schön und schade! Wir tauschten unsere Adressen aus und verabschiedeten uns. Wir begegneten einander nie wieder.

Ankunft in Java

Als ich mit dem Schiff in Jakarta ankam, verfolgte mich das Pech. Ich stieg mit meinem großen Rucksack in einen Bus, um in die Innenstadt zu fahren. Der Bus war überfüllt, ich musste vorne nahe der Türe stehen und hielt mich über dem Kopf an einer Schlaufe fest.

An einer Haltestelle hielt der Bus ruckartig, die Tür ging auf, die Leute drängten nach draußen. Ich kam mit meiner Hand nicht rechtzeitig aus der Schlaufe, wurde aber so geschubst, dass mein Arm aus dem Gelenk sprang. In demselben Augenblick konnte ich loslassen, ich wurde aus der Tür geschoben, der Bus fuhr ab, und ich lag mit einem ausgerenkten Arm im Straßendreck. Das war mein Empfang in Indonesien!

Es dauerte lange, bis ein Taxi hielt und mich zu einem Arzt brachte. Mit eingerenktem Arm und argen Schmerzen kam ich wieder heraus und musste mir ein Quartier besorgen.

Nein, jetzt nicht. Ich bin fix und fertig und habe Hunger. Ich will in der Nähe ein Lokal suchen. Der Wirt wird schon wissen, wo ich übernachten kann.

Ich fragte jemanden nach einem Restaurant. Ganz in der Nähe gab es eins. Am Eingang las ich, dass dies das Geburtshaus der indonesischen Reistafel sei. Da stand die ganze Entstehungsgeschichte dieses weltberühmten Gerichtes, von dem ich schon viel gehört und das ich schon irgendwo begeistert gekostet hatte. Ich bekam noch mehr Appetit.

Es war ein gemütliches und sehr sauberes Lokal. Mitgenommen saß ich an einem Tisch, den Rucksack neben mir, den Arm in der Schlinge. Erst kam ein Ober und dann ein sehr freundlicher Mann, der sich als Besitzer des Hauses vorstellte und nach meinem Schicksal fragte. Als ich ihm alles erzählt hatte, sagte er: »Als Einheimischer kann ich nicht zulassen, dass Sie eine so unfreundliche Ankunft in unserem Land erleben müssen. Wenigstens in meinem Haus soll es Ihnen gut gehen. Wenn Sie möchten, lasse ich Ihnen eine original indonesische Reistafel servieren.«

Ich willigte freudig ein.

»Möchten Sie eine kleine oder große Reistafel?«

Ich ließ mir den Unterschied erklären: Die kleine Tafel beinhaltet trockenen Reis mit vier, acht oder zwölf Currys (Beilagen), die große zwei Reisschalen – einen trockenen und einen feuchten Reis – mit vierundzwanzig Currys.

Irgendein Wahnsinn in meinem Bauch animierte mich dazu, die große Tafel zu wählen: zwei Schüsseln Reis und vierundzwanzig Beilagen! Okay, ich lasse mich verwöhnen! Darum bestellte ich auch noch eine Flasche Wein.

Nach einer halben Stunde wurde das Mahl auf meinem Tisch zeremoniell angerichtet. Die Düfte der Speisen betörten mich. Der Chef erklärte mir die Currys, die Gewürze, was mild und scharf ist, welche Reihenfolge der Verdauung guttut und erläuterte mir die Geschichte dieses Gerichtes.

Dann ging's los. Ich aß drei Stunden lang. Es war wie Weihnachten. Ein Wonnegefühl in meinem Bauch löste das andere ab. Ich kann es nicht beschreiben. Nach Landessitte aß ich mit den Fingern. Das tat ich auf meinen Reisen in Asien immer. Ich spüre dann eine so sinnliche Verbindung mit dem, was ich esse. Ich fühle das Kühle und das Warme, das Feste und Weiche, die Konsistenz des Getreides und all der Gemüse – und es macht mir Spaß. Mit Stäbchen wollte ich nie essen, das finde ich albern. Daher habe ich es auch nie richtig gelernt.

Der Wirt setzte sich, so oft es die anderen Gäste zuließen, zu mir und erkundigte sich nach meiner Herkunft und meiner Reise. Er erzählte mir von Indonesien. Es war ein wunderschöner Abend. Ich fühlte mich hier äußerst gut aufgehoben. Dafür war ich sehr dankbar nach dem Unfallstress.

Der Chef des Hauses empfahl mir ein gutes und preiswertes kleines Hotel, in dem ich die nächsten Tage verbrachte. Am Ende des Mahles waren wir schon ein wenig miteinander befreundet.

Wollen Sie wissen, wie die Geschichte ausging?

Als ich um die Rechnung bat, sagte der Wirt: »Sie zahlen den Wein. Die Reistafel, wenn Sie erlauben, möchte ich Ihnen als Gastgeschenk verehren« – verehren sagte er! – »dafür, dass Sie durch die halbe Welt in mein Haus kamen und auch als kleinen Trost für Ihr Missgeschick.«

Das war meine andere Ankunft auf Java. Jeden Tag speiste ich bei ihm, und als ich gut erholt nach Surabaya aufbrach, war der Abschied ein bisschen wehmütig.

Kulturschock zu Hause

Ich hatte in Indien Menschen getroffen, die wohnten zu acht in einem kleinen Verhau aus Plastikfolien, Wellblech und Pappkarton. Sie lebten von ein bisschen Reis und Gemüse und dem, was sie gelegentlich erbetteln konnten. Sie wuschen sich zweimal am Tag in Flüssen, tranken aus Regenpfützen und hatten strahlende Augen. Ihre Wirbelsäulen waren aufrecht, auf dem Kopf trugen sie etwas Brennholz oder andere nützliche Sachen. Die Saris der Frauen und die Lungis der Männer leuchteten bunt und waren so sauber, wie es das Waschen mit Regenwasser zuließ.

Ihre Haltung war sehr freundlich und stolz. Sie strahlten aus: Ich lebe jetzt. Ich habe nichts, aber die Sonne scheint und ich lebe. Mein Körper ist beweglich. Schön, dass du auch da bist. So waren die Großen, und so waren die Kinder, wenn sie zu sechst aus dem Unterstand herauskamen.

Ich habe Schuhputzer in Ceylon getroffen, die verdienten am Tag so viel, dass sie ihren Kindern eine Suppe geben konnten. Sie lachten und fragten mich mit ihren paar Brocken Englisch über mein Leben aus. Ich spürte ihren Stolz und ihre Stärke.

In Kalkutta fand ich einen Mann auf der Straße, der vielleicht vierzig Jahre alt und sehr krank war. Mein indischer Bekannter zog mich weiter, doch ich wollte mit dem Mann sprechen. Ich schenkte ihm Schokolade und hielt seine Hand. Er schaute mich lange an und sagte: »Wer bist du? Ich habe nichts. Schön, dass du da bist. Aus mir wird nichts mehr. Aber« – seine Stimme wurde kräftiger – »ich habe gelebt. Ja, ich habe gelebt, und noch lebe ich, das ist gut. Sei glücklich!« Dann sank er wieder in sich zusammen.

In Afghanistan kannte ich einen, der hatte zwanzig Jahre gearbeitet und für einen kleinen, alten Bus gespart. Den hat er dann drei Jahre hergerichtet. Mit diesem Bus Leute zu transportieren und Kinder in die Schule zu fahren war sein Glück. Er selbst hatte fünf Kinder. Auf Überlandstrecken fuhr er bis zu vierzehn Stunden am Stück. Er hatte seinen Bus geschmückt wie ein Wohnzimmer, mit Plastikblumen und echten Blumen aus Gärten und von Feldern, mit Rosenkränzen, kleinen Teppichen und Deckchen und über und über mit Bildchen seiner Familie. Wenn er fuhr, hatte er am

Führerstand eine Kerze brennen. Vor dem Start sprach er mit den Fahrgästen ein Gebet für eine gute Reise, er bat um Schutz vor Unwetter und Räubern. Kam man am Ziel an, wurde geklatscht und noch einmal gebetet zum Dank für die gute Reise. Kleinigkeiten, die man entbehren konnte, schenkte man dem Mann. Er sagte mir, er könne sich pro Tag ein paar Zigaretten leisten. Das sagte er stark und stolz und aufrecht mit seinem tiefen Lachen.

In sehr dürren Gebieten, wo die Hitze über der verdorrten Erde flirrte, sah ich Kinder mit aufgetriebenem Bauch, die später an Hunger starben. Die Mütter weinten. Dann gaben sie denen, die noch lebten, ein paar Brocken. Ich konnte nicht fassen, dass sie stolz und würdig lebten.

So ging es weiter. Immer sah ich Leute, die wenig hatten und aufrecht gingen, klaren Blicks und für jede Begegnung lächelnd. Diese Menschen schätzen das Leben, weil sie sonst wenig haben.

Dann kam ich nach Hause. Ich lebte in München in einer Wohngemeinschaft. Meine Mitbewohner fragten mich aus. Ich konnte zwei Tage lang nichts sagen. Es ging nicht. Alles war so neu, die Worte passten nicht.

Mein Kühlschrank war leer. Am zweiten Tag ging ich in ein großes Kaufhaus, um einzukaufen. Ich wollte Brot und zählte achtundzwanzig Sorten. Ich liebe Käse und fand vierunddreißig Sorten. Senf mag ich auch. Zwölf Sorten standen zur Auswahl. Und überall eilige, unfrohe Menschen. Zivilisation. Ich spürte ein Würgen im Bauch.

Nicht dass ich das armselige Leben pries. Um Himmels willen, nein. Was mich wie ein Schock überfiel, war die Erkenntnis: Dass wir hier unseren Reichtum nicht würdigen und dass wir kaufen statt teilen; dass die Armseligen stolzer sind als wir Reichen; dass wir so dumpf und gierig sind in all unserer Fülle.

Ich musste raus. Es war Nachmittag gegen vier Uhr, Büroschluss. Tausende Menschen eilten kreuz und quer durch die Straßen. Schöne Anzüge. Kostüme. Stiere Blicke aus trüben Augen. Gebeugte Oberkörper schoben voran. Aktentaschen wurden festgehalten, Blicke auf die Armbanduhr geworfen. Schnell zur U-Bahn, zum Bus, zum Auto. Vergrämte Gesichter, flüchtige Begegnungen. Stress statt Würde. Nichts Helles um sie herum. Wer strahlte Dank für das Leben aus?

Ich erinnerte mich an das Kinderlachen vor den Plastikzelten, an die stolzen armen Frauen. Neben mir warf gerade ein Junge eine angebissene Pizza in den Müll. Tags zuvor hatte ich in der Zeitung gelesen, dass in Deutschland jährlich Hunderttausende Tonnen Lebensmittel weggeworfen werden. Achtundzwanzig Sorten Brot, zwölf Sorten Senf, vierunddreißig Arten Käse, tausend leckere Sachen und keine Freude auf der Straße. Wie kann man Wohlstand so entwürdigen?

Ich stand an der Ecke des Kaufhauses und übergab mich, eine halbe Stunde lang. Offenbar war ich noch nicht zu Hause angekommen.

Kleine interkulturelle Begegnung

Ich grüße dich.
Du stammst aus einer anderen Kultur.
Du auch.
Komm, lass uns Kaffee trinken!
Magst du mir erzählen, wie ihr so lebt?
Gern, und du mir!

Der Kuchen schmeckt gut.

Ich weiß schon, dass wir sehr verschieden sind.

Aber ich bin ein Mensch wie du.

Schau, dort spielen Kinder!

Ist es wahr, dass ihr Ungeborene tötet?

Ihr seid verrückt.

Bei uns werden Frauen verstümmelt.

Oh Gott!

Vielleicht bringen wir einander ins Gefängnis.

Sie lachen.

Dann besuche ich dich und rede mit dir.

Ich möchte dich gern verstehen.

Wollen wir tanzen?

Ihr habt doch so tolle Tänze!

Bei uns auf den Inseln dreht sich alles ums Meer.

Unsere Traditionen sind sehr alt und bunt.

Vielleicht können wir miteinander was machen.

Trinken wir noch einen Kaffee!

Wo ist mein Herz zu Hause?

In Indien war ich mehrmals an einem ganz besonderen Platz. Es handelt sich um eine Klinik der ayurvedischen Medizin (indisches Heilwesen). Gleichzeitig ist sie ein Ashram (spiritueller Übungsplatz). Der Leiter ist einer der erfahrensten Ärzte Indiens, ein hochspiritueller Mensch und Lehrer. Ich suchte ihn auf, um zu vertiefen, was ich seit einiger Zeit praktizierte: das Meditieren und das Singen von Mantras (heilige Laute und Wörter, die dem Geist und der Seele Kraft geben). Am meisten faszinierte mich das OM oder AUM, das wohl älteste bekannte Mantra. Es wird seit Tausenden von Jahren

vor allem in Indien und Tibet gesungen, besser: into-
niert.

Wieder einmal ging mein Aufenthalt dort zu Ende.
Der Lehrer lud mich am Tag vor meiner Abreise in seinen Garten zum Tee und fragte nach meinen Erfahrungen.

»Ich fühle mich sehr wohl hier.«

»Was tut dir gut?«

»Das OM-Singen, die Mantras, die Stille, ach ja und
das tolle Essen.«

Er lachte: »So viel in vier Wochen?«

»Irgendwie bin ich mehr in meiner Mitte.«

»Irgendwie bist du mehr in deiner Mitte? So redet
man nur in Europa.«

»Wie meinst du das?«

»Entweder bist du in der Mitte oder nicht. Man kann
nicht irgendwie in der Mitte sein. Eiere nicht herum, leg
dich fest. Wo bist du?«

Ich schaute ihn erstaunt an: »Du hast recht. Unsere
ganze Spiritualität ist meist etwas Ungenaues, Suchen-
des.«

»Hier sind so viele aus dem Westen. Was ich sehe, ist:
Die meisten sind gar nicht spirituell. Ihr wisst gar nicht,
was das ist.«

»Ehrlich?«

»Ihr legt euch nicht fest. Ihr geht nicht auf's Ganze.
Ihr habt Geld und seid neugierig und fliegt mit den
Boeings in der Welt herum, sammelt spirituelle Versatz-
stücke. Zu Hause singt ihr dann Mantras, trommelt wie
die Indianer, meditiert wie die Tibeter, glaubt an Wiedergeburt, lasst Klangschalen klingen, tragt indische
Kleider, hört indische Musik, pflegt keltische Bräuche,
geht von einem Meister zum anderen und lest Tonnen
von Büchern. Das nennt ihr dann spirituell! Und wo

seid ihr in eurem Inneren? Wo bist du? Wer bist du wirklich? Bunte Flickenteppiche seid ihr, von allen Kulturen infiziert, aber nicht identifizierbar. Manchmal will ich diese verworrene Energie gar nicht in meinem Ashram haben; dann schließe ich ihn einige Zeit für Ausländer, um uns wieder zu sammeln.«

Ich war aufs Tiefste betroffen und sagte: »Du hast recht. So ist es.«

»Das Witzigste ist, dass ihr in der ganzen Welt nach Spiritualität sucht und eure eigene verkommen lasst.«

»Wir suchen Anregungen.«

»Such sie zu Hause! Jedes Volk hat seine eigene Spiritualität, die zu ihm passt. Die indische Spiritualität passt nicht zu euch. Wir sind Kinder dieser Sonne, dieser Pflanzen, dieses alten heiligen Bodens, der Tausende Erleuchtete getragen hat. Die können dafür kein Handy bedienen. Jeder hat seine Vor- und Nachteile. Wir haben das OM mit der Mutterstimme aufgenommen, und unser Meditieren geht ins Fleisch, eures ins Hirn.«

»Ist es denn falsch für Europäer, Mantras zu singen?«

»Nein, aber ihr singt oft die falschen.«

»Wie?«

»Ich habe dich beobachtet. Wenn du OM singst, *singst* du OM. Wir *sind* OM, atmen es, leben es. Davon habt ihr keine Ahnung. Euer Körper, eure Seele, eure Physiologie sind auf andere Klänge geeicht. Du findest dich gut, wenn dein OM mit tiefer Stimme kommt. Die hast du. Deine Stimme ist gut. Aber dein Bauch vibriert nicht mit OM, dein Brustkorb auch nicht, es weitet deine Augen und dein Herz nicht. Dein OM ist ein guter Ton, aber kein Gott. Es ist ein Tun, kein Hingeben an das Unendliche. Du lässt dich von OM faszinieren, aber nicht verwandeln. Daher ist es für dich eine interessante Übung und hat mit Spiritualität wenig zu tun. Am besten wäre es, ihr bleibt zu Hause und singt eure eigenen Mantras.«

»Wir im Christentum haben leider keine.«

Er schüttelt sich vor Lachen: »Ihr habt keine Mantras? Hast du dein Leben verschlafen?« Dann richtet er sich hoch auf, stellt die Beine weit auseinander, breitet die Arme wie ein Adler seine Schwingen und atmet tief, tief ein (wie hat in diesem Mann nur so viel Luft Platz?). Beim Ausatmen strömt ein KYRIE aus ihm, wie ich es nie zuvor gehört hatte. Der ganze Mensch vibriert. Ich bin überwältigt.

Beim nächsten Ausatmen kommt aus seinem Mund, nein: aus seinem ganzen Leib, aus jeder Zelle ein schwingendes, pulsierendes ALLELUJA. Ich fange an zu weinen, mir wird heiß und kalt, ich bin in der Seele getroffen wie ein Kind, das sich in den liebenden Augen der Mutter verliert. Das ALLELUJA fließt in mich hinein, um mich herum, es ist, als würde sich das Laub der Rosen neben uns bewegen. Ein Mantel von Ehrfurcht hüllt mich ein.

Er lacht: »Hast du das noch nie gehört? Das sind einige eurer heiligen Mantras, seit Tausenden von Jahren in eurer Kultur und in euren Herzen gewachsen, Preislieder an euren Gott. Dann sind sie leider zu liturgischen Floskeln in den Kirchen geworden und haben ihre Kraft verloren. Ihr singt sie, aber es ist bei euch bloß ein Ton und kein Gebet im Fleisch mehr. Das ist der Grund, warum ihr sie vergessen habt und nicht mehr ehrt. Sie nähren euch nicht mehr. Deshalb fliegt ihr in der Welt herum und sucht fremde Mantras, die ihr nicht wirklich verstehen könnt.«

Ich bin fassungslos. Nie habe ich das so gesehen. Es ist die Wahrheit. Als ich etwas sagen will, hebt er den

Finger: »Jetzt kommt das älteste christliche Mantra. Atme aus und hör gut zu!«

Er atmet wieder sehr tief ein und schickt aus seinem Inneren das AMEN in die Welt. Er ist AMEN, und dieses AMEN hüllt mich und ihn und den Garten ein. Ich zittere und fühle eine große Stärke, eine Wonne in mir, wieder als würde ich in Liebe baden.

Wir schweigen lange. Es gibt nichts zu sagen.

Später, zum Abschied, als ich ihm mit meinem ganzen Herzen danke, sagt er: »Ich freue mich, wenn du zu uns kommst. Aber suche hier nichts, was nicht zu dir passt! Such in deinen eigenen Wurzeln! Grabe in den verschütteten Schätzen deiner Tradition! Da ist altes Schamanisches, da ist Keltisches und was sich alles so herumgetrieben hat in deiner Heimat. Das alles schwingt mit eurem Boden, mit euren Wäldern und Pflanzen, den Seelen deiner Ahnen. Hast du gespürt, dass euer AMEN aus unserem OM kommt? OM ist eines. AMEN ist zwei. So seid ihr: Ihr könnt nicht bei Einem bleiben und euch darein versenken. Ihr müsst es verdoppeln, differenzieren. So kommt ihr in die Dualität, die Zweiheit, den Zweifel, die Spaltung, das Grübeln nach mehr, die Wissenschaft, die Technik, den Wohlstand und schließlich in den Stress, in dem ihr eure Spiritualität verliert. Dann merkt ihr, dass euch etwas fehlt neben dem Geld und den Maschinen. Ihr spürt einen unklaren Hunger nach dem Einen und ein Sehnen nach Tiefe. Dann steigt ihr ins Flugzeug und versucht es mit unserem OM. Aber das wird euch nicht erlösen, denn ihr haltet den einen Ton nicht aus. Ihr braucht eure eigenen Mantras. Fahr heim und übe dich ein paar Monate in AMEN, KYRIE und ALLELUJA. Gott sei mit dir!«

Das war eine tiefe spirituelle Lektion. Andacht und Dankbarkeit erfüllen mich auch jetzt beim Schreiben.

Bevor ich den Ashram verließ, um zum Flughafen zu fahren, legte ich mich auf diesen staubigen indischen Boden, der in Tausenden von Jahren so viel Bewusstsein hervorgebracht hat, und netzte ihn mit meinen Tränen. Ich versprach mir und meinem indischen Lehrer im Herzen, dass ich daheim unsere alten heiligen Mantras ausgraben und leben will. In ihnen erklingt meine Tradition. Mein Land. Meine Wurzeln. Mein Gott.

Ich atme in die Mutter Erde hinein und bin glücklich, dass ich lebe und meine Freunde auch. Om. Amen.

9 Eine bunte, friedlichere Welt

Nach der Lektüre dieses Buches mag sich der eine oder andere fragen: Muss ich jetzt alle Ausländer mögen? Nein, wieso? Sie mögen ja auch nicht alle Inländer, oder? Aufs Mögen kommt es nicht an. Achten, respektieren oder wenigstens verstehen wollen, also Interesse haben – das wäre gut für unser Innenleben, für die Gemeinschaft und für den Frieden. Wenn das nicht klappt, dann sollten wir wenigstens niemandem schaden!

Übrigens sind Mögen und Respektieren zwei völlig verschiedene Dinge. Wenn wir jemanden mögen, ist das ein Gefühl. Anderen Interesse und Respekt entgegenzubringen ist eine Entscheidung. Diese können wir beschließen, Gefühle nicht.

Aber bevor wir anfangen, andere respektieren zu wollen, ist es notwendig, erst einmal uns selbst zu achten! Das ist das Wichtigste. Darauf wurde schon im Kapitel 7 hingewiesen: Wer sich selbst nicht achtet, kann andere nicht achten. Und wer sich selbst nicht mag, kann andere nicht mögen. Ja, er tut sich sogar schwer damit, dass andere *ihn* mögen. Er lässt es nicht zu. Und wer kein Verständnis für sich selbst hat, kann andere nicht verstehen.

Jesus sagte einmal: »Liebe deinen Nächsten wie dich selbst!« Wie dich selbst! Das gilt für alle Menschen, Kulturen und den lieben Gott: Achten Sie sich selbst und dann Ihre Mitmenschen ebenso! Oder wollen Sie etwa von jemandem geliebt werden, der sich selbst nicht mag?

Ich finde es sehr nützlich, ab und zu einige Minuten lang in den Spiegel zu schauen und sich zu fragen: »Mag ich mich? Achte ich mich?« Manchmal mag man sich, manchmal nicht, das ist normal. Doch wenn jemand dauerhaft keine Achtung für sich empfindet, wird er es schwer haben, etwas Positives zur Völkerverständigung beizutragen. Die hat, wie gesagt, nichts mit Mögen zu tun, sondern mit Respekt, und der beginnt bei einem selbst. Dann erst kann man mit freiem Herzen mit anderen in Kontakt treten. Selbstachtung ist ein wichtiger Beitrag zum Frieden.

Wenn Menschen unterschiedlicher Kulturen achtsam zusammenleben, wird die Welt bunter. Sie können uns viel mehr geben, als wir bisher vermuten. Wir können durch sie neue, unbekannte Seiten des Lebens kennenlernen. (13)

Der Schamane und Älteste Lyberth sagt: »Die Schönheit eines Gartens besteht nicht aus lauter gleichen Blumen. Das wäre enorm langweilig. Schönheit besteht darin, dass wir uns neu verwurzeln und in der Schönheit der eigenen Traditionen erblühen. Das ist ... ein Garten, in dem jede Blume für das anerkannt wird, was sie ist, und in ihrer eigenen Schönheit akzeptiert wird. Wo keiner wichtiger oder besonderer ist, sondern alle sich gegenseitig respektieren.« (10.75)

Den ersten Schritt wagen und Kontakt aufnehmen, mehr ist nicht zu tun. Doch, eines vorweg: die lieben alten Vorurteile und Verallgemeinerungen wegwerfen, sie sind wertlos. Dann können wir leichter umschalten von Abwehr auf Kontakt. Die Heiler und Weisen der Eskimos sagen: »Das härteste Eis, das geschmolzen werden muss, ist jenes im Herzen der Menschen.« (10) Miteinander statt gegeneinander.

Verwechseln Sie das bitte nicht mit einem sentimentalen, wirklichkeitsfremden Multikulti-Friede-Freude-Eierkuchen! Dieses Getue finde ich kitschig, manchmal verlogen. Bei den Begegnungen, von denen ich hier spreche, wird längst nicht alles gutgeheißen. Da wird diskutiert und gestritten um Werte. Da wird gerungen um die besten Wege zu leben. Da können die Fetzen fliegen wie zu Hause in der Familie oder in jeder normalen Beziehung auch (»Im Sportcafé«, S. 214). Und trotzdem ist da etwas Gemeinsames. Schon dass wir miteinander sprechen und uns austauschen, verbindet uns, und das Zuhören ist eine Brücke: Du siehst es so, ich sehe es so. Damit wir erkennen, wie unterschiedlich wir die Dinge wahrnehmen, müssen wir uns erst einmal darüber austauschen. Das ergibt eine größere Sicht, eine Einheit in der Vielfalt. Ich erlebe das als sehr bereichernd.

Bei interkulturellen Begegnungen geht es darum, mit Menschen aus anderen Kulturen eine gefühlsmäßige Beziehung auf Herz- und Augenhöhe herzustellen und dabei den ersten Schritt zu tun. Bei aller Fremdheit können wir den anderen beachten und grüßen, eine freundliche Atmosphäre schaffen. Wenn wir wieder auseinandergehen, kann eine kleine Freude aufgeflackert sein, die im Innern haften bleibt. Hinterlassen Sie Spuren von Freundlichkeit! Es muss sich nicht immer gleich die Welt ändern. Es tut schon gut, wenn wir wohlig atmen und uns entspannen können (»Kleine interkulturelle Begegnung«, S. 261).

Es sei daran erinnert: Wenn der andere Mensch Ihren Respekt einmal nicht erwidert – weil er nicht kann, nicht will oder seine Tradition dagegen steht – macht nichts! Respekt ist nie ein Tauschgeschäft. Respekt ist immer ein bedingungsloses Entgegenkommen, ein Geschenk. Er ist unser persönlicher Beitrag zur Mitmenschlichkeit und zum Frieden, egal was darauf folgt.

Charly Chaplin sagt (in: »Der große Diktator«):

(...) Ich möchte weder herrschen noch irgendwen erobern, sondern jedem Menschen helfen, wo immer ich kann; den Juden, den Heiden, den Farbigen, den Weißen. Jeder Mensch sollte dem anderen helfen, nur so verbessern wir die Welt.

Wir sollten am Glück des anderen teilhaben und nicht einander verabscheuen. Hass und Verachtung bringen uns niemals näher. Auf dieser Welt ist Platz genug für jeden, und Mutter Erde ist reich genug, um jeden von uns satt zu machen.

Das Leben kann ja so erfreulich und wunderbar sein, wir müssen es nur wieder zu leben lernen! Die Habgier hat das Gute im Menschen verschüttet, und Missgunst hat die Seelen vergiftet (...)

Wir haben die Geschwindigkeit entwickelt, aber innerlich sind wir stehengeblieben. (...) Wir sprechen zu viel und fühlen zu wenig. Aber zuerst kommt die Menschlichkeit und dann erst die Maschinen. (...) Ohne Menschlichkeit und Nächstenliebe ist unser Dasein nicht lebenswert. (...)

Sehr gut. Aber wie geht das praktisch? All das, wovon bis hier die Rede war, nützt ja nur, wenn wir es in die Tat umsetzen. Leben ist nicht lesen. Leben ist nicht denken. Das sind höchstens Vorbereitungen. Wirklich leben ist sich bewegen: den Körper, den Geist, das Herz. Es gibt nichts Gutes, außer man tut es. Klavierspielen lernt man nicht durch Bücherlesen über Klaviere, nicht durch den Besuch von Konzerten, nicht einmal durch den Kauf eines Pianos und das Anschauen seiner Tasten. Man lernt es, indem man spielt.

Andere Menschen zu verstehen lernt man, indem man mit ihnen spricht. Es kommt nur auf den ersten Schritt an. Probieren geht über studieren.

Wer fängt an? Wir haben immer dann Glück, wenn ein einflussreicher und überzeugender Mensch für uns den Anfang macht. Jesus hat in Israel angefangen. Jefferson hat in Amerika angefangen. Atatürk hat in der Türkei angefangen. Mandela hat in Afrika angefangen. Gorbatschow hat in Russland angefangen.

Das sind nur ein paar von vielen Menschen, die etwas Neues gewagt und die Welt menschlicher gestaltet haben. Man hat es ihnen nicht leicht gemacht. Sie brauchten viel Mut und Unterstützung. Einige hat es das Leben gekostet, andere kamen ins Gefängnis. Doch wir alle haben davon profitiert.

Während ich dieses Buch schreibe, fängt wieder einer an: Barack Obama, der erste dunkelhäutige Präsident von Amerika. Er sagt: Wir brauchen Veränderung; und wir können, wenn wir wollen. In seiner Antrittsrede erklärte er seinem Volk:

»Wir sind eine Nation von Christen und Muslimen, Juden und Hindus – und von Atheisten. Wir wurden geformt durch zahllose Sprachen und Kulturen, die aus allen Teilen dieser Erde stammen; und weil wir den bitteren Geschmack des Bürgerkriegs und der Rassentrennung kennen und aus diesem dunklen Kapitel unserer Geschichte gestärkt und vereint hervorgegangen sind, glauben wir, dass alle alten Hassgefühle irgendwann vergehen werden; dass die Grenzen der Völker sich bald auflösen werden; dass die Welt kleiner wird und unser gemeinsamer Humanismus sich offenbaren wird. (...) suchen wir nach einem neuen Weg, der sich auf gemeinsame Interessen und gegenseitigen Respekt stützt.«

Der Mann will. Ob er (gegen den Widerstand der anderen) auch kann, wird sich zeigen.

Wann fangen Sie an?

Wir müssen nicht Jesus sein oder Präsident werden, wir müssen auch nicht auf solche Leute warten. Heute können wir anfangen, in einem Lokal, im Bus, im Supermarkt, im Büro, am Telefon. Es ist so einfach.

Warum ist es dann so schwer? Der Dalai Lama weiß darauf eine Antwort. In einer Zeitung wird er mit folgenden Worten zitiert: »Gewöhnlich warten die Menschen auf ein positives Signal der anderen, anstatt selbst die Initiative zu ergreifen. Das halte ich für falsch, denn es führt zu Problemen und Blockaden, sodass wir uns von anderen abgetrennt fühlen. Will man das Gefühl von Isolation und Einsamkeit überwinden, spielt die Grundhaltung eine entscheidende Rolle. Das Beste ist, sich anderen im Geiste des Mitgefühls zu nähern.«

Große Worte. Und wo, bitte, nehmen wir das Mitgefühl her? Der Dalai Lama, den ich sehr schätze, hat gut reden. Er praktiziert und bekommt Mitgefühl sein Leben lang in seinen Klöstern. Aber in einer Welt der Hetze, Konkurrenz und Vorurteile – wo gedeiht da Mitgefühl? Meine Erfahrung ist: Es wächst im Zusammensein. Es wächst, wenn wir miteinander reden oder essen oder feiern oder ums Feuer sitzen, tanzen oder an einem Projekt arbeiten. Das können wir tun, jeden Tag.

Globalisieren wir uns jeden Tag mit neugierigem Gemüt! Und nehmen wir, so oft es geht, Kinder mit, damit sie sich an interkulturelle Begegnungen gewöhnen! Es bewegen sich so viele Menschen aus anderen Kulturen durch unsere Städte! Wenn jeder an jedem Tag auch nur einen anspricht, in Kontakt mit ihm tritt (sofern es die Tradition erlaubt), etwas Freundliches sagt – zum Beispiel: »Das ist ein schöner Sari!« oder »Wie geht es Ihnen in diesem Land?« – dann wird es weniger Ghettos und Parallelgesellschaften geben und mehr Gemeinschaft. Ich wiederhole, was ich auf Seite 26 als Kern jeder Begegnung mit dem Fremden nannte:

Kulturen integrieren sich in den Herzen der Menschen – oder gar nicht. Es liegt an uns. Wir brauchen uns nur zu öffnen. Heute!

Nachwort des Dalai Lama

Die heutige Welt erfordert von uns, die Einheit aller Menschen zu akzeptieren. In der Vergangenheit konnten sich abgeschlossene Gemeinschaften noch die Vorstellung leisten, sie seien grundsätzlich voneinander getrennt. Einige konnten sogar in völliger Isolation existieren. Aber heutzutage, in unserer gegenseitigen Abhängigkeit, besteht das Eigeninteresse klar darin, das Interesse anderer zu berücksichtigen.

Viele der Probleme und Konflikte in der Welt entstehen, weil wir das grundlegend Menschliche aus dem Blick verloren haben, das uns alle zu einer Menschenfamilie verbindet. Wir vergessen oft, dass trotz verschiedener Rasse, Religion, Denkweise und so weiter die Menschen in ihrem Grundbedürfnis nach Frieden und Glück gleich sind.

Andererseits haben Menschen natürlich unterschiedliche Ausrichtungen im Bewusstsein und in den Interessen. Daher verwundert es nicht, dass verschiedene religiöse und kulturelle Traditionen unterschiedliche Weltanschauungen und Lebensstile zur Geltung bringen. Diese Vielfalt ist sogar eine Quelle der Bereicherung. Ein Beispiel: Je vielseitiger unser Nahrungsangebot ist, umso besser können wir die unterschiedlichen Geschmäcker und Bedürfnisse befriedigen. Die Grundlage unserer verschiedenen Traditionen besteht darin, das Wohlergehen der Einzelnen und der Gemeinschaft zu sichern. Daher kommt es entscheidend darauf an, dass wir sie mit gegenseitigem Respekt betrachten. Gemeinsame Bemühungen in dieser Absicht nützen nicht nur den Angehörigen unserer eigenen Gemeinschaft, sie erschaffen auch eine Atmosphäre von Frieden in der Gesellschaft als Ganzes. Überdies ist das Einüben von Harmonie, Respekt und Toleranz etwas, womit jeder von uns im eigenen Leben und im eigenen Handeln beginnen kann.

In diesem Buch erörtert Josef Schönberger kulturelle Unterschiede aus vielen Blickwinkeln, nicht nur theoretisch, sondern auch unter praktischen Gesichtspunkten. Er bezieht Geschichten über Begegnungen mit anderen Völkern ein und veranschaulicht damit Wege zur Würdigung kultureller Verschiedenheit. Doch das Allerwertvollste: Er ermutigt Leser, diese Erkenntnisse in ihrem eigenen Leben anzuwenden. Das ist ein bewundernswertes Werk zur richtigen Zeit.

THE DALAI LAMA

Today's world requires us to accept the oneness of humanity. In the past, isolated communities could afford to think of one another as fundamentally separate. Some could even exist in total isolation. But nowadays, within the context of our new interdependence, self-interest clearly lies in considering the interest of others.

Many of the world's problems and conflicts arise because we have lost sight of the basic humanity that binds us all together as a human family. We tend to forget that despite the diversity of race, religion, ideology and so forth, people are equal in their basic wish for peace and happiness.

On the other hand, human beings naturally possess diverse mental dispositions and interests. Therefore, it is no surprise that different religious and cultural traditions have come about emphasising different ways of looking at the world and different modes of conduct. This diversity is actually a source of enrichment. For example, the greater variety of food we have, the better are we able to satisfy people's different tastes and needs. Since the essence of our diverse traditions is to achieve our individual and collective benefit, it is crucial that we regard them with mutual respect. Concerted efforts to this end will benefit not only the members of our own community, but will create an atmosphere of peace in society as a whole. Moreover, cultivating harmony, respect and tolerance is something that we can each start doing in our own lives and in our own actions.

In this book Josef Schönberger discusses cultural differences from many angles, not only in the abstract, but also from a practical point of view. He includes tales from other people to illustrate ways to appreciate cultural difference, but most valuable of all encourages readers to apply these lessons in their own lives. This is an admirable and timely work.

April 20, 2010

Quellen

1 Appiah, K.A.: Der Kosmopolit. München 2007
2 Deutschlandfunk: Mitschrift einer nicht näher datierten Sendung, Juni 2008
3 Deutschlandfunk: Mitschrift aus einer Sendung unbekannten Titels, 5.2.2009
4 Galli, J.: Interkulturelle Kommunikation und Körpersprache. Freiburg 2000
5 Gruppenbericht: Familienstellen in unterschiedlichen Kulturen. In: Praxis der Systemaufstellung, Heft 2/2001
6 Hamburger, R.: 1x1 des Flirtens. Berlin 2002
7 Hellinger, B.: Ordnungen der Liebe. Heidelberg 1995
8 Kakar, S. u. K.: Die Inder. München 2006
9 Kuegler, S.: Dschungelkind. München 2006
10 v. Lüpke, G.: Altes Wissen für eine neue Zeit. München 2008
11 Morgan, M.: Traumfänger. München 1998
12 Patai, R.: The Arab Mind. 1973. Zit. in: DIE ZEIT, 18.11.2004
13 Pater S.: Im Spiegel der Fremden. In: raum & zeit, 136/2005
14 Psychologie Heute, Heft 10/2009
15 Schmidt, H.: Globalisierung. München 2006
16 Toprak, A.: Das schwache Geschlecht – die türkischen Männer. Freiburg 2007

Danksagung

Aus tiefem Herzen danke ich Seiner Heiligkeit, dem Dalai Lama, für sein unterstützendes Nachwort. Der Träger des Friedensnobelpreises hat seine große Lebensarbeit insbesondere in den Dienst der Verständigung und des Friedens unter den Kulturen gestellt. Dafür erweise ich ihm meine Hochachtung. Möge sein Werk reiche Früchte tragen!

Zu diesem Buch haben viele beigetragen, manche bewusst und die meisten, ohne es zu wissen. Ihnen allen danke ich. Insbesondere möchte ich danken:

Meiner Mutter und meinen Großeltern, die mich Anteilnahme lehrten.

Prof. Dr. H. J. Autrum für seine strenge Lehre im wissenschaftlichen Wahrnehmen und Denken.

Osho Rajneesh für den Weg des nicht wertenden Beobachtens.

Allen Menschen, denen ich in fremden Kulturen begegnet bin und die mir etwas von ihrem Leben gezeigt haben.

Don José Matsuwa, dem Schamanen der Huichol-Indianer, und Brant Secunda für die Einführung in ihr altes Wissen und ihre Rituale.

Den traditionellen Schamanen Asiens, Afrikas, Südamerikas und Neuseelands für ihre Bereitschaft, uns zu lehren.

Dem Leibarzt des Dalai Lama, der uns in die Ursprünge tibetischer Kultur und Heilkunst einführte.

Dr. Balaji Tambe für seine Gastfreundschaft in Indien, seine Vermittlung der ayurvedischen Kultur und seine spirituellen Impulse.

Der Friedrich-Ebert-Stiftung für die Möglichkeit, in Sri Lanka und Venezuela politisch zu arbeiten und die Kultur kennenzulernen.

Dr. W. Rother für die Möglichkeit, in seiner Klinik eine interkulturelle Therapiestation aufzubauen und ein Jahrzehnt lang mit Patientinnen und Patienten aus anderen Kulturen zu arbeiten.

Diesen und allen anderen »ausländischen« Patientinnen und Patienten dafür, dass sie mich in den Reichtum, die Nöte und Sehnsüchte ihrer Seelen haben schauen lassen.

Meinen Kolleginnen und Kollegen aus anderen Kulturen für ihre Hilfe und Zusammenarbeit.

Dr. Birsen Cangöz für ihren geduldigen Brückenbau zwischen ihrer und meiner Kultur.

Dr. Banu Büyükavci und ihrer Familie für ihre Gastfreundschaft und Unterstützung.

Irmgard Fiegl für ihre Erfahrungen, Gespräche und Ratschläge.

Meinen Freunden in vielen Ländern für ihre Unterstützung.

Dagmar Olzog vom Kösel-Verlag für die Einladung, dieses Buch zu schreiben, sowie für ihre freundliche Betreuung.

Ulrich Greiwe für wertvolle Impulse.

Doris Rathmann für ihren großen Einsatz beim Schreiben des Manuskripts.

Eva Stöffler für die mühevolle Arbeit des Korrekturlesens und ihren Humor.

Sachregister

globalisieren 24 f., 31, 40 ff., 44, 56, 95, 174, 223, 274

Gorbatschow, Michail 272

Gott, Götter 16, 19, 23, 37 f., 51, 53, 69, 82, 196, 198, 203, 219, 222, 224, 226, 234, 255, 264 ff., 269

Grenze 25, 40 f., 57, 70, 142, 172, 184, 199, 273

Griechenland 18, 64, 158

Großeltern 66, 68, 161

Guantanamo 219, 222

Hautfarbe 32, 149, 195, 219, 229, 241 f., 244

hellhäutig 32 f., 207, 213, 230, 242 ff., 247

Himalaja 36

Hinduismus 37, 104, 111, 253 f., 272

Hitler, Adolf 16, 104, 200, 202 f.

Holland 45, 93

Hopi-Indianer 66

Hussein, Saddam 69, 219

Indianer 37, 55, 157, 217, 236 ff., 263

Indien 18 f., 30, 37, 40 f., 45, 47,

52, 55 f., 63, 72, 84 f., 88, 91 f., 110 f., 146 f., 151, 245 ff., 258 f., 262 ff., 267

Indios 18, 185 f.

Indonesien 18, 66, 71, 168, 205, 212, 256, 258

integrieren 14, 25 f., 30 f., 34, 41, 56, 98, 175, 180 f., 184, 225, 274

interkulturell 31, 40, 42, 48, 54, 62, 128, 164, 170, 172, 179 f., 239

interkulturelle Begegnung 28, 30, 39, 118, 124, 129, 152, 261, 270, 274

Irak 16, 69, 105, 219 ff.

Iran 40, 107, 137, 219

Islam 15, 23, 28, 37, 51, 83, 85, 88, 90, 97, 172, 175, 177, 180 f., 203, 215 ff., 222, 225, 227

islamistisch 177, 215

Israel 272

Istanbul 150, 171, 240

Italien 40, 81, 87, 90, 202

Japan 30, 40, 46, 55, 60, 72 f., 77, 110, 188

Java 205, 207, 209 f., 256, 258

Jesus 88, 126, 178, 194, 204, 215 f., 221 ff., 228, 269, 272 f.

Journalisten 24, 56, 170 ff., 178, 215, 224 ff.

Juden 16, 69, 90, 174, 202 f., 226, 271 f.

Jugoslawien 17, 185

Kalkutta 259

Kallatier 92

Karikaturen 173 ff., 178, 181 f., 214 f., 221 ff., 227

Karma 52 f., 253 ff.

Kastenwesen 56, 63, 246, 252

Kelten 263, 266

Kenia 149

kennenlernen 26, 39, 44, 70, 119, 157, 184 f., 269

Kinder 30, 42 f., 48, 60, 72, 76, 81 f., 85 f., 89, 99, 113 ff., 143, 146, 148, 153, 155, 157 f., 161, 168, 170, 172 f., 180 f., 183, 185, 187, 194 ff., 205 ff., 210, 223, 234 f., 245 ff., 251, 255, 259 ff., 274

Kleidung 30, 35, 49 f., 60 f., 94, 96, 153, 156, 169, 186, 206, 228, 263

Josef Schönberger

Die Wiederentdeckung des Respekts

DRUCKFEHLER

Leider sind beim Setzen und Drucken seitens des Verlags noch Druckfehler entstanden:

Seite 12, Zeile 3: Statt "Seite 275" muß es heissen "Seite 278".

Seite 86, Zeile 15: Nach "Anderen Menschen ist das nicht wichtig" kommt kein Komma, sondern ein Punkt.

Seite 122, Abschnitt 2. muß heissen: "Einen Menschen respektieren heißt nicht: sein Verhalten akzeptieren."

Sorry!

Gelebte Wertschätzung